이 글을 병석에 누운 어머니와
내 아내 강영실 성도에게 드린다.

베드로의 변명

펴 낸 날   2020년 1월 28일

지 은 이   장영천
펴 낸 이   이기성
편집팀장   이윤숙
기획편집   정은지, 한솔, 윤가영
표지디자인 이윤숙
책임마케팅 강보현, 류상만
펴 낸 곳   도서출판 생각나눔
출판등록   제 2018-000288호
주   소   서울 잔다리로7안길 22, 태성빌딩 3층
전   화   02-325-5100
팩   스   02-325-5101
홈페이지   www.생각나눔.kr
이 메 일   bookmain@think-book.com

- 책값은 표지 뒷면에 표기되어 있습니다.
  ISBN 979-11-7048-030-3(03230)
- 이 도서의 국립중앙도서관 출판 시 도서목록(CIP)은 서지정보유통지원시스템 홈페이지
  (http://seoji.nl.go.kr)와 국가자료공동목록시스템(http://www.nl.go.kr/kolisnet)에서
  이용하실 수 있습니다(CIP제어번호: CIP2020000897).

Peter's Excuses

베드로의 변명

장영천 장편소설

제2부

제1부

1장
최후의 만찬

베드로는 하늘을 향해 멍하니 서 있었다.

그들에 귓속말, 그것은 악마의 미소이었나? 무엇에 쫓기듯 돌아오던 그 날은 어둠의 절벽처럼 예루살렘 성벽 그늘 속에 서 있었다. 창문 틈의 낀 어둠에 침묵이 짙게 내려왔다. 짙은 어둠의 그림자가 뒤덮은 예루살렘 성벽 그늘 속에서 베드로는 유다를 보았다. 왼손에는 무엇인가 들고 오른손은 예루살렘 궁전을 가리키고 있었다. 두건을 머리 위에 깊이 눌러 쓴 자와 귓속말을 하고 있었다. 그 옆얼굴은 오래전부터 알고 지낸 백성의 장로이었다. 옆에 다른 한 사람은 유다를 보며 이렇게 말했다.

"내가 입을 맞추면 그것이 신호인가?"

뒤에서 선 백성의 장로 옆에는 두건을 깊이 눌러 쓴 자가 다시 오른손 검지손가락을 펴서 예루살렘 궁전을 가리키고 있었다. 달빛이 그들 위를 비출 때, 짙은 달빛 그림자들이 그곳에서 엉겨붙어 있었다. 멀리서 그 광경을 본 베드로는 한동안 성벽을 등지고 웅크리며 서 있었다. 그는 그것을 알지 못했다. 모종의 어떤 위협이 다가오는 듯했지만, 그곳의 숨어 있는 검은 이면에 뜻을 알지 못했다. 최근 벌어지는 이상한 소문들이 우리 제자들 사이에 조금씩 틈새가 벌어지기 시작했고, 서로를 의심하며 시기했다. 마음의 벽에서 우리들은 서로를 믿지 못하게 되었다.

아마 그날 밤 이후 그 꿈은 죽음의 고뇌에서 꿈꾸었던 그 꿈은 아니었다. 새벽이 오는 그 길목에 결코 밤이 오지 않았다. 달빛 그림자도 보이지 않았다. 그러나 그럼 왜, 그들이 그곳에 서 있었던 것인가?

베드로가 예루살렘 성벽 그늘 속에 웅크리고 서 있었는데, 결국 이 모든 것으로 인해 그날 밤 이후 결코 밤은 오지 않았다. 예루살렘 성벽 망루 위에 붙어 있는 공허한 새벽과 하루에 그 시간이 지나가고 있었다. 나는 피곤한 눈으로 그 공허한 시간 위에 지나는 바람만을 지켜보았다. 뻥 뚫린 천공에 오후가 지나면서 마지막 바람이 불기 시작했다. 그 짙은 어둠의 밤이 지나 새벽이 다가오면서 예루살렘 성벽 주위를 슬픈 바람이 짙게 피어오르는 안개구름과 운무를 휩쓸어 버렸다. 곧 우리 아들에게 숨 멎을 듯이 닥칠 그 모진 바람의 의미를 우리 모두가 알지 못했다.

사도 요한은 "베드로가 내일이 아니고 글피라는 것" 하고 말했다. 그랬다.

그것은 그 하루가 다시 내일의 하루처럼 시간이 지나는 것을 지켜볼 수밖에 없었고. 드넓은 밤의 세계 위의 드리워진 비정한 예루살렘 거리와 골고다 언덕에 별빛들과 달빛이 걸려 비정하게 비추고 있었고. 나는 그날 밤 별빛이 빛나는 밤을 쳐다보며 우리가 태어나서 지금까지 하늘에서 찬란하게 빛났던 별빛과 지금 태양이 빛나는 저 하늘의 최후에 심판이 어디까지 미칠지 두려워하는 주 예수님의 눈빛을 보았다.

베드로는 유월절이 되기 한 달 전에 사막에서 돌아와 주님과 함께 했다.

유월절이 되기 열흘 전, 주 예수께서 베다니에 도착하기 전에 흉흉한 소문이 돌고 하니 베드로와 다른 제자들과 함께 유대인이 있는 마을을 피해 바위산과 빈 들을 찾았고, 다시 에브라임이라는 마을로 갔다. 에브라임 마을은 어둠 속에서 비스듬히 누운 모습으로 한 줄기 빛처럼 우주와 소통하고 있었다. 그러나 바리새인들과 가야바 대제사장은 "누구든지 예수 있는 곳을 신고하여 잡게 하라." 하고 명령을 내렸다. 우리 제자들은 그것을 까맣게 모르고 지났다.

나사로를 살리신 주 예수님의 능력을 본 다수의 유대인은 그를 믿었다.

"이 사람이 많은 표적을 행하니 우리가 어떻게 하겠느냐? 만일 그대로 두면 모든 사람이 그를 믿을 것이고 그리고 로마인들이 와서 우리 땅과 민족을 빼앗아 가리다!"

많은 바리 세인들을 향해 가야바 대제사장은 공회에서 이렇게 외쳤다. 이런 다음 그들은 모두 주 예수를 죽일 궁리를 하면서 시기를 보고 있었다. 그다음 그들은 흉계를 꾸미고 베드로는 그 무엇 때문에 허둥지둥거리는 것이 분명 무슨 이유가 있다 생각했다. 그날 베다니에서 만난 마리아는 몹시 슬픈 모습으로 주 예수님의 무릎 밑에 꿇어앉아 발을 씻기는 모습에서 유다의 눈빛이 유독 빛났던 것을 느낄 수 있었다.

백성의 장로까지 그곳을 염탐하며 유다와 밀담을 나누고 있었다. 그 이후 검둥이 상인도 그곳에서 목격할 수 있었다.

예루살렘 궁전에 짙은 어둠이 뒤덮은 그곳엔 로마 광장의 외침, 삭막한 사막 한가운데에서 '으르렁'거리는 모래 소리, 골고다 언덕의 죄인들에 통곡 소리, 거의 보이지 않게 다가오던 비정한 12제자들의 기도 소리에 나는 소리 없이 통곡하기 시작했다.

'한순간의 영원할 것 같던 영혼의 기도 소리에 나는 하늘을 향해 마음을 열었다.'

별빛만이 진정 하나님의 정의를 외치고 있었나? 그 비정한 시간이 빚은 우리에 숙명은 한낱 바람이었다.

그날 이후, 모든 것이 변했다.

유월절이 되기 전, 베드로는 홀로 사막에서 기도를 드리고 지금 돌아오던 중이었다.

그날 밤 달빛 사이에 짙게 드리워진 그것은 그림 속에 그림자일 뿐이었다. 그런 보이지 않는 그림자는 백성의 장로에 흉계이었다. 베드로는 돌아오는 도중, 모종의 대화를 엿들은 것이었다.

"입을 맞추겠다."

이 말의 의미는 무엇인가? 등을 지고 두건을 깊이 눌러 쓴 자는 도대체 누구인가? 그는 분명히 백성의 장로의 목소리가 아니었다. 율법을 설명했던 서기관도 아니었다.

'지금 내가 본 장면은 그 무엇인가? 최근에 벌어지는 흉흉한 소문과 주님이 유월절 성찬에 한 사람도 빠짐없이 참석하라는 그 말씀과 무슨 연관이 있나?'

베드로는 이렇게 홀로 중얼거리면서 끙끙거렸다.

'결국에는 올 것이 오고 있나?'

베드로는 손으로 얼굴 전체를 감싸고 있었다. 얼굴을 드니 손가락 틈 새로 빛 잃은 별빛들과 달빛이 느릿하게 흘러내렸다.

'그나마 내 모습을 비추며 별빛이 웃고 있었지만. 나는 울기 시작했다.'

베드로는 긴 한숨을 몰아쉬며 그 성벽 그늘 속에 마지막 계단을 올랐다. 숨이 턱에 차고 오르던 길목 위 북쪽에는 잔인하게 내리쬐는 별빛이 있었다. 그 별빛은 생명의 별빛 속에 그림자가 드리워졌다.

지금은 실체도 없는 밤은 보이지 않는 손에 의해 그림자가 좌우되고, 낮에 고뇌는 '금화'라는 열병 때문에 그 모든 것이 증발하는 역할을 하게 되는 것이고 밤의 침묵은 '죽음'이라는 인간에게 견딜 수 없는 폭거와 어리석음 등등이 우리 인간들을 괴롭히고 흔드는 요람에서부터 죽음까지 그리고 부활이 --- 우리 모두가 지금까지 죽임을 별빛과 바람 먼지 이끼처럼 생각했는지 모르지만, 나는 빛으로 세상에 왔나니 무릇 나를 믿는 자는 어둠에 거하지 않게 하려 함이로다. 사람이 내 말을 지키려 아니할지라도 내가 온 것은 세상을 심판하려 함이 아니요, 세상을 구원하려 함이로다.

"그 죽음의 시작에 끝은 지금부터이고, 그 끝은 아무도 알 수 없다는 것!"

하고 주 예수가 외쳤다.

얕은 구름 속에 달빛이 스쳐 지나가고 그 생명의 빛을 잃어가기 시작했다. 베드로는 그 생명의 빛과 조금 전의 음모 그리고 예수님의 말씀을 떠올렸다.

갈릴리에 모일 때, 주님이 제자들에게 "내가 멀지 않아 사람들의 손에 넘겨져 죽임을 당하고 제삼 일에 살아나리라." 하고 말씀하셨다.

죽음과 부활을 뛰어넘는 이 모진 바람이, 우리 제자들을 혼란 속으로 몰아넣었다.

유월절 만찬을 위해서 나는 바쁜 손놀림을 가졌다. 이모와 먼저 앞서며 시장을 보고 있는 막달라 마리아는 느릿하게 걷고 있고 피곤한지 크게 하품을 하고 몰라보게 모습이 변해 있었다. 그녀의 그늘진 얼굴 표정에서 무겁고 근심스러운 표정이 드러난다. 제자들은 모두 걱정스러운 얼굴이지만, 나는 어머니로서가 아니고 주님의 제자로서 나도 그 안에 있으며, 그들을 기도로써 인도했다. 나는 우리 모두 가족에 모임 명절인 유월절을 앞두고 바쁜 손놀림을 하고 있었다. 야고보는 크게 소리를 내어 모든 가족에게 웃음을 주고 빌립은 노래에 맞춰 춤을 추었다. 유월절의 성찬은 이렇게 시작되면서 안드레와 도마도 따라 춤을 추며 그 밤을 기억하기 시작했다.

아직 주 예수께서는 기도를 드리고 있다.

잠시 사도 요한은 피곤한지 팔을 베고 가로 누었다. 머리맡에는 희미한 등불이 펄럭이고, 그는 이네 잠이 들었다. 어디서 술을 마시고 왔는지.

그날 밤, 이후로 유월절이 다가오기 시작했다.

그날, 이후로 우리 제자들과 가족들은 무거운 침묵에 둘러싸였다. 유월절이 다가오는 내내, 시중에는 흉흉한 소문이 떠돌고 밤의 별빛들도 무거운 침묵으로 흘러내렸다. 특히 베드로는 근심 어린 얼굴로 묵도하며 유월절을 준비하고 있었다. 사막 여행을 마치고 돌아온 그의 표정은 아직도 생각과 모든 것이 정리되지 않은 채로 남아 있었다. 나사로를 살리시고 베다니에 다녀오신 이후, 우리는 이런 상황에 혼란을 겪으며 방황하기 시작했다. 그것은 백성의 장로가 시장에서 이상한 소문을 퍼트린 다음, 그날 밤 일들이 새삼스럽게 가족들과 제자들 사이에 회자되었다. 그는 그냥 그런 표정이었다.

나는 이런 악소문이 가족들이나 제자들 사이에 회자되는 것을 경계했다.

"결코, 우리에게 썩 좋은 것은 아니다. 우리는 서로 사랑해야 한다. 소문이 또 다른 악소문이 나고 결국에는 아들들 사이에 반목과 불신이 생긴다. 모두들 이렇게 어려울 때일수록 서로를 도와야 한다."
하고 나는 당부했다.

베드로는 나서서 자신의 사막 여행에서 생긴 이민족인 술탄 형제들에 관계를 설명했다.

"그 형제들이 사막 죽음 여행에서 나를 살렸다. 여러 날 같이 대화와 친구 관계를 같이한 것뿐이다. 그리고 백성의 장로를 만난 것은 사실이지만, 그 만남은 사막 여행을 떠나기 훨씬 전에 일이다. 그리고 그저 그들 형제는 거상이고 친구일 뿐이다."

하고 말했다.

"그리고 작금의 현안 등은 분위기가 극도로 악화된 상황에서 시시각각으로 몰려드는 거친 표현과 거짓 해명이 우리 제자들의 틈새를 더욱 벌리고, 그 속으로 파고드는 거짓은 악마의 미소이고. 일부 거짓 소문은 백성의 장로가 자신을 위해, 그가 퍼트린 자자극이다. 그리고 이 또한 그의 증거들이다."

하고 베드로가 이해를 구했다.

유다의 행동이 변하기 시작한 다음, 야고보는 또다시 세례 요한을 예로 들며 흥분하기 시작했다. 그는 세례 요한은 그지없이 사랑했고, 사도 요한은 늘 세례 요한을 뒤따랐다. 빌립과 도마는 종종 주님의 모임에 빠지기 시작했고, 사도 요한은 여린 마음으로 늘 주님 곁에 있었지만 작은 외도가 심해지기 시작했다. 마태와 마가는 오늘도 마을 어린아이들에게 공부를 가르치려고 늦고 있었다.

주 예수님이 산에서 내려오실 때쯤에 나는 베드로 형제를 따로 불러 이야기를 시작했다.

"우선 사도 요한은 어리기 때문에 나는 늘 걱정이 앞선다. 그러나 당신은 우리의 반석이고 으뜸이다. 그래서 우려의 말은 아니고, 사도 요한은 신중하고 야고보는 급하기 때문에 베드로 형제가 한발 물러서면 별문제가 없을 것이다. 내가 그 사도 요한 형제에게 몹시 심하게 꾸중했다."

"너희에게 충고하는데, 너희는 더 신중하고 사료 있게 모든 제자를 대해라."

하고 성모 마리아 말했다.

베드로는 "어머님, 너무 염려하지 마시지요." 하고 했다.

주님이 산에서 내려왔다. 주님은 마지막 인사로 무릎을 꿇고서 기도를 시작하자 누덕누덕 기워진 통옷이 눈에 들어왔다.

어머니의 손을 잡았다.

"내 어머니가 나를 낳으시고 키우시며 모진 가난으로 심한 고생을 했지만, 그래도 지금까지 건강하게 뵙는 것이 나에게는 참으로 행복하다. 내가 나중, 생의 마지막을 강요당하는 일이 있다 해도 우리가 내일을 꿈꾸던 사랑, 믿음, 용서, 화해 정신은 영원할 것이다."

모든 제자가 집 앞뜰에 모이자 주님은 묵도로써 기도하기 시작했다.

"모든 근심을 나에게 내려놓고 기도하라!"

주님은 탁자에 앉기 전, 묵도로써 성찬을 시작하자 애써 사도 요한은 주님의 옆자리를 차지했다. 최후의 만찬 자리에서 베드로는 부산하게 오고 갔다. 조금 떨어져 앉은 유다의 눈길이 따라가다가 잠시 멈췄다. 유다는 벗겨진 머리를 쓰다듬고 헛기침을 했다. 유다의 눈빛이 유독 빛났다. 잠시 실내는 정적이 흐르고 식탁 위에는 동창으로 눌려 들어온 별빛이 내려앉았다. 소란스러운 틈을 타, 유다는 이렇게 말했다.

"베드로 형님이 우리 모두에게 할 말이 있다고 했다."

그 말에 놀란 베드로는 주님과 막 안으로 들어오신 성모 마리아의 얼굴을 번갈아 가며 쳐다보았다. 그러나 베드로는 침묵했다. 그는 아무 말도 하지 않았다. 가장 그것을 이상하게 받아들인 사람은 사도 요한이었다. 그는 유다의 말에 할퀴고 물어뜯기는 기분이었다.

"우리 살림살이가 더 힘들다는 것을 알고 있습니다. 우리도 헌금을 더 걷고 십일조도 받아야 합니다."

유다는 비꼬는 어투로 다시 말했다.

주 예수님은 더욱더 굳은 표정으로 아무 말도 없이 다시 기도를 시작했다.

"모든 제물은 하늘나라에 쌓고 내 기도를 따르라! 곧 하늘나라가 더 가까이 다가올 것이니 기도하라!"

주님은 모든 제자를 둘러본다. 시선을 멈춘 곳은 유다의 얼굴이었다.

"내가 진실로 너희에게 이르오니 너희 중에 한 사람이 나를 팔리라!"

주 예수께서 말씀하신다.

유다는 애써 예수님의 시선을 피해 일어나려 하자 주님은 강하게 말했다. 주님의 말씀을 모든 제자가 부정했다. 밤은 깊고 달빛이 동창인 문설주를 넘쳐흘렀다. 어두운 침묵과 영광의 빛이 주님 주위를 감싸고 있었다. 우리는 그것을 바라보았다. 만찬을 시작하면서 예수님이 제자들에게 던진 표적은 유다를 향했다. 어수선했던 만찬은 곧 적요해지고 모든 제자들은 주님에게 눈을 돌렸다. 유다가 빵 조각을 들기 위해 바구니 속에 손이 들자 그 안에는 예수님이 손길이 있었다. 연민의 눈빛으로 유다를 쳐다보았다.

그다음 예수님은 베드로와 유다를 번갈아 보며 "나와 함께 그릇에 손을 넣는 자가 나를 팔리라!" 하고 하자 베드로는 놀란 눈동자로 그 바구니 안을 쳐다보았다. 손을 멈춘 유다는 거짓의 입술과 음흉한 눈으로 주님을 쳐다보았다. 그리고 모든 제자를 둘러보았다.

찢어진 동창 안으로 거친 바람이 흘러 들어왔다. 흔들리는 호롱불이 바람에 춤추고 제자들은 자신들의 이면 속에 흔들리는 달빛 그림자를 볼 수 없었다.

"랍비여 내나이까?"

유다가 말했다. 모든 제자의 얼굴이 유다를 향하면서 숨소리조차 잦아들었다. 그리고 모든 제자의 눈이 휘둥그레졌다.

"내 아들들아, 받아먹어라. 이것이 내 몸이니라, 너희가 다 이것을 마시라. 이것은 죄를 사함을 얻게 하려고 많은 사람을 위하여 흘리는바 나의 언약의 피니라!"

주 예수께서 제자들에게 다시 말씀하신다.

모두들 초조하고 놀란 표정이었다. 처음 베드로는 그 뜻을 이해하지 못했다. 야고보는 덧붙여 예수님에게 되물었다.

"주님, 우리는 사실 그 뜻을 잘 알지 못합니다."

그런 물음에도 예수님의 얼굴 표정은 변하지 않고 앞에 있던 잔을 들어 좌우로 둘러보았다. 그 시선이 멈춘 곳은 유다의 얼굴이었다. 모두 만찬을 즐기면서도 분위기는 숙연했다. 제자들 서로 주님 가까이 앉으려고 다투고 있었다. 특히 요한은 줄게 주님 옆자리를 차지했지만. 여린 마음에도 심기가 굳은 그는 유다에게 무엇인가 따져 물었다.

"너는 왜, 주님을 배반하려고 하느냐?" 하고 했다.

그러나 유다는 웃기만 하지 아무 변명도 하지 않았다. 주님이 쳐다보자 쥐 죽은 듯 조용했다. 사도 요한은 때때로 예수님의 말씀을 들으며 기록했고 만찬에서 이런 분위기를 위해 베드로는 일어나 찬송가를 불렀는데, 흔들리는 외풍에도 소리는 창문을 타고 소리 없이 예루살렘 삭막한 거리와 비정한 사막에서 천막생활을 하는 유목민들에게도 전해졌다. 그리고 모든 가족들이 들어와서 노래를 부르기 시작했다. 일어난 베드로는 맨 끝에 앉아 있던 동생인 안드레에게 가 귓속말을 했다. 그런 흥겨운 노래 흐름에도 모든 제자의 마음은 흔들리고 있었다. 특히 유다의 손 등이 탁자 위에서 파르르 떨고 있었다. 노래를 마친 야고보도 일어나 베드로에게 왔다.

"이것의 모두 유다의 짓인가?"

베드로에게 그지없이 압박을 가했다.

베드로는 제자 중, 맏형이고 예수님께서 "우리 중에 반석이고 으뜸이다." 하고 말씀하셨다. 하긴, 그 죽음을 예고하는 말씀은 처음이 아니었다. 6개월 전, 세례 요한이 헤롯왕에게 잡혀 예루살렘 궁전 안에서 죽임을 당하자 제자들 사이에서 당황하고 균열이 생겼다.

"나도 언제 가는 죽임을 당할 것이다!"

특히, 그런 가운데에서 주님이 이렇게 말하자 모든 제자들은 혼란스럽게 하고 공황상태에 빠진다. 그 이후, 유다는 대제사장을 공공연하게 만난다고 자랑했다. 이것을 심각하게 받아들인 것은 베드로이었다. 그는 베드로에게 이런 제안을 한 적도 있었다.

"베드로 형님, 나도 형님이 백성의 장로를 최근 만난다는 것을 잘 알고 있습니다. 형님, 나를 앞세워서 협상을 하면 편할 것입니다. 나는 오래전부터 시장 바닥에서 돈을 빌려주는 백성의 장로와 많은 돈거래를 하고 있습니다."

"협상은 무슨 협상을 말하느냐?"

하고 베드로가 말했다.

그때는 유다도 강력하게 부인했다. 그러나 백성의 장로와의 약속, 유월절이 코앞으로 다가오자 그는 긴장하기 시작했다. 베드로는 그가 벌인 그들과의 만남의 진척이 없는 것은 돈 때문이라고 생각했다.

"돈이 있어야 대제사장을 만날 수 있다. 돈도 없이 대제사장을 만나는 것은 되레 위험한 짓이다."

하고 백성의 장로가 엄포를 놓았다. 그들과의 대화는 진전이 없었다.

"베드로 형님, 나를 그들과 만나게 해 주세요. 늦기 전에 우리는 무엇인가를 손을 써야 합니다. 손 놓고 기다리는 것을 죽음뿐입니다! 선지자는 일부러 우리를 위험에 빠트리게 하고 있다. 무엇인가 손을 써야 합니다!"

유다는 대놓고 압박을 가했다.

베드로에게는 이 모든 것이 역부족인 상태에서 백성의 장로를 만나게 한 것은? 적지 않은 부담이지만, 그는 그렇게 했다. 그러나 그 이후, 모든 것이 엉뚱한 방향으로 진행됐다. 베드로는 머리가 몽롱하고 몸이 뻣뻣하게 굳어오면서 더욱 혼란스럽게 만들었다. 짙은 밤의 세계는 더욱 애틋한 번뇌가, 낮에 햇빛은 비열하기까지 폭염 때문에 그는 숨이 막히고 혈압이 치솟았다. 안색은 하얗게 질린 표정으로 입술은 타고 텁텁하며 가득 높은 혈압이 그를 괴롭혔는데. 최근 사도 요한의 말에 의하면 유다가 백성의 장로에게 돈을 빌렸다고 했다. 그리고 그 뒤 말이 무성했다.

"이 돈은 베드로 형제가 보증한 돈이다."

사도 요한의 걱정을 앞서는 눈길이 마음에 걸렸다. 모든 악소문의 근원은 베드로에게 있다는 것. 나는 그런 것을 우려했다. 그래서 사도 요한에게 다시 한 번 주의를 주었다.

"너까지 그 일에 나서지 말라!"

그 이후, 별 말없이 지나갔다. 명절인 유월절이 다가오자 나는 그것을 잊고 있었다. 나는 이런 상태를 어머니로서 몹시 걱정했다.

야고보는 이런 사실을 사도 요한에게 듣고 흥분하면서 백성의 장로를 만나야 한다고 했다. 그의 극단적인 행동과 그들과의 연대의식에서 나는 그에게 주의를 주었다. 주님도 이런 야고보에 행동에 대해서는 우려를 표시했지만, 그래도 그는 최근 로마 저항 세력들을 공공연하게 만나고 다녔다. 베드로는 그에게 "그런 짓은 예수님의 의도와 우리 12제자들을 위험에 빠트리는 짓이다." 하고 말했다. 하루는 낯선 사람이 찾아와 야고보를 찾았다. 얼굴은 약간 우리 제자들에게 낯선 표정이고, 부스스한 머리에 험상궂은 표정이 눈에 띄었다. 다른 몇 명 속에 한 명인 자는 거친 말 속에 예루살렘을 거론하며 험한 말들을 쏟아냈다. 그들은 여러 시간을 동네 어귀에 앉아 밀담을 나누자 걱정이 된 베드로는 나가서 그들을 쳐다보았다.

베드로는 몹시 근심 어린 표정으로 쳐다보자 곧 그들과 헤어졌다. 그것은 그들 중, 특히 테러까지 모의하는 세력들의 소문에서는 유월절이 되기 전, 예루살렘과 나사렛 지방 여러 곳에서 소요 사태가 일어날 것이라는 소문으로 긴장하기 시작했다.

그 이후, 하루도 긴장하지 않는 날이 없었다. 그는 주님과 모든 가족의 생활을 책임지고 있고 그렇다고 대놓고 주님과 이런 의논을 할 수 없었다.

"주 하나님, 나에게 용기를 주십시오, 나는 무지한 자입니다. 어린 양을 가엾게 여겨 힘을 북돋워 주십시오. 주 하나님, 진정으로 내가 가야 할 길은 어디입니까? 진심으로 기도하오니 내 기도를 들어주십시오. 내 내면의 소리를 듣지 못하고 보지 못하는 그 죽음 그 죽음의 그림자만이 나에게 두려움을 주는 것입니다. 이 억제할 수 없는 공포와 두려움이 ---- 이것이 진정으로 나에게 그 어떤 뜻인지조차 지금은 알지 못하는 밤의 세계, 그리고 어둠의 음침한 거리 뒷골목에서 나는 외침, 우리 유대인들의 삶 속에서의 통곡 소리와 뼈아픔, 예루살렘 광장으로 통하는 골고다 언덕의 비정한 외침과 아우성만이 들리는 이 질곡의 세상. 나는 그것을 알고 있습니다. 주 하나님! 주 예수께서 새벽 여명이 일기 전, 산에 올라 외치던 그 말씀은 아직 내 뇌리에 각인되고 나서부터 나는 이 어둠의 골고다 언덕에 올라 저편 멀리 있는 로마제국 자들에게 외치고 싶었다. 이제는 모두 자신의 제자리로 돌아갈 때이다. 모든 것을 내려놓고 무에서부터 시작해서 유까지를 찾는 양상은 무엇입니까?"

눈, 입, 귀, 마음도 여린 베드로가 이 모든 것을 해결하기에 세상 물정이 어두웠다. 그가 맡고 있는 업무는 큰 부담이었다. 그때마다 그는 땅에 엎드려 기도를 했다.

나는 그 기도를 지켜보았다.

내가 잠시 들어가 본 방은 고요하고 베드로는 열린 창으로 달빛을 보았다. 찢어진 동창 너머로 찬바람이 흐르고 있었다. 달빛 속에 비친 눈동자에는 눈물이 맺혀 있었다. 탁자 위에 그의 손 등이 파르르 떨고 있을 때, 그 위에 주 예수님의 손이 놓여 있었다. 그는 베드로의 손 등을 부드럽게 어루만지며 다시 기도하자고 말씀한다.

그의 눈에도 눈물이 맺혀 있었고, 주님의 기도 소리도 들을 수 없었다. 나는 밖으로 나오면서 이런 생각을 했다.

"좁은 문으로 들어가라 멸망으로 들어가는 문은 크고 그 길이 넓어 그리로 들어가는 자는 많고 생명으로 인도하는 문은 좁고 협착하니 찾는 자가 적음이라."

그 말씀은 내 아들이 청년 시절이 되면서 수차례 되뇐 말이었다. 나는 어미로서 그의 말의 뜻을 알지 못했다. 어릴 때 사도 요한이 찾아와 '좁은 문'에 관해서 물었다. 나는 그 당시 답하지 못했다. 그 이후 사도 요한이 성년이 되고 제자가 되면서 처음으로 주님에게 질문한 것이 그것이었다.

사도 요한은 주 예수의 말씀을 기록하다가 "좁은 문으로 들어가라 멸망으로 인도하는 문은 크고 그 길이 넓어 그리로 들어가는 자가 많고 생명으로 인도하는 문은 좁고 길이 협착하여 찾는 자가 적음이라." 하고 하신 말씀 중에 좁은 문에 대해서 질문을 했다.

"주님, 우리가 가야 할 길은 넓은 길인데 어찌하여 좁은 문으로 들어가라 하십니까?"

"어린 양아, 너는 아직 어리고 배울 것이 많도다. 좋은 나무가 나쁜 열매를 맺을 수 없으며 못된 나무가 나쁜 열매를 맺으니, 좁은 문으로 들어가라 생명으로 인도하는 문은 좁고 길은 협착하니 찾는 자가 적음이니라. 사도 요한아, 내 말을 명심해라. 성령과 하나님의 말씀을 지키는 것은 힘들고 어려운 일이니 귀도 열고 눈을 크게 뜨고 기도하라."

모든 제자들은 좁은 문에 대해 잘 이해하지 못했다. 모든 제자 사이에 각론에서는 쉽게 이해를 구했지만, 각 각의 결론에는 격론이 벌어졌다. 주님의 말씀인 좁은 문을 여는 누구는 돈으로 생각했다. 모든 사람이 그렇게 생각했다. 처음 유다가 사도 요한에게 "금화." 하고 이야기했다. 그러자 이상한 낌새를 알아챈 사도 요한은 유다에게 "금화가 무엇 때문에 필요한가?" 물었다.

그는 사도 요한에게 은근히 다가와 설명했다.

"베드로 형제와 백성의 장로가 서로 협상을 하는데 돈이 전제조건이다. 그래서 내가 베드로 형제에게 '금화'가 필요하다. 그러나 베드로는 아무 답도 하지 않았다. 사도 요한 형제요, 당신이 베드로에게 말해서 이른 시간에 '금화'를 준비해서 새로운 협상에 임해야 한다." 하고 유다가 강력하게 말했다.

사도 요한은 혼자 중얼거리면서 무척 기분이 상했다.

우선 그는 제자들의 논쟁 중에서 '좁은 문'을 돈으로 인식했다. 그것은 유다가 말한 '금화' 때문이기도 하지만 사도 요한은 그가 협상에 제외된 것에 몹시 화가 났다. 그러나 그것은 성모 마리아께서 처음 주의를 받고 사도 요한은 그냥 넘겼다. 유다가 사막에 있는 베드로와 그 형제들의 모임을 보고 사도 요한은 무척 흥분했지만, 그냥 지나칠 수밖에 없었다. 그래서 유다가 말한 그 '금화'에 대해 베드로 형제에게 진심 어린 충고를 해야 했다. 그런데 사도 요한은 그 말을 베드로에게 전하지 않았다.

유월절이 오기 전 '금화'를 백성의 장로에게 주어야 했다. 그러나 사도 요한은 무슨 까닭인지 베드로에게 전하지 않았다. 백성의 장로는 그래서 협상을 포기한 것으로 간주하고 베드로를 만나서 이렇게 말했다.

"이제는 모든 것이 내 손을 떠났다."

그의 말은 약간은 공갈이나 협박성 말투이고, 돈이란 것에 꽂혔다.

그 이후, 백성의 장로는 곧 형벌이라는 화두를 꺼냈다. 베드로는 불같이 화를 냈다. 사도 요한은 그 모습을 뒤에서 지켜보았다. 백성의 장로는 징벌이라는 말을 꺼내고 나서 유다는 곧 응징이라는 단어까지 사용했다. 백성의 장로가 흔히 우리에게 겁을 주고 징벌이라는 죄를 죽음으로 포장하면서. 베드로는 그들과 대화를 시작하면서 모든 대화가 엉키고 만 것이다. 베드로와 사도 요한은 그 말에 죽음의 고뇌를 느꼈다. 특히 죽음의 그림자가 우리를 덮자 모든 사람이 동요하고, 그런 동정심만이 베드로를 괴롭히고 마음의 변심까지 뒤틀리면서 더더욱 그런 혼란을 겪게 된 것이다.

베드로는 처음 백성의 장로와 대화를 했다.

시장 입구 찻집에서?

그러나 유다가 대화에 끼어들면서부터 '협상'이란 단어를 사용하기 시작했다.

그는 '협상이 무슨 협상이냐?'하고 따졌지만.

그 이후 사도 요한까지 우리 대화 속에 끼어들었다. 유월절이 다가오자 사도 요한조차 '협상'이 무엇이냐 물었다.

"협상이 아니고 대화를 한 것."

베드로가 얼굴을 확 붉히며 말했다.

그러자 사도 요한은 그 말에 눈을 지그시 감았다. 그는 그래서 죽음의 여행을 떠난 것인가? 의문이 생겼다. 죽는 것은 쉽다. 죽는다는 것은 누구나 알고 있다. 그러나 사는 것은 우리에게 그 어떤 가치가 있는 삶을 사느냐이다. 그러나 우리 사람에겐 그런 생애의 가치뿐만이 아니고 그것을 뛰어넘어 부활이라는 믿음과 창조의 가치 위에서만이 사람이란 것을 증명할 수 있지 않을까?

그러나 사도 요한조차 그것을 무덤덤하게 받아들였다. 사도 요한은 그런 고뇌 속에 어릴 때, 멋모르고 떠나 고향을 뒤로하고 돈을 벌기 위해 무작정 떠났지만, 결국에는 아무것도 얻지 못하고 무능력만이 전부처럼 보였던 것이었다. 그때만 해도 너무도 어린 시절이었다.

내가 바다로 떠내려가듯 도망친 시간 동안 지금 여기 예루살렘 거리는 너무도 몰라보게 변해 있었다. 더 복잡하고 삼엄한 로마 군인들의 표정과 공회에서 나오는 서기관들이나 장로들의 표정에서 그 증거 등을 볼 수 있었다. 지겹고 싫증 난다는 것. 하긴 그것 때문에 낯선 곳으로 떠난 눈길은 지금 돌아와 보니 내 몸은 아직도 여기에 잡혀 있었다. 그리고 그 길 위에서 어느 광인의 외침으로 내 마음을 송두리째 빼앗기고 말았다.

그가 세례 요한이었다. 마음을 빼앗긴 사도 요한은 안드레와 그를 따르기 시작했다.

그 이후, 주 예수께서는 열두제자와 마주했다.

이런 가운데 12제자들 사이에 틈이 벌어지기 시작했다. 처음 유다가 우리의 회계를 맡았다. 그 이후, 주님은 우리의 반석인 베드로에게 그다음 회계를 맡긴 것이다. 그 이후, 제자들 사이에 벽이 생기고 서로 간의 갈등 등이 증폭되었다. 그것은 베드로가 사막의 여행을 떠나고 나서 그런 갈등들이 폭발했다. 제자들의 다툼과 돈에 대한 물음이 빗발쳤다. 그리고 '금화'라는 말이 화두가 되었다.

나는 그들의 어머니로서 그리고 주님의 사도로서 그것에 대해 기도를 했다. 그것은 그로 인해 제자들의 분열과 다툼에 시작되면서 그것이 금화라는 것에 표적이 되고 난 이후부터, 제자들의 인간의 심적인 내성이 발호되고 결코 그것이 그들의 광기이라는 것을 알지 못한다. 제자, 자신들의 이면에 있는 검은 그림자를 알지 못했다. 나는 그것을 이해할 수 있었다. 주 예수가 그 제자들에게 아직 말씀하지 않는 것도 다 이유가 있다고 여겼다.

그들 스스로가 그런 깨달음을 알게 하기 위함. 결국, 자신들도 주님이 말한 죽음에 대한 공포와 베드로와 이민족의 술탄 형제와의 친교에 대한 부러움인지 알 수 없는 사이에서 벌어지는 갈등 등이 우리 제자들이 스스로가 깨달을 수 있다는 믿음과 확신이 있었을 것이다. 나는 주님의 생각을 알 수 있었다.

나는 그래서 제자들 사이에서 벌어지는 그 제자들의 틈새인 갈등, 두려움, 오만들을 생각했다. '내가 어머니로서 그들과의 화목을 앞장섰지만, 제자들 사이에 감정의 골이 감당할 수 없는 지경이고 나의 기도가 부족한 탓도 있었는데, 그래서 결국은 베드로가 죽음의 여행을 선택한 것이 아닌가?' 하고 나는 생각했다.

나는 어머니로서 가족들의 불안과 내 아들의 죽음에 도박까지 가는 상황을 그냥 지켜봐야 하는 사회가 두려웠다. 베드로는 처음으로 나에게 도움을 요청했다.

결국은 문제에 핵심은 돈이었다. 그는 아무것도 없었다. 물론 나에게도 돈이 없었다. 우리 모두는 속수무책이었다. 이런 여러 가지 관계는 역학에 문제이지, 진정한 삶의 문제는 아니었다. 제자들 사이에 벌어진 틈새는 점점 심각하게 변해가고 그것을 어떻게 풀어야 하는 것도 나에게 적지 않는 난제들이었다. 나는 그것을 사도 요한 형제가 맡아 할 줄 알았다. 그러나 불만만 더 과중시켰다.

사도 요한은 아직 어리고 야고보는 성질이 급했다.

나는 어머니의 마음으로 기도를 해 주었고, 막달라 마리아의 믿음에서 그녀는 길을 찾았다. 베드로가 가야 할 길과 앞으로 닥칠 그 죽음, 주님과 제자 가족들의 삶에 표적이 되었다. 지금 그에게는 비록 가치가 없다 해도 그 언제 가는 그것을 찾을 수 있다는 확신을 심어주고 싶었다. 내 얼굴 속에 그려져 있는 그런 믿음들을 보여주고 싶었던 것. 그것이 지금은 고뇌와 시름을 채워지지 못한 다 해도 말이다. 베드로는 지금 주님의 말씀에서 참뜻을 찾지 못했다.

그것은 어쩌면 환경 탓도 있었다. 베드로는 예루살렘 거리와 군중 등의 여론들을 생각하지 않을 수는 없었다. 그런 생각이 공회에서나 로마 당국에 직접적인 영향을 주는 것을 잘 알고 있었다. 언제부터인가 베드로는 그런 여론을 의식하기 시작한다. 사람들은 때론

소문들에 과중한 관심을 갖는다. 그것이 이유이었다.

　그러나 주 예수께서는 "내가 곧 길이요 진리요 생명이니 나로 말미암지 않고는 아버지께로 올 자가 없으니라!" 하고 말씀하신 그 언약도 그에게는 지금 아무것도 아니었다.

　오늘따라 달빛 그림자는 더 진하고 적요했다. 지금의 유월절 만찬을 베드로는 그런 마음으로 보내야 했다.

　주 예수님이 이렇게 말했다.

　"오늘 밤, 너희가 나를 버리리라!"

　"모두 주를 버릴지라도 나는 결코 버리지 않겠나이다."

하고 베드로는 강력하게 부인했다.

　잠깐 침묵이 흘렀다.

　"내가 진실로 네게 이르오니 오늘 밤 닭이 울기 전에 네가 세 번 나를 부인 하니라!"

하고 주 예수님이 말했다.

　그 말씀에 베드로는 떨기 시작했다. 잠시 어두운 침묵이 검게 변한 달빛 그림자 사이를 스쳐 지나갔다. 그 그림자 속의 유다의 눈빛이 유독 빛났다. 유다는 이 모든 것이 자신의 중심으로 돌아가는 것에 만족했고, 그들과 협상을 하는 것이 자랑스러웠다. 흩어진 미소가 유다의 입가에서 흘러나오고.

　베드로는 지옥에 빠진 귀신 망자처럼 "주여, 그리 마옵소서. 나는 결코 그리하지 않을 것." 하고 자신의 입을 찢고 가슴이 터지도록 세차게 때렸다. 사도 요한이 베드로에게 기댄 채 울고 있는 그에 입을 막았다.

"쉬, 울지 말라, 사도 요한아. 너까지 이렇게 울면 나는 더 무엇을…."

라고 했다.

그 사이 주님은 일어나 기도를 시작했다. 먹다 만 빵 조각과 술잔이 탁자 위에 어지럽게 널려 있었다. 기도를 마친 주 예수께서 일어나 모두 밖으로 나가자고 손짓을 했다. 허름한 통옷, 옷깃을 여미면서 주님은 베드로에게 이렇게 말했다.

"베드로야, 그 잔을 놓고 나를 따르라. 내 일이 멀지 않아 찾아올 것이니."

누덕누덕 기운 허름한 옷깃을 만지며 나가려 하자 유다는 먼저 일어나 삐꺽거리는 문을 열고 나갔다.

삐꺽! 낡은 문짝이 '꽝'하고 닫히면서 찬바람이 쓸려 들어왔다.

선박 위에 놓인 책들과 그동안 내 아들이 오랫동안 써 온 집기들이 쓸려 들어온 찬바람에 흔들렸다. 내가 늘 보고 듣고 깨끗하게 챙기던 각종 물건이 선반 위에서 붙박여 있었다. 내 아들은 나오기 전, 그가 보던 그 책들과 선반 위에 놓여 있는 집기들을 한번 훑어보았다. 거의 움직이지 않는 발걸음을 내디디며 한 걸음, 두 걸음을 디딜 때마다 그의 걸음은 무겁게 보였다. 통으로 된 허름한 옷깃을 어루만지며 방 안 곳곳을 살펴보았다. 그 무엇인가 찾으려는 눈길에서 나는 심장이 터지고 마음이 산산조각 찢기는 느낌을 받았다.

그러나 변하지 않는 표정과 굳은 입술은 옛 모습 그대로였다.

밖은 칠흑 같은 어둠이 내리고 달빛은 보이지 않았다. 그러므로 내 아들은 하늘을 우러러보았다. 스쳐 지나는 먹구름 사이로 언뜻 보이는 달빛은 아직 그 자리에 서 있었다. 다만, 땅 위에 드리워진 달빛 그림자는 빛을 잃었을 뿐이다. 그런데 내 아들은 자신의 뒷모습을 더듬기 시작했다. 그러나 오늘 달빛 그림자는 그 그림이 아니었다. 그날따라 왜, 유다의 그림자가 보이지 않았고 베드로는 최근에 일들로 환상을 본 것은 아닌가 하고 그런 착각에 빠진다. 자신의 마음도 의심하기 시작했다.

침묵이 가득한 뜰 안에서 사도 요한이 주님의 손을 잡았다. 아직도 사도 요한은 눈물이 그득하게 고여 있었다. 주 예수님은 우는 사도 요한의 어깨를 안아 주며 길가로 인도했다. 뜰 안에는 침묵만이 가득하니, 방 안에는 그가 쓰던 책들과 각종 집기가 붙박여 있고. 사도 요한은 떨어지지 않는 발길을 돌렸다.

모든 제자들이 따라 겟세마네의 산으로 올랐다. 제자들은 두려운 침묵에 간간이 찬송가 소리가 흘러나왔다. 산에 오른 주님은 엎드려 기도를 시작했다. 모든 제자들이 따라 엎드려 기도했고, 유다는 살며시 고개를 들어 사방을 살폈다. 베드로는 그것에 온 신경이 갔다. 이곳에 속삭임과 고요한 정적만이 그득했고, 그 속에서 추상하면 그들과 예루살렘 궁전을 손가락으로 가리키고 있었다. 유다가 "입을 맞추는 사람이." 하며 오른손을 흔들어 보였다. 그가 본 음흉한 그림자에서 같이 있던 자는 입가에 옅은 미소를 지며 웃고 있었다. 하늘에 걸린 밝은 달빛이 죽은 듯 두서없이 흩어져 내렸다. 잠시 코를 고는 소리에 베드로는 어색함과 비정함을 느꼈다.

코를 고는 소리에 오랫동안 땅에 엎드려 기도를 드리던 주님은 일어섰다.

"너희들은 나와 한 시간도 이렇게 깨어 있을 수 없더냐? 시험에 들지 않게 깨어 기도하라! 마음에는 원이로되 육신은 약하도다." 하고 자는 제자들에게 꾸중을 했다.

간간이 숨어 있는 숲 속에 종료나무와 바위 돌 틈 사이로 펼쳐진 산야는 어둠의 침묵이 두껍게 내려앉았다. 유다의 손등을 파르르 떨며 자는 척했다. 베드로는 자는 모든 제자를 깨우고 나서 같이 기도를 하자고 했다. 낮에 무더운 날씨가 시샘하듯 어디서 찬바람이 그의 옷깃으로 여미다. 베드로에게는 이 모든 것이 꿈같은 시험이었다. 그가 보여 준 죽음의 여행이나 그들과의 대화를 들추어 보면 모두 것이 환상과 같았다.

그들 형제는 "인간이 살아가는 내내 생이란 환상의 삶일 수 있고, 또는 큰 고통을 동반하는 끝없는 투쟁의 연속일 수도 있다! 우리는 단언할 수는 없지만, 그 시작의 끝은 지금부터이고 그 끝은 우리도 알 수 없다는 것이, 그것이 사실일 뿐이다." 하고 말했다. 베드로는 이런 슬픈 현실을 피하고 싶었지만, 여린 그의 마음에 그것은 큰 고통이었고 이건 무거운 업보이었는데, 실성 그 모든 것의 중심인 '금화'가 있었다. 그 혹독한 유대 땅에서 가난과 속박에서 금화라는 것은 한편으로는 이질적이며 다른 면에서는 신비하기까지 했다. 그래서 여기까지 오는 긴 시간은 너무도 우리에게 보이지 않는 달빛 그림자의 환상처럼 짧게 보였다. 제자들 사이에서 회자되는 하나의 소리는 서로 간의 간극이었다. 제자들 사이에 틈은 깊고 넓었다.

"시험에 들지 않게 깨어 기도하라!" 하고 하신 주 예수님의 말씀도 그때는 명확하고 일률적인 입장은 없었다.

그런 것조차 베드로에게 하나의 시련이었다. 그것이나, 그가 그러한 환상적인 분노와 주님의 원죄인 가난과 속박으로 인한 굴레는 그가 풀 수 없는 수수께끼이고, 그것 또한 속임수의 바보 같은 대화로 인한 공허와 고통이었는데, 베드로는 그런 근본적인 분노와 비정한 외침을 한낱 유희로 생각했는지 모른다. 이 모든 것이 그 제자들에게 환란의 시작이고, 시험에 들지 말라는 주님의 계명의 어기면서 혼돈과 혼란에 빠지게 된 것이었다.

그리고 그것을 잊기 위해 죽음의 여행에서 베드로에게 확연하고 명확하게 보이지 않는 우리의 영혼들! 그는 그것을 두려워했다. 그러나 사도 요한이 아직 어린 마음에 장난을 친 것에 베드로를 더욱 혼란스럽게 만들기 충분했고, 다른 제자들까지 냉혹한 눈초리를 느낄 수 있었다.

죽음 위에 드리워진 지겨운 삶과 죽음에서부터 시작되는 그 부활! 우리 모든 사람들의 삶, 우리 제자들의 삶과 주 예수님의 생애의 마지막 표적이 무엇인지 우리는 알지 못했다. 그런 여러 가지의 측면에서 역학은 그가 풀 수 있는 수학적인 방식이 아니었다.

나는 죽음 다음 제삼 일 만에 살아날 것이다.
어둠에서부터 빛까지.
그러나 죽음까지?
과거와 지금 그리고 미래를 넘나드는 그 영원한 시간의 부활은!
나도 모르게 나를 괴롭히는 것이 진정으로 돈이었다. 내가 가난한 요셉의 아내로 주님에 어머니로 그 가난을 달고 살았고, 그가 죽고 나서 어머니로 그를 키운다. 어릴 때, 스스로가 회당에 나가 종교 지도자들과 토론을 하고 사색을 시작했다. 그가 생각하고 있던 그 과거와 지금 그리고 미래는 그 무엇인가? 지금 무에서부터 유를 창조하려던 주님의 생명에 진리는 또한 무엇인가? 죽음에서부터 찾으려고 했던 주님의 진심은 또한 그 무엇이고, 그는 인간의 정의를 진정으로 찾았는가? 베드로는 진심으로 기도하며 주님에게 묻곤 했다. 나 또한, 그런 틀 속에서 직면해 있는 트라우마는 우리가 풀 수 없는 임계점의 한계이고, 그것은 진정 두려움이었다.

자기 죽음을 시험해 보았고, 죽음을 겪고 본 베드로는 주 예수님의 말씀을 도박으로 몰아간 것이다. 생과 사의 시험에 마지막 표적으로 삼았다.

주 예수님에게 직면해 있었던 것은 죽음과 삶이었다.

우리 제자들에 진실한 사고들과 유월절 성찬에서 작은 바람에도 흔들리는 등불 등이 이 선박 위에 그림자처럼 그를 붙박이었다.

간혹, 이것은 우리에게 짊어진 원죄인지 모를, 그런 시간에서도 몸부림치고 불평등이라는 업보의 짐을 지고 광야에서 외쳤던 것이다. 진정, 베드로는 그런 것들을 사막에서 꿈처럼 여러 번 되뇐 것이다. 선반 위에 책들과 주님이 아껴 쓴 말씀이나 환상적인 모습은 그림자처럼 또 하나의 그림이었다. 나는 사실 모든 제자가 나의 아들이고, 친구들이었다. 베드로가 슬퍼서 홀로 외로이 투쟁할 때도 나는 지켜만 볼 뿐이고 특별하게 도움을 주지 못했다. 그렇게 지난 시간조차 잊고 지낸 나날들을 추상하며 나 나름대로 시름에 젖곤 했다.

그때, 그리고 지금도 우리는 흔들리는 외풍에 비틀거리기 시작했다. 이미 모든 제자는 방황하기 시작하면서 사도 요한도 그때, "좁은 문으로 들어가라!" 하고 하신 말씀을 되뇐 주 예수를 원망했다. 나는 나 자신을 되돌아보게 된다. 그러나 이미 제자들의 마음은 다른 데로 가 있었다. 그러면서 나는 모든 제자들에게 분명하게 '좁은 문'에 대해 말하고 싶었다.

베드로는 그것을 두려워했다. 과거와 미래를 넘나드는 지금을 생각하면 환상을 좇는 우리들의 그림자일 뿐이고.

베드로는 그런 추상과 환상을 좇고 나서부터 모든 것이 사라져 버렸다.

결코, 그는 죽음과 부활이라는 뜻을 알아내지 못했다.

흩뿌려진 미소와 가난과 속박은 우리에게.

우리 제자들의 틈새에서.

'내가 죽임을 당하고 삼 일 만에 다시 살아나리라.'

죽는 것은 쉽다. 죽는다는 것은 누구나 알고 있다. 그러나 사는 것은 우리에게 그 어떤 가치가 있는 삶을 사느냐이다. 그러나 우리 사람에겐 그런 생애의 가치뿐만이 아니고 그것을 뛰어넘어 부활이라는 믿음과 창조의 가치 위에서만이 사람이란 것을 증명할 수 있지 않을까?

'이것은 끝이 아니고 시작일 뿐이다.'

하고 우리는 그런 죽임을 생각하지 않았는가?

'이제 죽어야 사는 것임! 살던 죽던 이건 신의 뜻이다.'

'나는 부활이요 생명이니 나를 믿는 자는 죽어도 살겠고 무릇 살아서 나를 믿는 자는 영원히 죽지 아니하리니.'

이 말씀은 그 주님이 사후에 우리 제자들이 겪어야 할 죽임에 대한 공포를 어떻게 얼마나 지울 수 있느냐에 따라 극복할 수 있다는 것. 또한, 그날 밤 우리에게 발을 씻기면서 '이것은 끝이 아니고 시작일 뿐이다.' 하고 하신 말씀을 얼마나 어떻게 우리가 받아드려야 하는지.

우리는 그것을 모를 뿐이었다.

2장
죽음의 여행

사도 요한은 어릴 때 꿈을 가지고 있었다.

우린 민족이 어떻게 대로마제국의 노예로 전락했는지 알 수 없지만, 나 자신이 희망과 꿈을 가지고 있다면 그 모든 것은 극복할 수 있다는 것. 그래서 꼭 주님의 제자가 된 것은 아니고 혹시 모를 이후에 우리의 희망이나 그 믿음의 진정한 뜻을 알 수 있다면 하고 생각했다. 그때가 바로 어린 눈으로 본 우리의 세상이었다.

그래서 사도 요한은 지금 우리의 일기를 쓰고 있다. 그러면서 옆에서 본 베드로 형제의 뜻이나 생각을 조금을 알 수 있었다.

시간이 지나면서 우리에게 닥친 박해와 음모는 나날이 심해져 갔다.

그 시간은 사람과 비례해서 보면 단면이지만, 그 미래는 다양한 색채의 화려한 사람들의 삶은 아니었던 것이다. 왜냐하면, 세례 요한이 헤롯왕에게 잡혀간 다음 흉흉하고 거친 소문이 돌았다. 여러 가지 흉측한 억측과 세례 요한이 헤롯왕에게 무릎까지 꿇고 목숨을 구걸했다는 음모까지! 그들의 음모는 하루아침에 생긴 일이 아니다.

"오랫동안 너의 선지자에 언행이나 행동에서 나온 결과이다!"

하고 백성의 장로가 말했다.

오래전부터 백성의 장로와 대화를 시작했다. 유월절이 다가오면서 베드로는 마음이 급하고 초조했다. 베드로는 그 시간 동안 홀로 죽음의 금식기도를 했다.

다시 대답을 듣지 못하자 한 달간 사막으로 기도여행을 떠났다. 누구에게도 말하지 않았지만 사도 요한에게는 잠시 지방에 다녀온다는 말을 남겼다. 간단한 봇짐 하나만 등에 걸치고 사막으로 떠났다. 낮에 뜨거운 열기와 밤에는 어둠 속에서 환하게 빛나는 무지개색 별빛들이 그가 가는 길을 인도하고 있었다. 베드로는 여기서 자기 죽음을 증명하고자 했다.

베드로는 그들과 대화를 했지만, 백성의 장로는 그 이야기를 징벌이라고 생각하면서부터 그들이 말하는 주님의 죽음과 백성의 장로의 형벌이라는 말에 모든 것이 꼬여갔다.

"나는 죽임을 당하고 제삼 일 만에 다시 살아날 것이다."

주 예수가 언약의 말씀으로 준 그 죽음 말이다!

"늘 시험에 들지 않게 깨어 기도하라." 하고 하신 말씀을 거부하면서까지 베드로는 사막으로 떠났다. 그것을 증명하기 위해 죽음을 택했다. 죽음 뒤에는 영원한 부활이라는 것! 그 부활은 베드로에게는 운명처럼 따라다녔다. 베드로는 먼저 그 부활을 시험하고자 했다. 일주일이 지나자 베드로는 지치기 시작했다. 모래뿐인 땅과 끝없이 펼쳐진 지평선 너머로 오아시스가 보이는 듯했다. 신기루처럼? 그가 처음 계획했던 그 오아시스까지 가야 하지만 길을 잃었다. 날짜까지 잊었다. 모든 것을 포기하고 말았다. 죽음과 삶도! 그가 지금까지 갈구하던 생과 사의 운명의 갈림길 위에서. 그는 자신을 시험에 빠트린 것이었다. 예수님이 "시험에 들지 말라."라고 하신 말씀을 정면으로 거부한 것이다.

그가 생각했던 죽음이 눈앞에 서성거렸다. 헛것이 보이는 듯했다. 추위를 피하기 위해 그는 사막 모래를 파고 들어가서 기도 중, 악마의 목소리를 들었다. 사막의 모래폭풍 소리인지 분간할 수 없었지만 말이다. 거의 빵 한 조각에 물만 조금 마셨다. 이런 무방비로 사막 기도여행을 떠난 것이다.

주님께도 말씀을 드리지 않았다.

베드로가 떠나자 나는 이런 빈자리가 곧 보였다. 사도 요한에게 물었다.

처음은 답하지 않고 주춤했다. 나는 크게 실망해서 심하게 꾸중을 했다. 여기 현실을 외면할 수 없었다. 나 자신도 실감 나지 않았지만, 야고보의 이탈로 시작되는 제자들의 소동은 나를 더 이상은 이곳에서 기다릴 수만 없었다. 어느 면에서 나도 울화병 같은 마음의 병을 가지고 있었는데, 그것은 밥만 먹으면 명치끝이 답답하고 호흡까지 쉽지 않으면서. 이런 모든 것이 나에게 업보이고 짐이었다. 가난과 속박의 정의는 무엇이 다른가? 나 스스로에게 물었다.

우리 제자들은 세상과 마주 앉았다.

루가가 들어와 베드로에게 무엇인가를 묻고 있었다. 사실, 이 모든 것의 하나에 유혹은 백성의 장로에 음모이었다.

"베드로가 주님의 죄를 인정했다."

유월절이 되기 전, 베드로가 돌아오기 전부터 시장바닥에서 그런 소문들이 떠돌았다. 백성의 장로는 유다와 작은 접촉에다 자주 술집에서 목격되었다. 사도 요한은 그런 소문을 퍼트린 사람이 백성의 장로라고 확신했다. 이런 환경에 처한 사도 요한도 고민했다. 베드로는 사도 요한의 진정한 충고로 고뇌했다. 우리에게 아직 아무것도 진전된 소통도 없었고, 만난다 해도 대화는 지속될 수 없었다. 제자들 간의 마음의 벽은 상상 이상의 것으로 베드로는 이런 고민 때문에 주님에게 항변했다.

"그들에게 고난을 받고 죽임을 당하고 제삼 일 만에 살아나리라." 라고 하신 말씀에 대해 베드로는 항변하며 "주여 그리 마옵소서. 이 일이 결코 주께 미치지 아니할 것입니다."라고 했다.

주 예수는 불같이 화를 내며 베드로를 꾸짖다.

"사탄아 내 뒤로 물러나라. 너희들은 나를 넘어지게 하는 자들이다. 네가 하나님의 일을 생각하지 않고 사람의 일을 생각하는 것이다."

다시 모든 제자가 보는 앞에서 주님이 이렇게 외쳤다.

그러나 현실에 마주친 베드로는 그 무엇이든 힘이든 상황이었다. 세례 요한이 죽임을 당하고 나서 유다는 겉돌고 다른 제자들도 죽음이라는 트라우마에 갇힌다. 특히 백성의 장로가 노골적으로 형벌이라는 응징을 앞세우면서 모든 제자에게는 공포의 대상이었다. 성모 마리아가 직접 백성의 장로를 만나기를 원했다.

사도 요한은 성모 마리아가 백성의 장로를 만날 때 옆모습으로 지켜보기로 했지만 따라가다가 나를 잡았다.

"어머님, 절대 백성의 장로를 만나시면 안 됩니다."

사도 요한이 다그치며 말렸지만, 성모 마리아는 손을 뿌리쳤다. 그래서 사실, 사도 요한은 그 당시를 생각하게 된다.

"오래전 베드로는 백성의 장로에게 사기를 당했다. 그 당시는 자신이 사기를 당했는지 알지 못했다."

사도 요한은 그런 생각을 하면서 깊은 시름에 빠진다. 해가 지면서 땅이 꺼지고 달빛이 빛을 내지 않았다. 그런 이유로 달엔 깊은 시름의 계곡이 생겼다. 사도 요한은 달빛이 변했다는 것을 느낄 수가 없었다.

"당신은 사기를 당한 것이다. 처음 백성의 장로와 거래를 위해서는 어느 정도의 위험을 감수해야 한다. 나도 여기 시장 안에서 장사를 시작하면서 배운 것이다."

그때는 그 정도의 이야기만 유다에게 들었다. 그 이후 유다가 주님의 제자가 되면서 "백성의 장로는 당신이 잡은 물고기를 며칠 창고의 보관하고 있다가 조금 질이 떨어지면 그것을 꼬투리를 잡아 값을 깎는 방식으로 장사를 한다." 하고 말했다.

그런 말에 사도 요한은 분노와 베드로 형제의 동병상련에 마음으로 백성의 장로가 무슨 속내를 감추고 있다는 것. 사도 요한은 먼저 베드로가 사막 여행에서 그들 형제와 유회를 즐기는 장면을 유다와 함께 목격하고 흥분했던 기억이 되살아났다. 언제부터인지 모르지만, 베드로가 백성의 장로를 은밀히 만났다는 것을 사도 요한도 알게 된다.

우선 베드로는 술집에서 백성의 장로에 생각을 떠볼 셈이었다.

찻집에서!

베드로는 백성의 장로를 만나 대화를 시작했다.

"우리 선지자를 어찌 생각하고 있죠?"

"뭐, 별의별 이야기들이 떠돌고 있으니 조심하는 것이 좋겠지. 그리고 내가 미리 베드로 형님에게는 말해 두는데, 그렇게 여러 사람이 떼를 지어 다니면 로마 총독의 눈에 띌 것이니 조심하는 게 좋을 것이요."

하고 말했다.

"왜? 세례 요한은 살해를 한 것입니까? 무슨 죄를 지었는데 그렇게 아무 재판도 없이 죽음을 당한 것입니까?" 하고 베드로는 그에게 물었다.

그는 한동안 베드로를 쳐다보았다. 이해할 수 없는 눈치이었다. 백성의 장로는 침묵으로 일관했다.

"나를 대제사장을 만나게 해 주시오. 그러면 내가 당신에게 그 어떤 보상을 해 주겠소!"

하고 말했다.

"무슨 보상 말이죠?"

"하여튼 내가 언제 당신에게 값을 깎는 것. 나에게 그를 만나게 해 준다면 정당한 보상을 할 것이요."

베드로가 말했다.

"알았다! 그러면 한 일주일 정도는 기다리면 내가 그런 기회를 만들 것이요."

그다음 베드로는 오랫동안 기다렸다. 그러나 그는 말이 없었고, 중간 유다가 어디서 소식을 듣고 달려왔다.

"내가 오는 길, 백성의 장로를 만났는데. 그는 당신의 보상 조건이 무엇인지 그가 나에게 묻는 것으로 보아 사실은 그 일은 해결된 것이나 마찬가지요."

베드로는 어이가 없어 멍하게 그를 쳐다보았다.

"뭘, 그렇게 이상한 눈으로 쳐다보죠? 당신이 백성의 장로에게 대제사장을 만났으면 했죠? 그 일은 이미 성사된 것이나 마찬가지 아니요? 내가 어제 그와 만나 그 어떤 조건의 보상에 합의를 했습니다."

하고 그는 베드로의 눈치를 보았다.

베드로는 그가 그 일을 어떻게 알았는지 궁금했다. 그러나 어차피 대제사장을 만나야 이 모든 것에 끝을 볼 수 있다고 생각해서 어느 면에서 잘된 일이라고 생각했지만, 그러나 그것까지 묻지는 않았다.

"그렇다면 모두 다 잘된 일이죠? 베드로 형님은 뒤에서 구경만 하면 더 재미가 있을 것이다."

이상야릇한 미소를 지우며 유다가 말했다. 베드로는 의아한 눈빛으로 유다를 쳐다보았다. 그가 떠나자 베드로는 어이없는 표정으로 멍하니 서 있었다. 그는 이상하고 의아해했다. 유다가 어떻게 알았는지 그에게는 의문이었다. 그러나 그것은 시작에 불구했다. 그것도 오래전에 있었던 일들이었다. 그것은 어쩌면 유다가 먼저 말한 이야기 중에 일부분이라고 생각했다.

"베드로 형님, 요번 그들과의 협상은 전제 조건 없이 나에게 위임하시오. 우리들의 반석인 당신이 이 협상 전면에 나서면 그들에게 모든 것이 드러날 것이요. 그들이 원하는 것은 오르지 금화입니다! 나나 당신이나 금화는 물론, 동전 한 닢도 가지고 있지 않습니다. 무엇을 가지고 협상을 할 수 있나요? 우린 거지이고 허수아비에 불구할 뿐입니다."

유다가 와서 베드로에게 말했다.

그 이야기를 한 다음 오랫동안 뜸을 들이고 나서 유다는 멀리 있는 골고다 언덕을 쳐다보며 깊은 한숨을 몰아쉬고 그는 무엇인가 느낀 거처럼 연민의 표정으로 지었는데, 그는 하나의 주저함 없이 이렇게 말했다.

"혹여 주님이 십자가형을 당해도 내 책임이 아닙니다."

"십자가형이라니, 너는 무슨 엉뚱한 말이냐?"
하고 베드로가 강하게 몰아붙였다.

그러나 그는 하늘을 보면서 "그들이 원하는 것은 오로지 금화뿐입니다."라고 했다.

베드로는 금화라는 말에 그를 쳐다보았다. 그는 '금화'라는 말과 십자가형을 비례해서 말하는 유다의 의도를 읽어 내지 못했다. 베드로는 부분적인 뜻은 이해할 수 있었지만, 전체적인 느낌은 와닿지 않았다. 그것은 처음 베드로가 그들과 대화를 시작한 것뿐이었다.

대화를 시작하면서 그냥! 대제사장과 만나 이야기를 나누고 싶었다.

그래서 백성의 장로와 매번 술집에서 만나 허심탄회하게 이야기한 것뿐이었다. 그러나 '협상'이란 말이 어디서 나온 것인지 헷갈렸다. 베드로는 술탄 형제의 생각이 스쳐 지나갔다. 그가 먼저 로마인과 대화를 나누고 사막으로 나가 죽음을 결심하고. 그것을 실행하기 위해 며칠 밤낮을 아무것도 먹지 않고 무작정 사막을 걷기 시작했다. 죽음의 고행이었다. 그리고 자신을 뒤돌아보는 결과를 초래했다.

뒤돌아보니 베드로는 예수님의 제자가 된 것은 어느 면에서 자신의 이면에 숨는 역할을 했다.

가난이 지긋지긋했다.

그것은 그가 보고 키운 괴물이었다.

작은 배로 거친 파도와 다투며 고기를 잡는 것은 삶의 고통이었다. 고기를 잡아 판매하는 것도 그에게는 큰 부담이었다. 결국은 잡은 물고기들을 큰 도매상들에게 싸게 팔아야 하고, 그 백성의 장로와의 오래전부터 그와의 만남은 악연처럼? 그래서 그가 예수님이 제자가 되라 하실 때, 깊은 고민을 했던 것이다. 베드로는 애써 그 사실에서는 눈을 감고, 어쩌면 그가 선택한 예수님의 제자는 가족의 삶 일부분을 희생한 덕분인 것이었다. 그가 집을 나와 예수님을 따르고 할 때쯤, 그의 부인은 두 번째의 딸을 낳다가 병으로 딸을 잃어버리자 그는 속으로 통곡을 했다. 아무도 모르게 산에 올라 밤새도록 땅에 엎드려 기도를 했다. 그러나 그 어떤 답도 듣지 못했다.

그때에도 주님을 따라서 갈릴리 지역을 여행 중, 동생인 안드레에게 들었다.

　그러나 제자들의 삶도 편하지 않았다. 가족이란 이어진 끈들과 같다.

　점처럼 관련된 가족들이나 사람들의 모임이었다. 많은 가족은 매일 불상사와 말썽을 부리는 애들까지 나나 사도 요한에게 큰일이고, 그것을 처리해야 하는 다른 제자들까지 불편하기는 마찬가지이었다.

　점점이 이어지는 가족관계는 복잡하고 어느 때는 별의별 일들이 다 일어나고 가족 간의 다툼이 벌어지면서, 야고보는 아이들 간의 싸움을 역성을 들고 그 싸움을 어른들에게 다툼까지 생기면서 서로 인간 간의 이질감을 보이기 시작했다.

　많은 가족은 바람 잘 날이 없었다.

　그러나 나는 어머니로서 모든 가족을 기도로 인도했다.

　사도 요한이 세례 요한의 제자가 되었고, 안드레도 그 이후 제자가 되었다. 사도 요한도 어부로 생활했다. 형인 야고보는 성격이 급하고 다혈질인 편이었다. 항상 불평불만이 많았고 다른 가족과 잘 어울리지 못했다.

　하루는 주님이 찾아왔다. 사도 요한은 아버지와 그물을 깁고 있었는데 그 모습을 본 어린 사도 요한은 그곳으로 뛰어갔다. 강가를 지나가는 중, 베드로 형제를 먼저 보고 주님은 "그물을 강가 깊은 곳으로 던져라." 하자 그물에는 많은 고기가 잡혔다.

그리고 사도 요한은 주님에게 베드로의 형제를 소개하자 주님은 그들 형제에게 이렇게 말했다.

"나를 따르라! 이제는 사람을 낚는 어부가 되라."
하고 하자 그 베드로 형제가 주님을 따라갔다.

그 이후, 종래 줄곧 주님을 따라 각지로 다니다가 사도 요한도 주님의 제자가 되었다. 그러나 형인 야고보는 선교활동에 많은 불만을 가졌다. 늘 불만을 표하고 다혈질의 성격 때문에 불순한 자들과 자주 어울렸다. 나는 몹시 걱정을 했다. 야고보는 사도 요한의 형이기 때문에 더욱 나는 애정을 가지고 설득을 했다. 그 이후로도 그를 설득하자 주님을 따르기 시작했다. 나도 결국은 주님이 각 지방의 선교활동에 불만을 표시했다. 그것은 결국에 여자의 소견으로 돈이 소중하고 중요한 문제이었다. 또한, 나는 사람들의 속내를 잘 알고 있었다. 내 아들이 안심하고 종교적인 행사를 할 수 있도록 내가 뒷받침해야 했다.

주 예수께서 그것을 아랑곳하지 않고, "내 어머니는 여자로서 돈에는 민감하다. 돈은 베드로가 맡아 처리해라!" 하고 지시했다.

너무도 완곡하게 말해서 사도 요한도, 그 누구도 더 이야기나 변명을 할 수 없었다. 나는 주님의 의견이 맞다. 했다.

그러나 결국은 돈이 문제이었다. 각각의 지방으로 순례 여행하면서 돈은 태부족이었다. 살아가는 과정이나 생애에서는 결코 빠질 수 없는 것은 돈이었다. 결국, 금화가 화두가 되었다. 그때쯤 해서 베드로는 그 금화와 십자가형을 연계해서 말한 유다의 속셈을 알기 시작했다. 그러나 어쩔 수 없었다. 돈이 없는 것은 그고, 유다가 아니었다. 베드로는 고독과 고뇌의 속에서도 초심을 잊지 않으려고 노력했다. 그때부터 유다의 생각이 변했다는 것을 알지 못했다.

베드로는 여러 가지 집안일로 사사건건 야고보와 다퉜다.

나는 야고보에게 "네가 양보해라."라고 했다.

"너는 성격이 급하고 다혈질이지만, 우리는 가족으로써 주님의 선교활동이 마음에 들지 않아도 참고 기도하는 것이 맞다."

나는 야고보에게 충고했다.

"그것이 문제의 원인이 아닙니다. 그들 형제가 이민족이고 그런데, 베드로가 그들 형제와 친하다는 것을 별개라 하더라도 우리 제자들에게 그 어떤 악영향을 줄지에 대해 걱정하는 것입니다."

야고보는 나에게 말했다.

그러나 나는 그에게 이렇게 충고했다.

"베드로는 우리의 반석이고, 그는 비교적으로 영리하고 침착한 사람이다. 혹여, 그가 그들 형제와 친하게 관계를 맺는 것이 뭐 그렇게 나쁘다는 것인지 나는 알 수 없다."라고 했다.

나는 다양한 말로 설득했지만, 그는 처음부터 베드로를 미워했다. 주 예수님을 위해 너의 자비심을 보여라. 그러나 그는 고집을 부렸다. 주님처럼 하나의 생각이 결정되면 그것에 집착하듯 그도 고집을 부렸다. 그것이 야고보의 고집인 줄 모르겠지만 별로 환영할 일은 아니다. 나는 간곡하게 기도했다. 또한, 가족으로써 말하자 사도 요한도, 그 형도 순응하기 시작했다.

그러나 모든 것이 내 뜻대로 이루어지지는 않았다. 사막 여행을 떠난 이후, 줄곧 베드로의 뒷소문이 잦아들지 않았다. 그 이후, 거잡을 수 없는 악소문과 잡음이 일어났다.

"이민족 술탄 형제와의 형제를 맺은 베드로는 변절자이고 주님을 버린 것이다."

이런 소문은 시장 안에서부터 흘러나오고 그 원인은 백성의 장로에게 있다. 그런 말은 야고보가 직접 시장 안에 있는 포목상을 하는 상인에게 들었다.

마태, 마가, 빌립도 들었다고 했다.

"최근 부쩍 백성의 장로와 유다가 여기 옆집인 여급이 있는 술집에서 가끔 만나는 것도 보았다. 나는 그런 말을 하는 것을 술집에서 직접 들었다."

영리한 사도 요한도 다른 상인에게 직접 듣고 보았다고 덧붙였다.

그리고 그 상인은 시장에서 조금씩 돈을 빌려주었는데, 한 달 전에 베드로에게 많은 돈은 아니지만 그런 돈을 빌려준 일이 있다고 사도 요한이 막달라 마리아가 있는 곳에서 나에게 말했다. 나는 사도 요한에게 그런 이야기는 아무 데서나 하면 안 된다고 하며 주의까지 주었다.

"많은 돈을 빌려주었다."

여러 가지 악소문이 백성의 장로나 제자 중에서 그 누군가가 퍼뜨린 것일까?

'무엇인가 일이 잘못되어 간다.'

나는 생각했다.

이런 돈에 관해서는 내가 직접 조정이나 관여한 적은 없지만, 유월절이 다가오자 베드로에게 돈이 부족하다는 사실을, 사도 요한에게 들었다. 그리고 나는 그때 비로소 베드로가 그들을 만나 주님을 두고 협상을 한다는 사실도 알게 된다. 야고보가 불순한 자들과 어울려 다닌 것을 숨기고 있던 사실들도 사도 요한이 털어놓았다.

"나는 오래전부터 베드로와 유다가 그들과의 대화에 대해 듣고 있었다. 너희 형제도 알고 있듯 베드로 형제가 말없이 죽음의 여행을 하기 전부터 대화한 것을 알고 있었지만?"

내가 야고보에게 물었다.

야고보는 오랫동안 침묵으로 일관했다. 그가 비로소 문제가 복잡하게 꼬여 가면서 자신도 주님에게 불만이 심하다는 것을 나에게 인정했다. 그것은 처음 어머님도 아들인 주님에 행동에 다소 불만 섞인 불평을 늘어놓았다. 꼭 그래서 그들과 만나 불순한 행동을 하는 것이 아니라고 하지만, 그것이 더 주님에게 곤란한 상황을 만들어 줄 수 있다. 나는 사도 요한 형제에게 강조했다. 나는 그때까지 그런 흉흉한 말들이 시장에서 떠도는 것을 걱정하고 있었다. 그래서 사도 요한에게 왜, 그런 소문이 떠도는지 알아보라고 했다.

그러나 유월절 성찬을 준비하기 위해서

"모두 조심하고 기도해라." 하고 나는 덧붙였다.

형님이 성질이 급하기 때문에 하루는 유다가 쓸데없는 말을 퍼트리고 다니자 유다에게 '크게 화를 냈다'고 말했다.

"왜, 너는 베드로 형제에게 시험을 강요하는가? 그들 형제와는 친구 그 이상이 아니다. 다시는 시중에서 이상한 소문을 퍼트리지 말라."

하고 야고보가 다시 말했다.

"그들 형제의 말은 사실이다. 그 술탄 형제는 아랍 제국의 황태자들이고, 그를 귀한 손님으로 대접하는 것을 보았다. 우리는 금화가 필요할 뿐이다."

유다는 얼굴을 찡그리며 말했다.

야고보는 단순하고 성격이 과격했다. 그 말에 믿지 못하는 표정이지만, 이미 시장이나 각지 순례자들에게도 그 소문을 들은 바가 있었다.

"그러나 가족들끼리는 말을 가려서 하는 것이 좋다. 우리 제자들은 각자 자숙하고 조심스럽게 행동하는 것이 올바른 마음이다."

그리고 사도 요한도 유다에게 강력하게 경고했다.

그 이후, 사도 요한은 한시름 놓았다. 어느 날 갑자기 유다가 사도 요한을 찾아왔다. 유다가 사막 오아시스 별장으로 데리고 갔다. 그곳에는 베드로 형제가 유유자적하며 술탄 형제에게 대접을 받고 있는 것을 보았다. 사도 요한은 당장 눈이 나오고 심장이 뒤틀리고 요동쳤다. 그러나 유다가 잡는 바람에 지금까지 아무 말 없이 참고 있었다. 그래서 아마, 금화라는 말이 그 이민족 때문에 나온 말일 것이다. '그러나 이런 것만은 어머님에게 말하면 안 된다.' 하고 유다에게 말했다.

그래서 유다는 사도 요한을 오랫동안 못 믿는 표정으로 쳐다보았다. 그러나 사도 요한은 그에게 못을 박듯 명확하게 강조했다.

"왜 그런 이야기를 못 하게 하지?"

유다는 오랫동안 묘한 표정으로 사도 요한을 보았다.

그러나 그 모든 것의 문제에는 결코 돈이었다. 그가 예수님을 따라 각 지역을 다니면서 소요 되는 경비는 조금씩 지역 유지들의 협찬과 주민들이 내는 작은 헌금이 전부이었다. 그 돈으로는 각 지역을 여행하며 생기는 경비로도 액수가 적었다. 그 일이 있고 나서 눈치 빠른 유다는 그 일을 맡아 처리하기 시작했다. 그는 베드로가 어부일 때는 시장에서 작은 포목상을 하는 상인이었다. 그래서 시장에서 돌아가는 뜬소문들이나 백성의 장로도 사전에 잘 알고 있었다. 유다는 그 누구보다 주님과 제자들의 사정을 꿰뚫고 있었다.

이런 혼란한 상황에서 사도 요한은 걱정스러운 표정으로 나에게 말했다.

"백성의 장로가 뒤에서 유다를 부추기는 것이 아닌지 염려가 됩니다."

그런 연유로 유다는 그들과의 모든 협상에서 전권을 쥐기 시작하고 나서 사도 요한은 유다와 백성의 장로의 만남이 그 어떤 일에 혁신이나 도전이라는 것에 조심스러운 느낌이었다. 그것은 시장에 나가 보면 느낄 수 있는 여자만의 이유이었다. 사도 요한은 올곧고 생각이 단순했다.

"너희 근원은 무엇이냐? 너는 우리처럼 제자가 맞느냐? 그럼 왜, 너는 쓸데없는 소문을 퍼트리고 백성의 장로의 이간질에 도움을 주려고 하느냐?"

하고 덧붙였다.

사도 요한이 거세게 욕을 하며 소리를 지르는 것은 실상 두 사람이 만든 작품이라고 생각했기 때문이다. 유다는 백성의 장로와 자

주 술집에서 목격하게 된다. 사도 요한은 유다의 멱살을 움켜잡고 흔들자 울상을 하며 "나는 사도 요한만을 믿었다. 내 편이라는 것을 믿고 그래서 내가 사막 오아시스 있는 베드로의 실체를 보여주지 않았나?" 하고 말했다.

사도 요한은 어이가 없었고, 그것까지 생각하지 못하고 잊고 지냈다. 그렇다. 유다가 베드로가 사막 여행을 떠날 때부터 그를 미행하고 모든 것을 추적했다는 것이 이것으로 분명하게 드러났다.

"너는 왜, 베드로의 사막 여행을 감시하고 추적을 했나? 누가 시킨 것이냐?"

사도 요한은 강하게 몰아붙였다.

"그것은 백성의 장로의 부탁이…."

유다는 그냥 아무 말 없이 얼버무렸다.

베드로가 세례 요한이 죽고 나서 그들과 만난다는 것을 누구보다 잘 알고 있었다. 그런 정보는 야고보가 어디서 듣고 맨 처음 나에게 이야기했다. 나는 사도 요한에게 전후 사정을 명확하게 알고 싶었다. 그래서 사도 요한이 내밀하게 적은 일기장을 보았다. 사도 요한은 여러 가지 집안일이나 자신이 느끼는 주 예수님의 말씀을 적어 놓고 무엇에 대한 느낌과 말씀에 대한 부연설명까지 자세히 적어 놓았다. 나는 우선 그가 주님의 말씀을 부연해서 적어 놓은 것을 읽고 보았다. 여러 가지 설명 중에 '좁은 문'에 대한 궁금증 때문에 제자들 사이에서 토론을 하고 그 토론 하는 과정에서부터 누가 무슨 말을 하고 다른 제자가 반론을 한 거까지 내밀하게 적혀 있었다. 나는 사도 요한의 영리함과 천재적이고 특이함을 그때서부터 느끼기 시작했다.

나는 그 모든 것에 흡족했다.

그가 내밀하게 적어 놓은 일기까지 보게 되었다. 다른 일기는 보지 않았지만, 유월절이 다가오고 베드로가 아직도 사막 여행에서 돌아오지 않아 걱정을 하고 있었는데, 사도 요한이 여러 가지 일들을 여기 적어 놓았다.

오래전: 나는 유다에 강요 때문에 사막으로 반나절 정도 거리를 낙타를 타고 갔다. 그러나 흥미 있던 것은 가다가 잠시 들러 간 곳은 오아시스 촌으로 가끔 로마 귀족들이나 공회에서 서기관들 그리고 장로들이 특별하게 유희를 즐길 때 가는 장소이었다. 그 당시는 잠깐 차만 마시고 나왔다. 왜 그곳에 들러 갔는지 물어보지 않았다. 우리가 도착한 곳은 국경선을 넘어 이민족들이나 특히 부유한 이민족의 족장들이 사는 오아시스 천막촌으로 보이는 곳이었다. 거기에서 베드로 형제가 왕족처럼 보이는 이민족들과 술을 마시며 유희를 즐기고 있었는데, 그곳에는 여인들도 있었다. 그 유희들의 춤은 나도 모르게 덩달아 그 춤 속에 빠진다.

나는 몹시 화가 나서 그곳으로 들어가려 하자 유다가 잡았다. 그는 이렇게 말했다.

"저기 있는 분들은 여기 이민족의 왕자들이다. 지금 들어가면 우리도 난처하게 될 것이고 베드로 형제의 입장에서는 그건 도리가 아니다." 하고 말했다.

엿새 진: 우리 제자 모두 주 예수님과 같이 나사로를 보기 위해 베다니로 갔다. 베드로는 여기 베다니에서 바쁜 일정을 보냈고, 백

성의 장로가 나를 찾아왔다. 주님과 베드로 형제의 이야기를 하자고
했다. 이민족이 사는 국경 지역으로 연하는 오아시스 촌으로 데리
고 갔다. 그는 조건 없이 대화를 나누자고 했다. 나도 아무 조건 없
이 소통하기를 원했다. 그러나 술이란 것이 사람들을 마음대로 가는
것을 막았다. 어슴푸레한 파란 하늘이 넓게 펼쳐지고 멀리서부터 어
둑하고 희미한 땅거미가 지기 시작했다. 그 이후, 요란한 유희들이
춤이 나를 더욱 혼란스럽게 했다. 백성의 장로는 벌써 술에 취해 얼
굴은 불그스름하게 변했고, 두 여인에게 접대를 받으며 희희낙락하
고 있었다. 곧바로 나에게도 두 여인이 나와 옆에 앉아서 나에게 술
을 따라 주기 시작했다. 그런 분위기와 여인들의 흥미 때문에 약간
의 실수도 있었다. 그리고 술에 취한 채로 대화가 이어졌다.

"베드로 형제가 주 예수의 죄를 일부 인정했다. 우리는 주 예수의
말과 행동에서 선한 군중 등을 선동하는 것이 있는지 대해 심각하
고 엄중하게 심의하고 토론하고 있다. 공회에서 서기관과 장로 대
부분은 주 예수의 말에 많은 문제와 혹세무민한 사람들을 '죽음에서
살리고 앉은뱅이를 고치고'는 등등에 대한 외설이나 선동을 했는지
에 대해 내밀하게 조사를 하고 있다. 로마 총독부의 행정관도 지금
그런 것에 관해 조사를 하고 있다. 이것은 극비이고, 내가 사도 형
제에게만 이야기를 하는 것이다."
하고 백성의 장로가 말했다.

나는 그 말에 오금이 저렸다. 술이 확 깰 정도로 취해 있었고, 어
느새 백성의 장로의 부드러운 손이 내 어깨 위에 얹혀 있었다.
'이것은 극비이고, 사도 요한에게만 특별히 이야기하는 것이다.'

하고 한 말이 아직도 생생하게 생각난다. 아직도 백성의 장로의 얹혀 있던 손길이 느껴지고 있었다. 그런 말에 나는 반문할 수도 없었다. 시인도, 부정도 할 틈도 없었다. 자연스럽게 그들과 대화를 집중할 수밖에 없었다.

하루 전: 유월절 그 전날, 베드로 형제가 급히 그들 형제의 서신을 받고 다시 사막 오아시스 천막으로 가는 것을 보았다. 나는 그것이 슬펐지만 참을 수밖에 없었다. 눈물을 머금고 그 자리를 피해 사막을 홀로 걸었다. 사막에 전갈과 쏟아지는 별빛과 대화를 시도했다.

이 목록은 사도 요한이 일기처럼 써 놓은 우리들의 기록이었다. 그 안에는 제자들의 '좁은 문'에 대해 열띤 토론과 공회의 서기관들과 그런 논제들을 가지고 토론을 한 것도 적어 놓았다.

나는 그것이 우리의 고통이라고 여겼다.

사도 요한의 일기에서 나는 그의 고뇌를 느꼈다. 아직은 어리고 그 형은 외부에 돌면서 말썽을 핀 이 잡다한 상황에서 비망록까지 적어 두는 그의 독특함을 그 주님도 잘 알고 있었다. 그러나 어느 때는 성냄과 어리석음을 참지 못하고 화를 내는 것까지!

거기서부터 시작되는 협상은 시장에서 작은 포목상을 하고 있었던 유다를 떠올리게 되었다. 베드로는 처음 그가 직접 나서서 그들과 협상을 하는 것이 결국은 손해라는 것을 알지 못했다. 항상 백성의 장로에게 당했다. 백성의 장로가 시장 안에서 이자놀이도 했기 때문에 잘 알고 있었다. 우리도 가끔 그런 큰 이자를 주면서 돈을 빌려야 했기 때문이다. 그리고 베드로는 매번 백성의 장로에게 당한 기억을 떠올렸다. 베드로가 처음 제자로 활동하면서 그 전에 백성의 장로와 금전 관계가 있었던 모양이었다. 나는 더 자세한 이야기는 모르지만, 서로 간의 알력과 거기에 유다까지 얽혀 있었던 것이다. 사도 요한의 이야기로는 '처음 베드로가 그들과 대화로 시작'하고 했다. 그러나 웬일인지 모르지만, 유월절이 다가오고 유다는 '협상'이란 말을 처음 사용하기 시작했다. 사도 요한은 그 말을 강조하면서 나에게 말했다.

베드로는 그 기억하면 진한 부담감을 지울 수 없었다. 그러자 유다는 스스로가 나서기 시작하자 베드로도 어쩔 수 없었다. 그 중간에 사도 요한에게도 알려진 것은 베드로에게는 큰 부담이었다. 그래서 유다가 협상을 하면서 베드로는 그에게 많은 돈을 주었다.

그러나 거기에서 가장 핵심은 협상이 아니라 베드로 형제는 대화를 시작한 것이다. 처음 백성의 장로와 찻집에서 만났다. 베드로는 속이 답답해서 그들의 의도를 알고 싶었다. 그래서 자주 백성의 장로와 대화를 시작한 것이다. 그러나 그들은 대화가 아니고 협상으로 몰아간 측면이 있다. 베드로는 없는 살림에 큰 희생을 해 가면서 그 일을 추진하기 시작했다.

그러나 여러 번 만난 유다는 아무 결과도 없었다. 협상을 중단한 이유도 설명하지 않았다. 그러나 베드로는 주님과 우리에게도 그것에 대해 말하지 않았다. 어느 날인가 그날은 짓궂은 날씨 탓도 있지만, 곧 소나기가 쏟아질 듯 검은 먹구름이 우상인 청동상 위를 지나가고 있었다. 곧바로 소나기가 쏟아지고 나서 곧 그쳤다.

"처음 베드로가 그들과 대화를 시작했다. 나중에는 백성의 장로가 대화가 아닌 협상으로 몰아갔다."

하고 일기장에도 세세히 적어 놓았다.

무화과나무와 종려나무에서 새싹을 움트기 위해 제 살을 뜯어내기 시작했다. 꿈을 꾸기 위해 잠을 청했다. 잠시 툇마루에 앉아 잠이 들었다. 봄볕이 가도 여름은 쉽게 다가오지 않았다. 나는 노인이고, 늙어가고 있다. 더 늙기 전에 그리고 그런 일이 일어나기 전에 그 모든 것을 정리해 주고 싶었다. 그러나 세상일들이 모두 생각대로 이루어지는 것은 아니었다.

베드로가 가지고 있던 생각을 사도 요한이 나에게 내밀히 이야기했다. 그렇다고 그런 이야기를 주님과 의논할 위치가 아니었다. 나는 고심에 고심을 했다. 내일도 어제도 오늘과 다름없기를 나는 바랐다.

곧 다가오는 명절 때는 주님의 특별한 강론이 있다. 또한, 유월절이 오면 이즈음 각 지방에서 주님의 강론을 듣기 위해 모인다. 산처럼 사람처럼 몰려온다. 그 많은 사람과 온 가족을 먹일 식사를 준비해야 하고 그래서 나는 막달라 마리아와 시장에 장을 보러 나갔다. 거기서 베드로가 백성의 장로에게 돈을 꾸는 것을 보았다. 실상 돈을 꾼 것이 아니고 그에게 준 것이었다. 나는 베드로에게 적은 돈이지만 내 주면서 이렇게 당부했다.

"나는 아들의 입장에서는 이해하지만, 그 협상에서 이민족의 금화가 오고 가는 것은 부당한 처사다. 주님은 말이 없지만, 우리의 반석인 아들의 입장에서 생각하기 때문에 별말이 없다고 생각한다."

나는 오랫동안 심사숙고한 것을 가지고 베드로와 대화를 했다.

그는 눈물을 흘리면서 이렇게 호소했다.

"주 어머님, 나에게 용기를 주십시오! 내가 비록 제자들의 으뜸인 반석이라고 해도 결국에는 돈이라 것이 문제의 핵심입니다. 어머님, 그 이민족인 술탄 형제가 내 생명을 지켜주었습니다. 내가 거의 죽음 앞에서 사탄이 나를 부르고 있을 때, 나를 구한 사람이 그들 형제입니다. 내가 소문처럼 그들 형제와 친교를 맺고 있었던 것은 사실이 아닙니다."

하고 그는 무릎을 꿇고 성모 마리아에게 말했다.

"나는 여자이고, 그것까지 알고 있지 않다. 하긴 우리의 반석이고 제자인 아들이 그럴 일이 없다고 했다. 그러나 소문은 소문이라 퍼지게 마련이고, 사람들의 입에 오르면 오를수록 거친 말이 생기게 마련이다."

성모 마리아가 답했다.

"어머님, 나도 사람인지라 두려움과 공포에 떨고 있는 것. 그래서 그들이 그 어떤 생각을 하고 있는지를 알고 싶었습니다. 그런데 사막 여행을 다녀온 이후, 엉뚱하게 다른 소문이 난 것입니다. 나는 다만, 그들과 대화한 것뿐입니다."

그는 다시 외쳤다.

"죽음이란 진정 나에게 무엇이죠? 나는 그럴 용기가 부족합니다. 또한, 나에게는 그 어떤 부담감이 있고, 제자로서, 아들로서 내가 해야 할 일과 내가 가야 할 바를 책임지고 있습니다. 내가 갈 길을 알려 주십시오. 그 길이 어디입니까? 그 길은 무엇입니까?"

하고 베드로는 하늘을 향해 소리 높여 외쳤다.

3장
자유를 부르고 있었다

사막의 밤은 아름다웠다.

몸은 홀가분했고 그는 홀로 떠남 속에. 그 고독한 여행에서 번민과 고뇌를 아껴 써야 했다.

다음 날, 로마인을 사막에서 만난 것도 그에게는 인연이라면 인연이었다. 처음 많은 상인으로 둘러싸인 그 로마인은, 나중에 안 사실이지만, 귀족 출신의 로마인이었다. 모닥불이 적요한 사막을 환하게 밝혔다. 그 속에는 우주 저 멀리에서 뿜어내는 적갈색을 띤 붉은 별빛들이 하늘 가득히 들어 차 있었다. 로마인뿐만 아니고 이민족인 이집트인들과 섞여 있고, 그중에 눈에 띄는 사람은 철학자이며, 이집트의 귀족처럼 생긴 사람들도 있었다. 이렇게 다양한 사람들을 만남과 교류는 그에게 특별한 의미를 주는 것 같았다.

로마 귀족은 이렇게 물었다.

"주 예수는 선각자입니까, 아니면 불순분자로 백성을 선동하는 사람입니까?"

베드로는 그의 엉뚱한 질문에 대답하지 않았다.

"선지자님, 이런 말씀을 용서하기 바랍니다. 다른 뜻은 없고 그분의 제자라는 것에 의외라는 기분이 들었죠? 그분을 따르는 사람들은 특별한 사람들이라고 여겼습니다."

그 로마인은 한동안 하늘을 쳐다보았다.

"나도 그분의 말씀을 들어 본 적이 있습니다. 단순하게 들으면 선각자로서의 말투고, 다른 의미에서는 백성을 선동하는 이야기입니다. 어떻습니까? 선지자께서는 그 말씀에 의미는 무엇이라 생각하십니까?" 하고 물었다.

베드로는 뜻밖에 질문에 한동안 그를 보았다. 옆의 로마인의 친구인 이집트 현자는 이렇게 말했다.

"나는 철학자입니다. 나는 이 척박한 유대 땅에 와서 재미있는 경험을 했습니다. 그 선각자가 말하는 내용입니다. 가히 혁명적인 이야기로 '원수를 사랑해라! 너희를 박해한 자들을 위하여 기도하라. 이웃을 내 몸같이 사랑하라.' 하고 한 그 말은 나에게도 충격입니다. 옆에서 그분과 같이 있는 제자들의 생각은 무엇인가요? 또한, 그 진의는 무엇인가요?" 하고 덧붙였다.

베드로는 한동안 창공에 나는 새를 보니 주 예수님의 말씀이 생각났다.

"'보물을 창고에 쌓아 두지 말라, 그곳은 좀과 동록이 해하며 도둑이 구멍을 뚫고 도둑질도 못 하느니라.' 그 말씀은 바꿔 말하면 보물을 하늘에 쌓으라는 말입니다. 그리고 '창공의 나는 새를 보라 심지도 않고 거두지 않으니' 하고 말했습니다. 그 말뜻은 '인간이 일하지도 말라는 뜻이 아니고 일하는데 염려하지 말라'는 뜻입니다." 하고 베드로는 덧붙였다.

베드로는 그 말을 하다가 그가 지금 로마인에게 자신이 살아 있다는 것과 주님의 말씀을 각인시켰다는 의미에서 안도했다. 철학자와 로마인은 그 말은 시적인 표현으로 철학적인 뜻까지 포함되어 있다고 했다.

그러나 이집트 귀족은 거의 아무 말 없이 그를 확연하고 분명하면서도 너무도 빤히 쳐다보고 있었다.

로마 귀족은 "'창공의 새를 보라. 심지도, 거두지도 않으나?'라고 한 말은 듣기도 편하고 자연스러운 느낌까지 드니 우리 로마인에게 필요한 생활 모습입니다." 하고 말했다.

"로마인이요! 그렇습니다, 우리는 말하기 쉬우나 대답하기는 어렵습니다. 또한, 우리가 그것을 실천하기는 더 어렵습니다. 왜냐하면, 법 규정이나 생활 습관에서 이미 천편일률적으로 우리의 생활들이 조여 있기 때문에 변하기 어렵다는 것입니다."

로마 철학자가 말했다.

"그렇습니다. 저도 매일 주님을 따르면서 수많은 말씀을 듣고 배우고 있죠? 그 말의 번득이는 의미들로 함축되어 있다는 것입니다." 베드로가 말하자 로마 철학자는 "백성들이 듣기 편하고 쉬운 말로 폐부를 치르는 위트가 있다." 하고 말하자 그 로마 귀족은 "시적인 표현으로 사람들에게 편한 느낌을 들게 한다. 창조적인 뜻으로 보인다." 하고 말했다.

사막 한가운데, 창공에서는 별빛들이 쏟아지고 땅에서 모닥불이 환하게 대지를 가르고 지나갔다.

많은 거상이 그 뒤를 따르고 로마 철학자와 점성술사 그리고 이집트의 학자까지 이 모든 사람은 그가 지금까지 본 사람들과 또 다른 사람처럼 사막을 향하고 있었다. 백여 명이 넘는 상인 등이 서로 간의 대화를 하고 있었다.

어느 의미에서는 이 모든 말의 뜻은 '백성들에게 선동하는 뜻으로' 보일 수도 있다고 로마 철학자가 질문하자

"그럴 수도 있습니다! 듣기에 따라서는, 그렇지만 저는 전적으로 선동하다는 의미는 전혀 없다는 것입니다. 많은 바리새인은 병자들을 고치고 혹은 주 예수가 나사로를 살리니 그것은 신성모독이라며 헐뜯고 있습니다. 그러나 많은 기도와 태곳적부터 내려오는 믿음이 그렇게 만들었습니다!"

하고 베드로가 말했다.

로마 철학자요? 당신도 한 곳에 집중하면 우리가 그 무엇도 가능하다고 그 로마인이 말했다.

"그럴 수도 있겠지요?"

하고 말하면서도 그 이집트 귀족은 믿기지 않는 표정이었다. 옆에 앉아 있던 로마인은 하늘을 쳐다보았다. 그가 항상 먼 하늘을 보며 별들을 해석할 때, 수많은 여러 가지 상황 등을 겪고 듣고 보는 것이 일상으로 전해져 왔다.

"능히, 우주는 말뿐만 아니고 불가학적인 현상들이 항상 일어난다는 것을 철학자의 말을 빌려 듣고 있었다. 그러니 그 선지자가 듣

지도 보지도 못한 이야기들을 쏟아 내는 것을 괴이한 일로만 취급할 수 없는 것이고, 그 말에는 시적이고 평범하지만 인간들의 냄새가 납니다."

하고 이집트 철학자가 말했다.

또한, 옆에는 검둥이 피부인 아랍 상인도 긍정적으로 말했다.

아마, 그를 따르는 제자들이나 군중들의 심리가 그런 뜻이 아닌가 했다. 그 로마 귀족과 그를 따르는 거상이나 점성술사 그리고 로마 철학자와 이집트 철학자에서 한 사람을 보는 것 같았다. 그것에서 자신의 낯선 모습과 그들의 모습에서 본 위화감에 주눅이 들었다. 하늘에서는 별빛이 쏟아지고 사막에서 미풍이 불어왔다. 그리고 로마인은 베드로의 손을 잡았다. 이집트 철학자는 그에 어깨 위에 손을 얹었다. 그런 별빛과 사막의 미풍 아래에서 초조함과 피곤함을 느꼈다. 그리고 병이 든 노인처럼 졸음이 몰려왔다.

로마 철학자는 하늘을 올려 다 보며 "저 하늘에 감쳐진 태양과 우리 지구는 어떤 상관관계를 가지고 있나요?" 하고 묻자 그는 어느새 자고 있었다.

잠에서 일어나자 그들은 이미 그 자리에 없었다. 그들은 많은 물과 빵을 남기고 갔다. 너무도 아쉬운 작별이지만 그 이집트 귀족의 눈초리가 범상치 않았다. 굼뜬 모습과 조소하는 듯 표정이 마치 옛일처럼 기억되곤 했다. 나의 옛 모습처럼 말이다. 베드로는 적지 않은 부담감을 떨치지 못했다. '이집트 귀족은 같은 피지배인으로서 보다 그 귀족이 갖고 있는 자긍심이라 할까? 들리는 말에 의하면 그들 나라도 로마 제국의 속국이 되었다는 말을 전해 들었다. 서로 간의 속국과 지배인 사이에 간극이 그런 것인가?' 했다.

그리고 편지 한 통도 남기고 갔다.

우리는 당신에 대해 잘 알고 있습니다. 지금 예루살렘 안팎으로 당신을 따르는 선지자에 대한 신성모독과 성토에 대해 알고 있습니다. 작금에 상황 등은 몹시 당신들에게 불리하게 돌아가고 그런 신성모독에 대해 우리 로마인들에게 적지 않은 영향을 미치고 있다는 것입니다. 그것은 로마 제국이 다스리는 피지배인들에게 대해 그 어떤 발언이나 말에 대해 어느 정도로 영향에 대해서 그들은 심사숙고하고 있습니다.

내가 어젯밤에도 우리는 친구로 대화를 했지만은, 그 어떤 결과에 대해 심히 우려하는 바 입니다.

현명하신 선지자요, 그대에게 우리가 대화를 했지만 그런 한계가 있다는 것입니다. 우리가 잠시 대화를 했지만, 세상은 넓고 사람은 여기 사막 모래알보다 수없이 많다는 것? 우리는 여기에서 잠시 쉬었다가 가는 인생처럼 아무것도 아니라는 것입니다. 그것을 위해 사상이나 그 나라의 정체성을 억압하는 행위는 절대 합리화할 수는 없습니다.

그러나 지배인들이 자주 사용하는 것. 그들을 자유롭지 않게 하는 말이 자유를 적지 않게 옥죄는 것이 다반사입니다. 우리는 잠시 만났지만, 친구로서 이 편지를 남깁니다. 이 세상은 다 그런 것만은 아니라는 것을 믿습니다.

_로마인 친구가 올림

그는 어젯밤, 그들이 말하는 태양과 지구의 역학관계를 잠시 생각했다. 대화에서 이 세상은 로마 제국보다 수없이 크다. 그가 생각조차 하지 못했던 과학이나 이 세상 속에는 수많은 나라와 백성 등이 살아가고 있다. 아랍 국가를 지나면 인도가 나오고, 그 인도양에서 배를 타고 가면 동방의 나라가 있다. 그 백성들은 더 넓은 땅에서 다른 지식과 자연스러운 대화를 나누고 산다는 것이 그에게는 신비할 따름이었다. 또한, 그 충격적 한 편의 드라마처럼 보이기까지 했다.

주님이 말하는 곳이 그것이었다.

"너는 더 넓은 세상에서 만인에게 내 말을 전하라!"라고 하신 말씀이 이것이다.

그 로마 귀족은 어릴 때부터 아버지를 따라 사막을 지나 배를 타고 동쪽의 한민족이 있는 나라를 다녀왔다는 것이 베드로는 믿기지 않았다. 그 동방의 나라는 '공자라는 위대한 인물의 유가 사상'을 사람들에게 가르치고 자연스럽게 그 논제를 가지고 토론을 한다고 했다.

베드로는 자신을 옥죄고 있는 틀에서 벗어나고 싶었다. 그래서 그는 가다가 어둠이 찾아오면 대지 속에서 모래와 그곳을 기어다니는 미물과 대화를 시도했다. 하루는 어둠인 사막 하늘에는 오색영롱한 별빛에 반해 목이 뻑뻑할 정도로 위를 올려다보았다. 칠흑 같은 밤은 어디서 여우 소리와 밤을 잃은 늑대들의 외침에 새벽이 곧 가까이 다가오는 것을 느낄 수 있었다.

그렇다.

"진리가 너희를 자유롭게 하다"는 주님에 말씀 따라 그는 자유를 원하고 있는 것이다.

그 자신에게 굴레인 '그 두려움'에서 벗어나기를 원했다. 그리고 그가 부양할 많은 가족과 주님의 말씀에서 벗어나기를 원했다는 것? 그것이었다. 그곳에서 그 답을 얻기 위해서 사막으로 나온 것은 아니지만, 어느 면에서 다른 사람들이 그렇게 생각할 수 있다는 것 또한, 우려하기 시작했다. 그러나 그것조차 생각할 수 있는 틈이 없었다. 상상할 수 자유와 추상을 되돌아본 진리는 영원할 것. 이런 주님의 철학은 능히 그를 교화 시키고, 그의 마음속에 있는 사탄의 영혼을 지울 수 있는 용기와 지혜를 준다는 것.

실상 그것은 그가 죽음의 기로에서 자신 속의 사탄과 다투고 있을 때, 그는 꿈을 꾸었다.

한 여인이 그를 시험했다. 화사한 옷을 입고 춤을 추며 정사를 원했다. 그는 단호히 거부했지만, 그가 이 죽음의 여행에서 그 꿈은 자신만이 아는 비밀들이었다. 내가 꿈에서 사탄의 유혹을 받고 그 누군가에게 끌려가면서 짙은 형벌과 몸을 물어뜯기고 날카로운 창으로 꽂히며 억압받는 꿈을 꾼다. 내가 꾼 꿈이 예루살렘 거리에 나돌고 베드로는 여러 가지 난처하고 곤혹스러운 처지에 놓여. '아마, 여기는 지옥인가?' 하는 의문에서 죽음 망자 등이 거리를 헤매고 저승사자에게 쫓기는 듯 도망치는 꼴이란 꿈속에서 나와 너무 흡사했다. 어느 목자는 양들에게 풀을 뜯기고 있을 때, 저승사자에게 쫓겨 끝내 깊은 지옥 불구덩이에 빠져 허우적거리며 눈이 튀어나오는 형벌을 당하고 있었는데. 이런 침묵의 지옥에서 홀연 꿈속에서 일어난다.

"지금은 고행 중이고 기도 중이다." 하고 말했다. 그 여인은 계속 현란한 춤을 추었다. 그는 더욱더 모래 둔덕 속으로 파고 들어갔다. 그 귀신의 외침 소리가 나지 않는 곳까지 모래를 파고 파고 들어갔다.

배가 고팠다. 정신이 멍하고 언제부터 물과 빵 조각이 바닥이 난 것인지 알 수 없었다. 베드로는 그들이 남긴 물과 빵 몇 조각을 들고 다시 길을 떠났다. 머리 정수리에서 태양빛이 내리쬐고 타는 듯 갈증이 온몸을 엄습했다. 다리 정강이와 팔에는 햇볕에 그을린 검버섯처럼 생긴 검은 반점들이 눈에 띄었다.

흩뿌리는 듯이 저녁이 왔다.

베드로는 로마인과의 대화에서 자신이 왜소한 것을 자책한 것에 대해 생각해 보았다. 베드로는 로마인이 말한 태양과 지구 사이에서 역학관계를 되새겨 보았다. 그들은 태양의 모든 것에 대해 의문을 던지고 '그 태양은 무엇인가? 태양과 지구 사이에 메카니즘은 무엇이고.' 하고 말했다.

갈증이 나고 배가 고프지만, 그들과의 대화가 입속에서 어른거리면서 그 말은 곧 우리 세상은 지구가 중심이 아니고 수천 배가 큰 태양을 중심으로 돌아가는 세상이라고 말했다. '우리 지구가 태양 주위를 돌 수도 있다는 것? 원수를 내 이웃처럼 사랑해라! 하이 선지자, 당신은 지금 그 무엇을 생각하나?' 하고 자신에게 묻고 있었다.

이 모든 것에는 특별한 뜻이 담겨 있었다. 그들과의 자연스러운 그런 부드러운 대화는 처음이었고, 자연을 논하고 우주는 어떤 모양과 무수한 비밀이 숨겨 있는지에 대해 가감 없이 논했다. 벽이 없는 거처럼 대화는 진행되고 그곳에는 지배자와 피지배자는 존재하지 않았다. 다만 즐거운 자기 생각을 던질 뿐이었다.

"원수를 사랑해라. 너희를 박해한 자들을 위해 기도하라."

"그 선지자의 말씀인가요?"

"능히 혁명적이다."

그 로마 철학자가 말했다.

그런 생각 속에도 아무것도 먹지 못했다.

"이러다가 죽음이 찾아오는 것이 아닌가?"

하고 자신에게 묻고 있다. 그 물음도 이제는 부질없는 짓이고 경우
도 없다.

떵 빈 사막과 생애의 번뇌는 한순간이었다. 사막 한가운데를 지나
가다 모래 둔덕에서 잠자리에 들곤 했다. 하늘에는 부드러운 햇살
을 맞으며 구름 사이로 붉은 적갈색을 띤 구름과 구름 속에 새벽과
땅에는 멀리 붉고 누런 아지랑이처럼 피어오르자 천국이 보이기 시
작했다. 이런 꿈을 꾸었다.

그가 아는 것은 전부가 아니었다.

무에서 유로 이동하는 시공간에서 그는 죽은 자신의 모습을 보았
다. 삶에서 꿈속으로 진행되는 동안 그에게는 또한, 무에서 유를 찾
는 행위이다.

"자신이 무이다!" 하고 외쳤던 그 로마 철학자의 사상을 부러워했
던 그 자신을 보았다.

무지하지만 그 자신의 지혜를 찾아서 내일도 그런 사막을 따라 떠
난다고 외친 그 로마인을 부러워해야 하나?

지금은 이 모든 것이 그에게 부질없는 환상의 세계와 같았다. 꿈

인지 생인지 모를?

혹여, 내가 지금 편집증 환자라고 해도 틀린 말은 아니라는 것. 밤에는 낮을 찾았고, 그 긴 밤의 침묵 속에서 낮의 전율을 보았고, 멀리 오아시스가 잡힐 듯 보이고 잡히지 않는 공간엔 언제부터인가 하나의 별과 낱개에 은하수를 묶음으로 세고 있었다. 그가 그런 유와 무를 찾는 동안 자신이 아닌 그런 현실 세계에서부터 이상의 세계로 전이되는 느낌이었다. 이제는 빈 허기에 환상까지 보이는 이 공허감으로 천상에서 윤회 된 자신을 보았다.

그리고 주 예수님의 죽음을 목격하였는데. 아무것도 없이 텅 빈, 그런 시공간 속엔 그런 진리가 숨어 있었다. 흩뿌리듯 새벽이 다가왔다. 새의 지저귐을 들었다. 그것이 그를 하루 종일 여기에 묶어 놓았다. 그리고 이 사막 한가운데에는 미로 안에 갇힌 우리를 보았고, 주 예수님의 목소리도 들리면서 악몽에서 일어난다. 그 소리는 주 그리스도가 그에게 말하는 "너의 작은 소견이 많은 사람에게 보여주어야 할 포용력이 적었다."라고 하는 이야기이었다.

"그 로마인이 나에게는 종속관계라도 편견 없이 보였다면." 하고 되뇌곤 했다.

베드로의 고뇌와 고통은 한순간처럼 지나갔다. 인생의 삶은 공허하고 모질다. 그는 악몽에서도 죽음을 원했다. 그는 사도 요한이 보는 앞에서 봇짐을 싸고 나서 말없이 사막을 향하여 걸어갔다. 그러기 전까지 나는 아무것도 알지 못했다. 사도 요한이 나에게까지 베드로가 말없이 떠남을 비밀로 했다. 나는 몹시 화가 나서 그를 나무라며 손을 쳐들고 악을 썼다.

"그것은 너의 형도 알고 있냐?"

하고 물었다.

"베드로의 죽음의 여행은 아무도 알지 못합니다. 베드로 형제는 떠나면서 신신당부를 했습니다. 여행은 유월절이 다가오기 전 끝내고 온 것이니 지방으로 출장을 간 것으로 알고 있어라?"

하고 사도 요한은 거의 터질 것 같은 울음을 억지로 참고 있었다.

나도 더 이상은 말하지 않고 야고보를 찾아서 베드로의 여행에 대해서 알아보라고 했다.

야고보는 곧바로 삭막하고 척박한 사막 땅으로 나왔다. 주 예수님의 말씀을 되새김하면서 처음으로 세상과 주고받는다. 진정 그것이 무엇인지를 묻는 것이다. 그도 자연과 처음 답하고 물었다. 그러나 그곳엔 사막의 찬 기운과 밤의 소리뿐이었다. 도중, 베드로를 만난 것이 그에게는 너무나 뜻밖의 일이었다.

그는 자연과 사막에서 나는 소리와 대화를 하고 있었다.

"무엇과 이야기하고 있죠?"

그와 많은 이야기를 하면서 차츰 야고보는 흥미를 갖기 시작한 것이다. 그는 베드로 형제를 닮기 원했고 그와 같은 기분과 같은 생각을 갖기 시작했다.

처음 어부일 때도 같이 이렇게 진지하게 대화를 나누고, 같은 꿈을 꾸는 것을 생각하지 못했다. 그는 성질이 급하고, 베드로는 차분했다. 사막의 밤은 너무도 적요하고 아름다웠다. 저 우주의 별빛들이 눈빛으로 들어오면서 그의 귀로 듣고 일렁이는 붉고 파르스름한 은하수 계곡을 건너는 그를 보았고, 저 우주 깊은 곳에서 나는 '우르렁' 소리는 여기 모래 소리와 같은 외침 소리이었다.

"우리가 본 저 우주의 별빛은 무엇이죠?"

하고 묻자 베드로는 "저 별빛은 여기 모래만큼이나 더 많은 것이다." 하고 말했다. 야고보는 이런 생소한 이야기에 의문을 품고 "그 말은 누구에게 들을 것이죠?"라고 하자 "여기 사막 안에는 보물단지들이 돌아다니고 그중에 이민족들과 로마인과 이집트 철학자가 이야기 속에 나왔다."라고 했다. 야고보는 '보물단지'는 그 무엇이고, '그 미지의 인간들'이 누구인가? 의문의 시작이었다. 수없이 펼쳐진 밤의 향연은 이 또한, 여기가 아니면 알 수 없고 느낄 수 없는 미궁의 우주라는 것을 베드로에게 들었다. 베드로는 이민족과 만나 저 하늘의 신비와 깊고 깊은 은하수에는 수많은 수수께끼 같은 대화와 사막의 비밀들을 이야기하고 있다는 것.

야고보는 이런 것은 처음이었다.

"베드로 형제요, 내가 처음 오해가 있고 잘못 판단할 수도 있다는 것을 당신은 오래전 알고 있었던 것이죠? 그렇다고 다른 뜻이 있어서 꼭 그런 것은 아니요?"

라고 했다.

베드로는 답을 대신해서 눈길을 하늘로 던졌다. 그것은 하늘에서 온통 별빛들이 쏟아져 내렸기 때문이다. 그는 별들과 대화를 나누고 있었는데, 우리가 할 수 없는 말과 내가 할 수 있는 말들을 늘어놓으면서 지나는 상인들과 이민족인 유목민 생활 속에서 우리는 하룻밤을 잘 수 있었다.

그 유목민족의 생활은 처음 겪는 낯설음에 선택이었다. 자유스럽고 풍성한 자유와 속박되지 않는 굴레에서 한편으로 비켜난 그 유목민족의 삶은 단출했다.

홀가분한 살림살이와 무미건조한 사막의 밤이 은백색에 억새풀처럼 출렁이고 모든 희로애락이 춤추는 듯 별빛들이 쏟아지는 어둠의 세계. 그것이 그들에게 행복한 살림살이와 그들 자식들의 미래를 판가름할 것이다. 작은 천막 안에는 부엌 화덕과 타다만 촛농이 밑으로 흐르면서 힘겨운 모습으로 빛을 밝혔다.

이 또한, 우리에게 중요한 도전의 이야기들을 만들 수 있는 시기이었다. 베드로와 나는 많은 이야기와 앞으로 제자들이 살아가고 가족을 돌보는 환경에 관해서도 이야기를 했다. 그것은 나에게는 큰 진전의 계기가 되었다. "급한 성질과 다혈질인 나의 마음이 문제라면 문제입니다." 하고 야고보는 베드로에게 사과했다.

저 어두운 밤의 쏟아지는 별빛과 같이 이야기하고
낮을 보냈다.
일렁이는 붉고 파르스름한 은하수의 계곡으로 건너는 나를 보았고,
그 새벽 우리는 사막 저편에서 출렁이는
신기루의 물결을 듣고 있었다.
유목민들의 풍성한 자유와 속박되지 않은 굴레.
그런 상상 세계와 여기 이민족의 척박한 사막에 현실적인 생활에서 야고보는 그 답을 찾기를 원했다.

밤늦게 도착한 그는 어머님에게 "베드로를 만나 보니 너무 걱정을 안 해도 좋다." 하고 말했다.

"그는 로마인과 여러 이민족과 대화를 하며 주 예수님의 말씀도 강론을 하고 있었습니다."

하고 야고보가 말했다.

우리 가족들과 주님의 미래는 모호하고 불확실성으로 베드로는 잠을 설치고, 야고보는 꿈을 꾸고 상상하면서 그들에게 분노와 아픔으로 일련의 많은 상처를 안고 있었다. 어디에도 그런 꿈은 꿀 수가 없었다. 그들이 이야기하는 신기루 전설? 두 사람은 새벽이 되고 우리는 헤어지면서 엇비슷한 고민들을 털어놓았다. 늦봄에 시작되고 여름이 이어지는 긴 시간 동안 먼동이 뜨며 아침이 밝아오면서 우리는 더 많은 도전과 시련에 다다르게 된다. 그리고 다음은 더 깊은 고행과 실천을 이행했다.

"깊은 성찰과 자기 고백만이 우리의 내면에 소리를 듣는다." 하던 이민족인 유목민의 고백을 잊지 못했다. 우리는 이 깊고 넓은 사막에서 '우리의 고백을 듣는다.' 하며 야고보는 소리 높여 외쳤다.

"나도 이제부터 회개하고 기도하겠다."

하고 외쳤다.

그러자 베드로는 떠나간 그를 뒤쫓아 갔다. 신기루 위에 그의 모습이 보였다.

"어머니를 자네에게 부탁하네."

베드로는 간곡하게 말했다.

그가 떠나자 다시 고독이 찾아왔다. 슬픔과 희로애락이 한 편의 그림처럼 신기루 위에 그 그림자가 펼쳐져 있었다. 꿈을 그리기 위해 다시 잠을 청했다. 죽음을 찾기 위해 다시 꿈을 꾸어야 하나? 그런 의문 속에서 자신에게 묻는다. 그 유목민족들이 꿈에서 자신들의 내면의 소리를 듣는다는 것이 그에게는 충격이었다. '이 척박한 대지에서 그들이 살아가는 이유일 것이다.' 하고 생각했다.

'나도 오늘은 내 마음의 영혼에 울림을 들을 수 있을까?'

베드로는 자신에게 묻고 또 다시 되묻는다.

밤에는 수없이 많은 별빛과 대화를 나눴다. 그러나 그는 그 어떤 해답도 찾지 못했다. 하루 종일 바위틈에 들어가 기도를 했다. 답을 듣지 못했다. 수많은 사람이 사막을 오고 갔다. 그가 처음 느낀 것은 과거와 지금이 아닌 미래를 꿈꾸고 있는 낙타의 꿈과 여러 인종이 왕래하는 길 위에서 그는 환상의 그림을 그리고 있는 것은 아닌가? 형형색색으로 치장한 상인들이 거의 끝이 보이지 않을 정도로 일렁거리며 환상의 신기루 위를 듣고 보고 있었다.

"저 음침한 골고다 계곡에서 불어오는 죽음의 냄새 그리고 찬 서리와 더운 기운이 도는 저 척박한 사막에서 움트고 전율하는 이 세상에 모든 고뇌와 고독 등을 나는 보았다."

하고 베드로는 고백하면서부터.

그는 이곳에서 자신 속에 숨어 있는 불길한 도전과 예감을 가감 없이 분출해 보이고 싶었다. 그것 또한, 또 다른 생각이고 고뇌이었다. 가도 끝나지 않는 사막의 미로를 찾아 떠난 달빛 그림자 이면에 숨어 있는 내 얼굴과 그 무엇을 찾기 위해 베드로는 그런 사막에서 기도와 새벽을 기다리고 있었다.

"주 하나님, 내 이야기를 들어 주셔서 이 검고 삭막한 사막에서 내가 보고 찾는 것이 무엇입니까? 진정으로 우리는 무엇인가요? 내가 가는 길이 진정으로 주님의 뜻과 같은 것인지요."

베드로는 며칠 밤을 바위와 모래 둔덕을 파고들어 기도했다. 기도를 끝내고 나서 또다시 꿈을 꾸었다. 짙은 어둠 이면에는 휘영청 밝은 하늘 위에 수없이 펼쳐진 별빛들의 묶음에서 나는 소음과 사막 바위산 사이에서 나는 숨결로 인해 베드로는 그 당시를 기억하기 시작했다.

그 부인과의 하룻밤의 정사로 모세의 율법을 어겼다.

결과야 어찌 되었든 그날 밤은 정사의 시작이고, 모세의 율법을 어긴 '간음'이라는 죄인으로 항상 회개하고 기도했지만 끝내 마음의 평온을 얻지 못했고, 늘 두려운 마음으로 그 부인을 멀리할 수밖에 없었다. 그러나 사정은 여의치 않았다. 혹여, 또는 멀리 주님과 기도 여행 중에도 그 부인과 따르는 일행들이 눈에 띄었다. 그 이후로 결코 만날 수는 없었지만, 그는 생각했다. 그는 모세의 율법을 어긴 첫 번째의 주 예수의 제자일지 모른다는 참담한 죄책감에 시달렸다.

그러나 그런 이유만으로 죽음의 여행을 떠난 것은 아니었다.

'지금 이 비정한 밤의 세계인 사막에서 자신을 죽이려는 이 행위야말로 거짓 형벌이고, 응징이라는 것을 잘 안다. 그러나 달리 다른 방도를 찾지 못했다. 나 자신을 죽이고 그 간음죄와 회개의 기도로써 나의 존재에 근원이 무엇인지 알 수 있다면, 그 죽음도 불행한 것도 아니고 창피한 일도 아니라고 생각했다. 나는 결국에는 그들과 어쩔 수 없는 대화를 시작하고 도망치듯 여기에 있다. 눈앞에 나타난 추상과 영원히 지울 수 없는 그 기억이, 나를 괴롭히고 슬프게 하는 현실이 답답했다. 이제 그런 고통과 수반해서 밀려오는 이 과중한 업무와 주님의 생활에 무게는 더욱 나를 힘들게 하고 결국에는 그들과의 협상을 안 할 수도 없고 비킬 수도 없는 진퇴양난의 계곡에서 내가 나를 괴롭히고 있는 것이다.'

야고보가 떠남 이후, 꿈을 꾸었고 그리고 사경을 헤맸다.

그리고 죽음을 넘나드는 사막 한가운데에서 그는 겨우 지나는 상인에게 발견되었다. 오아시스 천막촌으로 옮겨졌다. 이상한 꿈이 그를 살린 것이다. 베드로는 죽음 직전에 겨우 오아시스 천막촌으로 옮겨졌다.

지나던 상인이 쓰러져 있는 그를 발견했다. 며칠 밤낮으로 모래폭풍이 이 지역을 휩쓸고 지나갔다. 그 상인은 이민족인 술탄 형제이었다. 아짐이라는 술탄 형제의 집사가 그를 발견했다. 베드로는 거의 아사 직전에 살아났다. 거의 일주일 동안 누워 치료를 받고 일어났다. 미욱하게 눈을 뜰 때, 하늘에 천사가 걸려 있었다. 놀라 일어나려 하자 현기증으로 다시 누웠다.

"아직은 무리입니다. 거의 일주일 동안 누워 있어서 지금은 무리입니다."

"내가 일주일 동안을 누워 있었단 말이요? 누구신데, 나를 죽음에서 구해 준….."

그때 터번을 쓴 검은 피부의 이민족 형제가 안으로 들어왔다. 그의 눈동자는 사막의 사자처럼 빛나고, 큰 키에 구릿빛 까만 피부와 옅은 검은 색의 옷은 잘 어울렸다. 황금색 허리띠 옆에는 금장 칼이 눈에 들어왔다. 그 이민족의 상인은 대단한 부호처럼 보였다.

"선지자 양반, 건강을 찾아서 기쁩니다. 혈색이 드는 것으로 보아 이제는 걱정 안 해도 좋을 것 같습니다! 기쁩니다, 형제여." 하고 했다.

"무슨 말을 먼저 해야 할지 송구스럽습니다. 객이 사막에서 길을 잘못 들어 실례를 했습니다."

하고 베드로가 말했다.

그는 침대에 앉아 그에 이마를 짚어 보았다.

"열도 많이 낮아지고 며칠 더 쉬면 몸이 편해질 것입니다."

하고 나서 일어나 밖으로 나갔다. 집사인지 시종인지는 모를 다른 검은 눈동자의 눈빛이 그에게 물을 건네주었다.

베드로는 다시 잠이 들었다. 일어난 때는 그 검은 피부에 집사가 서 있었다. 아침인지 천막 안에는 온통 햇살로 가득했다. 방 안은 차분하고 조용했다. 사막과 천막 사이로 들어온 한 줄기 햇빛은 은은했다.

비로소 그가 다시 태어난 느낌이 들었다.

"이렇게 신세를 져서 송구합니다."

"아닙니다, 이렇게 건강을 되찾아서 저도 기쁩니다!"

일어나 앉았다. 조금 있으니 어린 종복이 따뜻하고 부드러운 미음을 가지고 들어 왔다. 어린아이의 부드러운 손길이 편했고, 미음을 떠주는 대로 먹었다. 그는 무엇인가 꿈을 꾼 거처럼 날아가는 기분이었다. 베개를 벽 삼아 기대 길게 누워 있었다.

차츰 기운이 찾아왔다. 어느 날인가, 아침 일찍 일어나 천막 문까지 걸어나갔다. 새벽이슬과 아침 햇살이 대지 위에 펼쳐져 있었다. 그는 눈이 아팠다. 그 모래 폭풍 속에서 정신을 잃고 나서 처음 맞는 새벽이었다. 새벽 공기는 맑고 아침 햇빛이 천막 안을 가득 채웠다. 그리고 향기로웠다. 대지의 풍성함과 사막 한가운데의 오아시스는 신비하다. 눈동자는 차츰 자리를 잡아가며 마음도 편안해졌다. 늘 그런 생각을 했지만, 오늘만은 모든 것이 변해 있었다. 아니, 그의 눈 입귀와 마음이 달라졌는지도 모른다고 생각했다.

"모든 눈에 비추는 것은 마음에 달렸다. 구주 하나님에게 마음을 열고 그리고 기도하라!"

주님의 말씀이 생각났다. 그것이었다. 그가 생각했던 죽음과 삶의 차이는 종이 한 장의 차이뿐이다.

죽음 말이다. 그가 그렇게 우려했던 그 죽음은 아무것도 아니었다. 그것이 그가 죽기를 각오했을 때는 이미 진정한 삶이 보였다.

이것이 인생이고 삶이었다.

그것을 모르는 것이 힘든 것이 아니고, 아는 것이 더 힘들다. 인생은 어둠과 빛과 같이 갈음하고, 음지가 있으면 양지가 있기 마련이다. 또한, '무욕과 무소유를 실천하며 사는 사람들도 있다.' 하고 로마 철학자가 동양 어느 나라 책에 있다고 했다

베드로는 그들이 가는 곳으로 따라갔다. 밤의 나라에서 사막을 향하는 그의 마음에 곧 평온이 찾아왔다. 별빛을 구경하고 낮에는 잠에 취했다. 아직은 성치 않은 몸 상태가 나를 편안케 하고 달리 어쩔 수 없었다. 낮에는 소란스러운 대화를 나누고 밤에는 여자들과 흥겨운 시간을 보냈다. 그가 겪어 보지 못한 여인들의 성적인 섹스

는 처음이었다. 그리고 화려한 춤 뒤에는 살아 숨 쉴 수 있는 공간까지 그것은 예술이었다.

그들의 독주는 무서웠다.

간장을 녹아내고 장을 깨끗이 했다.

대화에는 위트가 숨어 있고 그가 알지 못하는 세계와 과학은 신비할 따름이었다.

하루는 사막을 건너면서 멀리 지나는 로마 군인들을 보았다.

"로마 군인들이 이집트에서 전쟁을 준비하고 있다."

그 형제 중, 젊은 친구가 말했다.

그중의 이민족의 점성술사는 "이집트 여왕이 죽고 로마 군인들이 모든 이집트를 점령했다고 합니다." 하고 하자 그 검은 수염의 키가 큰 형제는 "로마 제국에 새로운 황제가 태어나고 이제는 다른 나라에 환란을 예고할 수 있다는 것이 우려된다."라고 했다.

그가 모를 이야기만 하고 있었다.

그날부터 역사와 지리 그리고 세상을 배우기 시작했다. 동쪽에는 로마보다 더 큰 제국이 있고, 그곳을 지나면 그 큰 추운 지방에는 또 다른 나라가 있다. 세상은 넓고 사람은 여기 모래알만큼보다 더 많다.

내가 들은 세상은 더 악하고 수없이 많은 사람 때문에 전쟁이 끊이지 않는다. 검은 수염이 빛나는 큰 형제는 홀로 "여기 사막에도 전운이 감돈다." 하고 말했다.

그 말에 모두 침묵했다.

그래서 또 하루가 지나는 것을 잊었다.

밤의 소중함을 우리는 가끔 잊고 있다. 밤이 있어야 낮이 있기 마련이지만, 사람은 항상 그 짙은 어두운 밤을 두려워했다. 짙은 어둠 때문이기도 하지만 자신 속에 숨어 있는 마음의 상처 때문이라고 했다. "현실은 자신을 드러낼 수 없다는 것이다. 자신을 드러낼 수 없다는 것은, 그가 보이지 않기 때문인가?" 하고 그들 형제를 따르는 점성술사가 말했다.

행여, 그는 이런 질문을 자신에게 던질 수 있다는 것, 베드로가 지금 자신에게 던진 그 무엇을 찾으려는 몸부림과도 일치해 보였다. 낮과 밤은 매일 동시에 일어났지만, 그는 한 번도 그것에 관해 묻지 않았고 그런 물음과 답변 등을 느끼지 못했다.

"삼라만상이 지금도 모든 것이 동시에 일어나고, 그 시간이 분명하게 각인 된다 해도 그 시간을 잊고 마는 것이 인간이기에."
하고 말하는 그 점성술사의 눈빛은 빛났다.

"이 사막의 별빛과 동쪽 지방의 별빛은 다르지 않고 빛나지만, 저기 보이는 샛별은 가는 곳과 보는 때에 따라 다르다. 이것이 우리가 보는 자연의 삼라만상의 조화 속의 아름다움이다. 다만, 인간은 그것을 보지 못할 뿐이다. 어리석기도 하고 탐욕스럽기 때문이다. 그러기 때문에 인간은 더 오만할 수도 있고, 보잘것없는 것을 가지고 함몰하는 거친 전쟁의 참화 속에서 우리 자신들을 파멸시키는 일이 흔하다."라고 했다.

그 점성술사의 거침없는 말은 베드로에 마음을 혼란 속으로 빠트렸다.

생각에 잠긴 미소와 긴 수염에다 검은 눈동자까지 가진 작은 형제는 특히, 그는 낮보다 밤이 소중하다고 열변을 토했다. 그 어둠이 있기 때문에 태양이 더 강하게 발한다. 거의 반어적인 언어를 사용하면서도 그런 자연의 이치와 과학의 대화는 신비하기까지 했다. 베드로는 처음으로 그들과의 대화에서 아늑함과 자유를 느낀다.

'나는 공허한 자유와 상상력이 부족한 삶을 살고 있다. 마침, 사막의 비가 오면서 그 모든 것이 아름답게 보이기 시작했다. 그들이 말하는 인과응보는 인간사회에서는 흔하게 들을 수도 말할 수도 있다는, 이 충격적인 말은 세상에서 처음으로 접하는 소중한 가치이었다.'

베드로는 이런 생각에 홀로 중얼거렸다.

'나는 자는 척했지만, 그 모든 것을 들어야 했다. 아마, 그들 로마인이 말할 때 자는 척만 하지 않아도 그는 이렇게 오만하게 보이지 않았을 것이라는 것. 사람이 인간을 해하는 것이 로마 제국주의자들이나 어느 사회에서도 흔하게 일어난다. 그것은 사람이 본능적으로 악하게 태어난 것도 있지만, 세상이 다양해지고 많은 사람이 이 사회에서 살아남기 위해 이전 투고를 하고 있다는 것. 그것은 예루살렘 궁전 안에서도 흔하게 보는 권력투쟁일 것이다.'
하고 베드로는 생각했다.

인과응보를 말하고.

어둠이 있기 때문에 빛이 더 밝다는 그들의 이론은! 아무것도 아닌 것이 다시 생각나게 하는 인간의 진리다.

죽어 나온 거친 사막은 샛별에 대해 고민하게 되고,

낮과 밤이 갈음하는 사막의 고독과 고뇌는.

그들의 대화는 자연스러웠다. 아마, 그들은 돈의 구애 됨 없고 마음의 영혼을 자연스럽게 노래할 수 있다고 보는.

철학자는 '짙은 어둠 때문에 인간의 사탄에 정죄'가 발정되고.

베드로가 그것을 보았을 때, 그가 느낀 것은 무엇인가? 그는 이 근원적인 답에 대답을 찾지 못했다. 자신의 내면의 목소리는 무엇이고 자신은 누구인가? 왜 여기서 서성거리고 돈 때문에 고민을 하고 있나? 그는 결국에는 돈의 문제로 출발했지만, 결코 현실은 그것이 아니었다.

우리에게 죽음과 삶 그리고 부활은?

종교와 진리!

인간에게 종교와 이 세상 속에서 찾아야 하는 진리의 근원은 무엇인가?

"진리가 너희를 자유롭게 하리라!"라고 하신 주님의 말씀이 오늘따라 마음에 와닿는다.

결국에는 종교와 자기 정체성의 근원적인 문제로 고뇌하고 있었던 것이다. 그가 살아서 결혼을 하고 어부로서 그 자신을 뒤돌아보았을 때 또한 주님의 제자가 되어 지금 그는 누구인가를 자신에게 묻고 있는 것이다. 그는 주님에게 사사로운 문제를 묻지 않았다는 것, 등한시했다는 것이 새삼 마음에 와닿는다. 이 또한, 그의 고뇌에 출발점이다. 베드로는 그에게 다시 묻고 있었다. 결코, 재화는 인간들에게 필수불가결한 것이라는 것, 그것과는 떨어질 수 없는 도구인 것이었다.

그러자 작은 형제는 베드로가 홀로 중얼거리는 '진리가 너희들을 자유롭게 하리라.' 한 말의 의미를 물었다.

"그 말씀도 그분의 말인가요?"

"그렇습니다. 그분의 말씀입니다."

하고 베드로가 말했다.

우리는 동문서답을 하고 있지만, 하늘에서는 별빛이 쏟아져 내렸다.

"진리가 너희들의 생각을 자유롭게 하리라' 하신 말씀이 나를 편안케 하는 명언입니다. 우리도 가끔은 종교학자, 과학자, 점성술사 등등에게도 여러 가지 대화를 합니다. 허나, 이런 말씀은 진정으로 마음의 영혼 속에서 나오는 진리의 샘입니다."

옆모습으로 보이는 큰 형제도 그 말을 긍정적으로 받아들였다.

그는 곧바로 이렇게 지적했다.

"가히, 그 말씀은 우리에게 그 생의 어떤 방향을 정해주는 표적 역할을 하고 있다. 베드로 형제요, 그 말씀은 결국은 그 선지자가 각 지방을 다니면서 백성들에게 설교했던 말 중의 하나이고, 그 말씀 중에는 진보의 가치라고 해도 과언이 아닙니다. 그것을 성경이라고 말하는 것이고 그리고 나는 그 진리의 근본은 결국은 과학과 사실을 바탕으로 해서 우리는 관찰하고 봅니다. 왜냐하면, 저 달과 멀리 있는 샛별을 보며 알 수 있지요? 저 샛별은 아침 무렵에만 보입니다. 왜인가요? 선지자님! 우리는 드넓은 사막, 아무것도 보이지 않는 지평선 넘어 무엇을 가지고 방향을 잡을 수 있나요? 우리는 저 별을 보고 방향을 잡아갑니다. 저 북극성을 언제든 저 자리에 있어 우리 삶의 표적이 된다는 것입니다. 그리고 저 샛별을 보시죠? 금성은 새벽에만 보이고 우리 지구에서는 태양이 지는 쪽으로만 보입니다."

"우리는 그것을 '왜?'라는 물음에서 시작하죠? 그런 물음에 답이 있습니다."

큰 술탄 형제가 말했다.

그래도 알 수 없는 것이 진리이었다. 우리는 말로만 그 뜻을 이해하고 있지만, 그들 과학은 그 근거의 역학으로 진리를 찾아가고 있었다. 그들이 말하는 짙은 어둠 속에 더 강한 그 진리가 숨어 있다고 했다. 그 진리를 찾는 자는 주 예수님이라는 것. 그 새벽, 그 붉은 여명이 뜨기 전에 일어나 기도하면서 그 샛별의 의미를 주님도 보았을 것이며, 그 아침에 태양이 뜨면서부터 세상을 주유하고 만인에게 강론을 한 설교는 우리에게━━━━.

"나는 그 밤의 침묵을 한 번도 생각해 본 적이 없다. 이 짙은 어둠과 빛이 나 자신의 혼란스러운 마음에 영혼을 찾을 수 있을까?"
하고 베드로는 중얼거렸다.

작은 형제의 미소는 따뜻하고 밤을 향하는 그의 눈동자는 달빛처럼 밝았다. 우리가 생각하는 거만큼 이 세상은 그렇게 돌아가지는 않는다고 그는 가끔 콧노래로 흥얼거리며 노래하곤 했다.

"지구 주위를 도는 태양이 역설적으로 보면, 우리 지구가 태양 주위를 돌 수 있다는 것."
라고 했다.

"이 우주의 중심은 우리 지구인데, 그러면 저 태양빛이 중심인가요?" 하고 물었다. 그들과의 대화로 다시 돌아가 있었다. 베드로는 그것이 금기시 되어 있는 우주관으로 자기 속을 들여다보고 있었다.

그 큰 형제는 말을 받아서 "그런 이론이 있지요? 그것은 태양이 우리 지구보다 수천 배가 크기 때문입니다. 저 달과 비교해서 측정한 바로는 태양이 지구보다 수천 배가 크고, 우주의 중심은 태양이고 우리 지구나 목성 토성 등도 그 중심에서 돌고 있다는 설입니다."라고 했다.

베드로는 그 말에 입을 닫지 못했다. 그것은 자신의 종교 교리에도 위배되는 것이었다.

"베드로 형제는 처음 듣는 이야기이고 자신들의 종교 교리에도 맞지 않지만, 우리는 홀로 사막을 여행하며 별들과 대화를 합니다. 오랜 천문학자들의 설에는 아침에 뜨는 금성에 대한 크기 변화와 위상 변화에 대해 의심하기 시작했습니다. 왜 금성은 달처럼 다양한 모형 변화를 보이는 것에 의심을 갖고 있다는 점입니다."
하고 술탄 형제 중, 긴 수염과 검은 눈동자를 가진 작은 술탄이 말했다.

"나는 그 이야기에는 찬송할 수 없습니다. 아무리 내가 문외한이라도 해도 그것은 진정 아닙니다."

그러자 모두들 베드로를 쳐다보았다. 하긴, 베드로도 그런 말을 들은 적이 있었다. 달은 지구 주위를 돌고 우리 지구 중심이라면 금성에 모형 변화에 관해 설명할 수 없는 것이 많다. 달처럼 모형 변화는 우리 지구가 중심이 아니고, 태양을 중심으로 우리 지구가 돈다는 말이 생각났다. 그것은 그의 종교와 정면으로 위배되는 것이었다.

"선지자시여, 우리도 종교를 믿고 있지만, 모든 자연과 우주는 현실입니다. 또한, 과학이나 사실을 기초로 삼지요? 사실은 종교가 우리들의 생각과 사상을 억압하는 역할을 하지요? 우리 마음의 영혼까지 감시하고 혼란스럽게 만드는 것입니다."

하고 술탄 형제 중, 긴 수염에 눈빛이 유독 빛나는 다른 술탄 형제가 말했다.

"맞는 말씀인지 모르죠? 하긴, 나도 나 자신의 종교와 마음속에서 울리는 영혼의 소리를 들을 수 있습니다. 다만, 우리도 그 믿음에 대한 불신과 격한 감정까지는 단죄할 수 없다는 것입니다."

라고 했다.

잠시 침묵이 흘렀다. 하늘에서 저편 모래 둔덕 사이로 길게 늘어진 곳에 유성이 쏟아져 내렸다. 그 주위가 환할 정도로 빛났다. 베드로는 입을 벌려 놀랐다.

"사막에는 종종 이런 현상이 일어납니다."

"이런 현상이란 것은 특별한 것인가요?"

"저 유성우는 달이나 금성 주위에 도는 큰 물체들이 지구에 이끌려서 들어오면서 불빛으로 발하여 생기는 빛의 현상입니다."

그건, 보통은 신의 저주로 생긴 하나의 종교적으로 해석하는 경향도 있었다. 그러나 단지 별똥별의 현상은 과학적으로 말하면 '신의 조화가 아니고 자연 현상이라는 것'이라고 했다.

"그럼 땅으로 떨어지는 큰 물체의 근본적인 물질의 힘은 무엇인가요?"

하고 베드로는 물었다.

"그 근원의 힘은 우리도 알지 못합니다. 신처럼 우리들에게 던지는 강한 메시지일 것입니다. 우리가 찾는 것은 바로 그것입니다."

흔히 말하는 중력이란 단어에는 불가역적이고 불가항력적으로 말하며 모든 힘의 근본이라고 했다.

중력이?

그것은 수천 년이 지나도 불가역적으로 변할 수 없다는 것. 우리가 새벽에 태양을 볼 수 있는 것과 저녁이면 끊임없이 이어지는 붉은 색의 낙조가 인간에 생명이라는 것이라고 그들 형제가 말했다.

그 여명에서 끊임없는 생명의 근원을 들여다볼 수 없지만, 그날 밤처럼 짙은 어둠에서 인간의 더러운 영혼과 벌겋게 치솟는 폭염 속에서 "나는 무이다!" 하고 외친 그 젊은 시절. 주 예수께서 따르라고 한 그 당시는 어부이고 지긋지긋한 가난이 뼛속을 뜯는 '그런 과거 속에서의 희열과 열정이 불타는 지금' --- 그는 죽음과 부활이라는 양면 사이에 혼란을 겪고 있는 것이다.

그 부활의 근원은 죽음이다.

곧 죽음 때문에 모든 만물이 살아 움직이고 다시 태어나는 악순환의 근원이고, 저 우주 암흑에너지에서 별이 탄생하고 죽는 것이 부활이라면 우리 인간도 마찬가지이다. 인간이 수레바퀴처럼 돌고 돌아 결코 죽음 뒤에는 부활이라는 명제가 우리 앞에 가로 놓였다. 죽음 뒤에 삶이라는 것!

그 이민족의 점성술사가 "우리 인간도 저 우주 깊고 먼 곳에서 왔다."라고 한 말을 베드로는 인식하기 시작했다.

"우리도 정확한 것은 알 수 없지만, 그 물질 중에는 돌도 있을 것이고 철 성분을 갖고 있다는 것….”

작은 형제가 말을 끝맺지는 못했지만, 다시 이렇게 말했다.

“나는 그 유성우를 타다만 것을 찾아서 불로 분해를 해 보았지만, 그것에는 돌과 철 성분들과 다른 물질들이 나왔습니다.”

하고 말하자 베드로는 다시 한 번 놀란다.

“아, 그 유성우를 찾아서 불로 담금질을 했군요?”라고 했다.

“그렇습니다. 우리가 아는 상식으로는 달이나 태양 그리고 금성들도 지구와 같은 성질의 형태입니다. 다만 태양은 빛이 나고 지구는 그 빛을 받고 달이나 금성도 그 태양에서 그런 빛을 받아서 빛나는 것으로 보입니다.”

그는 베드로에게 그 어떤 과학적인 성질에 관해 설명을 하지만, 이해하기 힘들었다. 그러나 시장 터 안에, 대장간에서 그런 유성우를 분해해서 칼로 만들었다는 것이, 지금 말하는 것인가?

“태양은 빛이 나고, 달이나 금성은 그 태양의 빛을 반사해서 빛난다는 것입니다. 그러면 그런 성질이라면 우선 하는 것은 근본적으로 태양이 이 우주에서는 으뜸일 수 있다는 것. 그 과학적인 바탕으로는 지구나 달은 태양 빛을 받아 반사하는 정도라는 것!”

베드로는 한동안 하늘을 올려다 보았다. 수많은 별이 빛나고 있었다. 그는 낮에 빛나는 태양이나 밤에 빛나는 달빛이나 특별하게 생각해 본 적이 없다. 그러나 그들의 말에는 일리가 있다. “과학적이다.”라고 말씀하신 주님의 말씀이 귀에 생생했다.

“나는 지구에 있다. 낮에는 태양이 빛나고, 밤에는 어둠을 밝히는 달이 있다. 그럼 태양이 빛나고 지구는 그 빛을 받아들인다면, 모든 근원의 원천은 태양이 중심이라는 그들의 말이 얼핏 이해할 수도 있다. 또한, 그런 태양이 지구보다 수천 배가 크다. 그것은 나도 아는 사실이다. 다만, '왜?'라는 의문을 나는 갖고 있지 않았다. 그것뿐이다! 이런 종교와 과학은 종이 한 장의 차이뿐이다. 사실과 이상의 차이는? 나는 지금껏 모든 사실에서 모른 척했을 뿐이고, 그들 형제는 '왜?' 하는 의문을 갖고 있는 차이일 뿐이다."

하고 베드로가 되뇐다.

그들의 해석에는 특별한 의미가 있어 보였다

그럼 종교와 과학의 차이는 무엇인가? 그것이 베드로에게는 지금 당면한 문제이었다. 그가 죽고 사는 문제에서 다른 문제를 가지고 생각해 본 적은 처음이었다. 그가 여기 있는 것도 돈의 고민 때문에? 여기 있다는 것이 마치 허공 속에서 거짓을 찾는 셈이었다. 현실적인 문제는 돈이고, 그 돈이 없다는 것도 현실의 문제였다. 그는 현실과 보이지 않는 가치를 좇고 있는지 모른다고 생각했다. 그들 형제는 그들 뒷모습에서 자신의 존재를 유추해 보고, 그 존재의 뒷모습에서 나는 그런 공허한 나 자신의 무관심만 들춰낸 것이고, 홀로 자신과의 이야기를 했던 것은 아닌지?

혹시 모르지, 그것은 내가 찾는 것이 자신 이면에 존재를 찾는 것과 또한, 지금의 이민족의 부호들과 친구가 되어서 소통을 하고 별들의 이야기를 듣는 이 소중함의 시간에서 자신을 뒤돌아보는 계기가 되었는지. 결국은 언제 가는 그 자신의 진정한 모습을 볼 수 있을 때까지. 그리고 그 태양은 - 우리는 지금 여기 지구에 존재조차 불투명한 상상에 그 중심엔 - 그 거대한 태양이 자리 잡고 있는 한!

우리는 단지 허약한 인간으로의 양상 등을 보여 준다는 것.

우리가 성찰하고 배우고 찾으면서 살아가는 나날들을 소중하게 생각하는 것. 그리고 회개와 기도하는 것.

이 모든 것을 나 자신에게 질문하는 근원인 거다. 그리고 나서 답에서 찾는 출발점의 시작이라고 베드로는 중얼거렸다.

4장
협 상

그들이 나타났다.

어둠침침한 땅에서 주님이 야수들에게 잡혀갔다. 유다가 자다 말고 일어나 예수님에게 입을 맞췄다! 여러 병사 중, 두 명이 주님의 팔을 뒤에서 잡았고 자다 깬 제자들은 몹시 당황하고 놀랐다. 베드로는 이런 일을 당하자 당황한다. 대제사장과의 약속은 며칠 말미를 준다는 것이었다. 베드로는 달려와 강하게 이렇게 말한다.

"오늘은 아니야! 며칠간 말미를 더 주기로 약속했지?"

하고 베드로가 말할 때, 주님은 아무 표정 없이 베드로를 쳐다보고 있었다. 주 예수님은 이런 것은 예상이라도 하듯 전혀 저항할 기색이 없었다.

유다는 조금 떨어진 공간에 서 있었고, 자다 깬 요한은 앉은 자세로 울기 시작했다. 로마 병사들은 주님을 꼼짝 못 하게 하고 질질 끌고 가자 베드로는 강력하게 막고 섰다. 로마 병사 중에 백부장은 아는 자이었다.

"무슨 짓이냐?"

베드로는 로마 군인인 백부장 앞을 강하게 막아섰다.

"나는 군인으로 명령을 따를 뿐이요."

하고 그는 무표정한 얼굴을 돌리며 말했다.

그들 사이에서 서기관이 지휘를 하면서 베드로의 손을 잡았다. 손목이 잡혀 있는 베드로는 서기관을 보며 당차게 뿌리친다. 그때, 종인 말고가 칼에 귀를 다친다. 또한, 자고 있던 야고보 손에는 칼이 들려 있었다. 다른 몇 사람과 같이 주님을 붙잡고 있는 군인들을 향해 달려들었다. 순간 아수라장으로 변했다.

서 있던 백부장을 향하여 칼을 휘둘렀다. 혼란한 상황에서 로마 병사 중, 한 병사는 칼을 뽑아서 야고보를 향하여 일격을 가한다. 갑자기 당한 야고보는 바위 턱에 넘어져 쓰러졌다.

이런 혼란스러운 광경을 목격한 주님은 "네 칼을 도로 칼집에 접어라. 칼을 가지는 자는 칼로 망하느니라." 하고 말하자 야고보는 주님의 꾸지람에 놀라 칼자루를 멈춰 섰다. 주 예수의 격한 소리에 모든 것이 서 있었지만, 베드로가 든 칼이 이미 그들을 향했다.

길을 안내한 대제사장의 하인 한 명이 베드로의 칼부림에 손을 다치고 종인 말고의 귀에서 피가 났다. 베드로는 예상치 못한 지금의 상황에 당황했다. 그는 주님의 눈빛을 의식하면서 야고보의 손을 잡고 언덕 밑으로 밀어냈다. 그러나 피를 본 로마 병사들은 참지 못하고 두 사람을 뒤쫓기 시작했다.

혼잡한 다툼이 시작되자 백부장은 소리를 질러 병사들을 불러 세운다, 백부장은 주님을 보며 그들의 병사들에게 돌아오라고 손짓을 했다.

잠시 지루한 공방전은 진정되고 백부장은 먼저 앞서 짙은 검은 그림자가 있는 언덕 밑으로 길을 잡는다. 사도 요한은 엎드려 울고 있다가 일어나서 주님을 끌고 가는 길을 뒤따라간다. 제자들은 그사이에 모두 도망쳤다. 산 밑에까지 따라간 요한은 그들이 어디로 가는지 짐작했다. 사도 요한은 성모 마리아 집으로 달려갔다.

어둠과 빛이!
성벽 그늘 달빛 그림자 속에
낯선 그림자만이 움직이고
베드로는 멍하니 하늘을 쳐다보며
그리고 이렇게 외쳤다.
주 하나님, 진정으로 내가 가야 할 길은 무엇입니까?
죽음입니까?
삶입니까?

"나는 진정 오래전부터 죽음과 부활의 말씀을 믿지 못하고 의심했습니다. 그래서 혹시 모를, 나 자신에게 시험했고 시험에 들게 했습니다. 밤의 짙은 어둠을 두려워했고 나 자신을 자책했습니다. 낮의 강력하고 환한 빛에서 너무도 나 자신을 자만했던 것입니다. 그래서 나는 불평과 미움이 가득 찬 마음으로 그들과 대화를 시도했던 것입니다. 그 결과는 예상 외로 참혹했습니다. 그들이 우리를 무시했고, 들으려 하지 않았습니다. 돈을 요구했고, 결코 주님의 말씀까지 왜곡하고 백성들에게는 주 그리스도의 말씀을 미움으로 전했습니다. 이제 내가 더 할 바를 모르겠습니다."

하고 베드로는 엎드려 기도했다.

"주여, 나는 무엇을 해야 합니까?"라고 했다.

두 눈에서는 굵은 눈방울이 흘러내렸다.

모든 것의 환란에 시작이었다.

어느 때부터 느낀 우리 제자들의 경쟁 관계로 복잡하게 얽혀 틈새가 생겼다. 특히 세례 요한이 죽임을 당하자 서로 간의 알력과 틈새가 더 벌어지고 언젠가는 자신들에게 닥칠 그 죽음의 위협에서 벗어날 그 어떤 의도 등에 대해 그는 더욱더 어깨가 축 처진 채로 마음은 혼란스러웠고 당황해했다.

베드로가 그런 죽음의 위협에 대한 소문들이 공공연하게 떠돌고 그들과의 대화 중에 얽히고 어긋난 말들이 있었다. 그는 그런 사이에 그들과 제자들 사이에 애증이 겹겹이 겹쳐 엇갈렸다. 그래서 처음 베드로는 자신의 안위보다 주님을 음해하는 세력들이 누구인지부터 알고 싶었다. 예루살렘 궁전 깊은 곳에서나 아니면 대제사장 쪽에서나 알 수 있다고 생각했다. 그는 사막 여행 때, 죽을 고비를 넘기고 그 형제와 많은 대화를 나눴다. 그 술탄 형제는 주님에 대한 걱정을 많이 했고, 지금 로마 당국이나 예루살렘 핵심 세력이 보는 '예수님의 행동이나 말씀은 도가 지나쳤다'고 했다.

예수님의 말씀 중의 가장 문제가 되는 부분은 "너희에게 이르오니 이후에 인자가 권능의 우편의 앉아 있는 것과 하늘 구름을 타고 오는 것을 보리라."라고 하신 말씀이다. 그들은 신성모독이라고 모두 그렇게 여기고 있다고 했다. 야고보가 칼을 들고 날뛸 때만 해도 그는 모른 척했다. 그러나 그 와중에 야고보가 칼을 들자 순간 베드로도 그 칼을 들고 휘두른 것이다. 그것은 그들이 술탄 형제를 흉악한 쟁점으로 몰고 간 것이 영향을 받았다.

그 술탄 형제들의 걱정하는 모습을 떠올리고 있었다. 그래서 베드로는 오래전부터 백성의 장로와 서기관을 어부일 때부터 알고 지냈다. 백성의 장로는 장사꾼으로 시장에서 도매상을 하고 있었다. 베드로가 고기를 잡으면 백성의 장로는 그 물건들을 다른 장사꾼에게 넘기는 일을 했다. 오랜 관계에서 베드로는 우선 백성의 장로를 만나 그쪽의 분위기를 물었다. 묻는 동시에 서로 간의 진지하게 대화를 시작했다.

죽음의 여행을 떠나기 전, 베다니에서 멀리 떨어지지 않는 돌산 계곡에서 만나기 위해 그 좁은 협곡으로 이동해서 백성의 장로를 처음 대면했다. 2월에 그믐밤, 그날 밤을 향해 뚫어지게 쳐다보고 있었다. 백성의 장로는 우선 주 예수께서 '신성모독' 같은 말을 하지 말아야 한다! 그리고 그가 말한 "내가 하나님의 성전을 헐고 사흘 동안에 지울 수 있다." 한 말을 해명해야 한다.

백성의 장로는 더 이상 말이 통하지 않으면서 장사꾼답게 잔꾀를 생각해 냈다.

그것은 유다가 옆에 있기도 하지만, 백성의 장로는 여우의 우두머리 망자처럼 거짓 웃음을 보이며 그는 금화를 거론하고 옆에서 손등을 긁적거리던 유다도 그 금화에 대해 동의하며 거론하기 시작했다. 베드로는 그의 금화에 대한 갑작스러운 질문에 답하지 않았다. 그러나 좁은 협곡 위에 붉은 갈색빛을 띤 태양이 우리를 내려다보고 있었다. 백성의 장로는 당황했는지 베드로를 본 다음에 눈은 하늘을 향했다. 그는 죽음에 대해서 거론했다.

죽임의 정의는 하나님의 정의인가? 베드로는 대제사장을 처음 만나서 죽임의 정의에 대한 비탄의 소리를 들어야 했다.

바리새인들이 모인 공회에서나 예루살렘의 밤에 세계에서 주 예수의 단죄를 거론하면서 그들에게는 죄악의 씨가 싹 트고 자라나면서 그 모든 음모와 흉계가 그날 밤부터 공회에서 돈이란 것이 화두가 되었다! 그들의 비정한 음모 속에 지옥의 문이 열리고 그것에 포로가 된 것이었다. 그들은 음흉한 음모를 꾸미고 우리를 시험하고자 했다. 그러면서 그를 자주 만나야 했고, 비좁은 돌산 어둠의 계곡 사이에 낀 베드로는 비정하게 내리쬐는 태양빛 아래에서 백성의 장로를 올려다보았다. 백성의 장로는 약간 바위틈에 짙게 그림자가 드리워진 바위 둔덕 위에 서 있었다. 베드로는 그에 거친 외마디 소리를 들어야 했다.

"그가 하나님의 아들 그리스도인지 우리에게 설명하라!"

지옥문을 지키는 죽은 망자처럼 거짓 웃음을 지으며 말했다.

베드로는 어이가 없었다.

"주님은 그런 이유를 절대 받아들이지 않는다. 그런데 왜 그들의 형제들을 엮이게 하려고 하느냐?"

하고 베드로가 말했다.

그들은 음흉한 음모를 꾸미고 우리를 시험하고자 했다. 술탄 형제가 왜 화두가 되고 그가 누구인지 모든 수수께끼의 근원처럼 관심을 갖게 되었다. 그래서 술탄 형제에 대한 정체를 거론하게 되었는데, 그러자 베드로는 백성의 장로를 만나 왜 그런 말이 돌고 있는지 물었다. 그는 답하지 않았지만, 그렇다고 부정도 하지 않았다.

"시장 안에서 벌써 당신이 그들 형제와 친구로 만난다는 소문을 들었다. 그 소문도 거짓이라고 할 수 있냐? 대답해라!"

베드로는 답할 수 없었다. 다만 왜, 그런 소문이 유다의 귀까지 들어갔는지 의문이 들었다.

여름, 긴 방황의 시간 내내, 죽음의 여행에서 느낀 죽음의 공포와 고요한 침묵 속에 사막여우 소리가 죽음을 부르는 소리처럼 그를 시험했고, 그런 공포를 느낄 수 있었다. 아마, 그는 금화에 대한 질문을 받고 그의 마음은 광폭하고 거대한 폭풍 속에서 요동쳤다! 그러나 그것도 하나의 방법이란 것. 그러나 절대 이루어질 수 없다는 것.

그런 것 때문에 베드로는 괴로워하며 더더욱 혼란에 빠지고 만다.

"뭐, 그것이 크게 힘든 일도 아니다. 그들 형제는 그런 정도의 금화라면 주머니에 항상 가지고 다닌다."

백성의 장로는 그에게 나무라듯 말했다.

그러나 베드로는 좁은 협곡 사이에서 가혹하고 무자비하게 태양이 내리쬐는 시간을 우두커니 기다리게 했다. 그것 또한 그에게 비수로 다가온다. 베드로는 그들 형제와 대화를 하고 자기를 죽음에서 살린 고마운 분들이라는 것, 그 이외는 그 어떤 생각도 하지 않았다. 터무니없게 그들이 그 어떤 생각을 하고 있는지조차 생각해 보지 않았다.

다만, '주님의 위험이 다가오고 있다'고 하는 그들 형제의 편지를 받기는 했다. 그리고 가끔 그들 형제의 종복인 아짐이 다녀간 것이 전부이었다. 그는 베드로에게 여러 가지 건의를 했다. 우선 그들이 원하는 것이 무엇인지를 정확하게 파악해야 한다. 지금은 그들이 금화를 원하고 있지만, 최종적인 것은 다른 것이다. 베드로는 그것에 주목했다.

그래서 베드로는 그들 형제의 충고로 백성의 장로에게 그런 질문을 했다.

"어느 정도면 우리의 안전을 보장할 수 있느냐? 금화가 어느 정도면 되느냐?" 하고 물었다.

그는 아무 말도 없이 예루살렘을 가리키고 있었다.

"그러면 최종적인 것은 헤롯왕이 결정에 내리는 것이냐?" 하고 베드로가 물었다.

"꼭 그렇다는 말은 아니고 대제사장이나 공회에서 결정하겠지만 우리는 많은 사람이 이 문제에 얽혀 있다!" 하고 말했다.

'그들 형제에게 그 금화는 별것 아니다.' 하고 유다는 대놓고 이렇게 외쳤다. 늦게 나타난 유다의 손짓은 더없이 그를 당황스럽게 만들었다.

백성의 장로가 다시 손가락으로 예루살렘을 가리키자 그는 곧 그 생각을 했다. 그날 사막 여행을 마치고 바쁜 가운데 오던 그 길목에서 그는 그들을 보았다. 어두컴컴한 사막의 좁은 협곡을 내려오고 건너 거리로 뚜벅뚜벅 걸어 나오면서 이렇게 외쳤다.

"금화라니, 나도 모르는 이야기들만 하고 있어."

결국은 베드로가 원하지 않는 방향으로 모든 것이 흘러가기 시작했다.

유다도 사도 요한처럼 정을 그리워했던 것이 아닌지 모른다고 생각했다. 그것은 그에게 가해진 덫으로는 꿈에도 생각하지 못했다. 이후, 사도 요한과 깊은 대화를 나눈 가운데에서 그것이 베드로에게 엮이는 힘이라는 것을 나중에 알았다. 그 이후 여러 가지를 의논 중에 튀어나온 이야기 중에 얽히고 어긋난 말들이 있었다. 하긴 베드로도 유다에 대한 정보가 부족했다. 처음 유다가 우리 가족들의 회계를 맡고 있었다. 그러나 어떠한 일로 그 돈의 회계를 베드로가 맡게 된 것은 그도 알지 못한다. 그 이후, 유다는 빗나간 행동을 하고 오만한 모습으로 술집에서 여급들과 자주 모습을 볼 수 있었다. 어느 때는 홀로 술잔을 기울이고 있었다. 그 누구나 돈은 필요하다. 처음 유다가 우리 회계를 맡고 난 다음 베드로가 모든 것은 책임지고 맡아 했다. 그런 다음 성격이 어긋나기 시작한 것도 이 무렵이었다. 그가 괴로워하고 며칠 술집에서 여급들과 술을 마시는 것을 흔하게 볼 수 있었다.

백성의 장로의 "입을 맞추면 그 신호로 알 것이다!"라고 한 그 말 뒤에는 그들이 있었던 것!

주님이 잡혀간 것이, 그날 밤 있었던 것이 현실 속에 벌어졌다.

"입을 맞추겠다."

왼손에는 무엇인가 들고, 오른손은 예루살렘 궁전을 가리키고 있었다. 이것은 꿈에서 본 환상이 아니고 진실이었다. 내가 사탄과 춤을 추고 그녀의 꼬임에 빠진 다음 죽음에서 그들 형제를 만났다.

"이 또한, 유다가 퍼트린 소문들과 무슨 연관성이 있나? 하긴 그가 사막에서 그들의 형제들과 이야기 중에 한 말이 어떻게 소문으로 떠도는 것인지? 그 모든 것이 결코 생각해 보지 않았던 그런 일들이었다."

베드로는 홀로 중얼거렸다.

유다는 베드로에게 "그 정도면 그들 형제는 아무것도 아니다."라고 했다.

베드로는 그에게 물었다.

"유다 형제, 너는 그들 형제의 이야기는 어디서 들었느냐?"

"나도 장사꾼이다! 지금은 비록 별 볼 일 없는 주님의 제자이지만 오래전, 나에게 그런 불행이 없었다면."

유다가 악을 쓰자 베드로는 그의 입을 틀어막았다. 그는 저항하면서 이렇게 외쳤다.

"당신은 주님의 반석이라고 헌금이나 돈의 지출들을 하고 있지만 나는 어제도 며칠 전에도 가난을 벗어날 수가 없다."라고 했다.

베드로는 안타까웠다.

"우리 모두 가난한 제자들이다. 우리는 주민들에게 선행을 베풀고 주님의 말씀을 그들에게 전달하는 매개체다! 그거뿐이다! 그것으로 만족하지 못한다면 제자로서의 자세가 아니다. 다시 다른 일을 하는 것이 맞다."

베드로는 그에게 말했다.

며칠 전, 그에게 거친 말을 후회했다. 처음 그럴 의도는 없었다.

간혹, 우리가 다른 의도의 말을 하다가도 뜻하지 않은 말을 하게 되는 경우가 있다. 베드로는 다만, 그가 어떻게 사막 여행길에서 만난 그들 형제를 염탐한 것에 화가 났다. 그래서 유다에게 쓸데없는 험한 말을 하게 된 것. 그러나 지금 생각하면 유다의 부자연스러운 행동으로 보아 지금 벌어지는 주님을 잡아가고 지하 옥에 투옥하는 그것은? 우리가 생각했던 것보다 훨씬 더 계획적이고 음모적인 것! 베드로는 결국은 그렇게까지 생각하고 싶지는 않았지만, 그러나 그들이 의도했던, 그렇지 않았던 그들이 그날 그곳에서 있었던 것.

그들 형제와도 무관해 보이지 않았다. 베드로는 홀로 끙끙거리기 시작했다. 또한, 사도 요한도 그날 밤, 집 앞에서 이런 이야기를 했다.

"어딜 다녀오는지 모르지만, 혼자서 좋은 일만 골라 하지 마시죠?"

사도 요한은 엉뚱한 미소를 지우며 말했다.

그는 매우 이례적이며 곤혹스러운 표정으로 나에게 다가왔다. 사도 요한의 이런 진지하고 예사롭지 않은 표정은 처음이었다. 베드로는 곰곰이 생각했다. 혹시, 모르지 그들 형제가 큰 무역상이 아닌 그들 말대로 술탄의 다음을 잇는 황태자라는 것과도 무관해 보이지 않았다. 어쨌든, 베드로는 그런 행동에서 몹시 화가 나 있었다. 그런 짓은 있을 수 없는 일이다. 그들 형제는 벗이고 친구이다. 처음부터 친구에게 손을 벌리는 것은 절대 있을 수 없는 행동이다. 베드로는 유다가 그를 이상한 곳으로 몰아가는 것 같았다. 그런 가운데 결국은 주님이 지하 옥에 투옥됐다.

그 며칠 전, 베드로는 백성의 장로를 단둘이 예루살렘 성벽 그늘 속에서 만났다.

"당신이 원하는 것이 정말 무엇인가?"

"내가 원하는 것은 아무것도 없다. 다만, 예루살렘 궁전과 공회에서 벌어지는 입은 막아야 한다."

베드로는 실상은 그들이 뒤에서 조정하는 진짜 이유가 무엇인지 알고 싶었다.

"우리는 금화도, 돈도 없다. 돈도 당신에게 빌려야 하는데, 금화라는 것이 어디서 나온 말인지 이해할 수 없다."

베드로는 반문했다.

"금화가 없다면 할 수 없다. 그리고 내가 무슨 돈이 있어 당신에게 돈을 빌려주겠나?"

라고 했다.

"그 금화의 이야기는 유다에게 들었다. 이민족의 친구에게 충분하게 융통할 수 있다는 말을 들었다. 하지만 없는 돈을 꼭 구하라고 한 것은 아니다. 돈은 당신이 필요하지, 내가 필요한 것은 아니다. 나는 당신을 도우려고 여기 나왔다. 유다 형제가 사정을 한 것도 있고, 당신이 오늘 나를 꼭 만나자고 했지 않았나?"

하고 덧붙였다.

그 뒷모습에서 그 어떤 느낌을 받았다. 그 이후 베드로가 의도했던 것보다는 일들이 더 꼬여갔다. 그 이후로 유다를 만났다.

"당신은 어디서 그들 형제의 이야기를 듣고 필요 없는 말들을 하고 있나?"라고 했다.

그는 엉뚱한 표정만 짓고 있었다.

"나야 모르죠. 나는 그들 형제에 대해 아는 것은 없었지만 그러나 나도 귀, 눈, 코도 있다. 시장 안에서 떠도는 이야기 중 하나이다."

유다는 잠시 뜸을 들이다가 이렇게 다시 말했다.

"당신은 평소에 너무 모든 것을 힘들게 생각한다. 쉽게 돌아갈 수도 있는데. 세상일이란 그렇게 우리가 생각했던 것보다 어려운 일들이 가끔 해결될 수도 있다. 고지식하게 하나만 생각하면 그 틀에서 벗어날 수가 없다."

베드로는 그 이야기의 진의를 알 수 없었다. 그도 유다만큼이나 아는 것이 없었다.

"베드로 형님, 내가 더 무엇을 해야 하나요? 우리는 거지나 마찬가지이다. 적은 헌금을 가지고 이런 큰일을 할 수 있을지 그 누구도 장담할 수 없다. 이것은 당신의 문제이니 나도 이제는 더 어쩔 수 없다."

하고 유다가 외쳤다.

"꼭 '금화'만을 말하는 것은 아니다. 우리가 그들 형제와 친하다는 이유만으로도 더 많은 일을 해결할 수도 있다."

하고 유다는 울기 시작했다.

멀리서 그 광경을 지켜보던 백성의 장로는 가까이 와 이렇게 말했다

"우선 내가 앞장서서 너의 주님에 의견을 상층부에 전달하겠다. 그러나 위에는 로마 총독으로부터 예루살렘의 헤롯왕과 종교 지도자들까지 입을 막아야 한다. 당신은 지금 그 어떤 능력을 우리에게

보여 줄 수 있나? 그것이 문제인 것이다!"

그는 이상야릇한 표정으로 베드로를 쳐다보았다.

백성의 장로가 원하는 것은 금화이었다. 처음 거기에서는 재화에 관한 이야기는 없었다. 베드로와 백성의 장로가 시장 터 선술집에서 이야기를 하고 있을 때, 그 광경을 유다가 처음 그곳을 지나다가 목격을 했다. 유다는 베드로를 그 누구보다 잘 알고 있었다. 베드로가 세례 요한이 죽고 나서 자신들이 위험이 다가오자 사방으로 다니면서 친한 서기관도 만나고 백성의 장로도 만나 대화를 시도했다. 유다는 자신도 그런 위협들을 받고 있다고 했다. 그래서 유다는 먼저 백성의 장로를 만나 그 간에 베드로와의 협상에 관해서 물었다. 그는 유다를 이용해서 더 좋은 기회를 만들 수 있다고 생각했다. 두 사람은 조응하기 시작했다. 그러나 처음부터 대화는 난항을 겪었다.

백성의 장로는 금화에 관해서 물었고, 그는 대답을 하지 못했다. 그는 '금화'라는 것은 처음 듣는 소리였다.

"우리에게 무슨 돈이 있고, 금화는 어디에서 나온 이야기인가?"라고 했다.

그러니까, 그 전에 베드로와 처음 만나 주님에 대한 여러 가지 생각들을 묻고 질문했을 때, 금화라는 말은 그곳에 없었다. 죽음의 여행을 다녀온 이후 유월절이 다가오자 백성의 장로는 이것이 기회라고 생각했다. 그는 금화를 거론하기 시작했다.

사실 '금화'는 우리들을 놀라게 했다.

이유인즉슨, 그 금화는 예루살렘 거리에서의 모든 소란과 제자들의 혼란을 가중시키고 몰아가는 역할을 했을 뿐만 아니고, 그 죽음은! 이 모든 것이 돈 때문에 생기는 재앙은 우리 인간에게는 언제나, 아니 우리가 삶을 영유하는 동안 죽음보다 더욱 큰 고통과 두려움을 주면서부터 시작됐고, 주님이 골고다 언덕에서 십자가형을 당한 다음 부활하면서 생긴 믿음, 사랑, 용서, 화해 등이 인간에 정의를 세우고 확립할 때까지 그 인간들의 이면 속에 있는 비정하고 사악한 추태인 욕정이 우리 인간들을 병들게 하였다.

그 죽음으로 인해 사람들의 오랜 고뇌와 고독이 발호되는 동시에 고통까지 수반하는 동일한 시간 위에서 우리 제자들도 금화와 부활에서 그런 신성모독이니, 죽음이니 부활은 이 또한 인간의 광기이었는데…. 그 '금화'는 이 모든 것에 화두가 되면서 돈이 인간들에게나 우리 제자들을 병들게 하였다. 돈은 우리도 모르게 우리를 괴롭히는 괴물이었다.

그 제자들이나 모든 사람이 벌이는 투쟁은 결국 돈이고, 부자로 살아가는 삶을 원하기 때문에 벌어지는 투쟁이었다. 그리고 전쟁까지 불사하는 인간들의 추악한 속성은 주님의 용서와 화해, 사랑, 자유 등등은. 한낱 인간들에게는 가벼운 말장난이나 외설들로 치부하면서 가난한 나나 베드로에게는 견딜 수 없는 상처였다.

"그 모든 것을 위해 증오와 분노에서 벗어나야 한다. 그래야 그다음 모든 것이 보이고 자유를 얻을 것이다. 겉으로 보이는 것만이 전부가 아니다. 구주 하나님께서 너희들에게 보여주려고 했던 것이 그것이야! 우리들의 내면에 더러운 영혼을 끄집어내서 버릴 때야말로 우리의 마음이나 행동이 가벼울 수 있다는 것. 사랑, 믿음, 용서, 화해 중 으뜸은 믿음이다."

하고 주님이 외쳤다.

그 이후 봄날이 지나가고 베드로도 잠잠했다. 백성의 장로는 자신의 종에게 베드로의 행방을 물었다. 그 종은 베드로가 사막으로 여행을 떠났다는 이야기를 시장에서 들었다고 했다. 그래서 백성의 장로는 그 종에게 사막으로 나가 그가 어디에 있고, 무엇을 하고 있는지 수소문했다. 그리해서 백성의 장로는 베드로의 사정을 그 누구보다 잘 알 수 있었다. 그는 음흉한 미소를 숨기고 유다에게 접근했다. 백성의 장로는 그를 누구보다 더 잘 알고 있었다. 그것은 술집에서 유다는 그보다 작은 의자에 앉게 되었다. 그래서 백성의 장로와 이야기를 할 때, 위로 쳐다볼 수밖에 없었다. 그런 것이 의도했던 의도하지 않았다 해도 백성의 장로는 오래전부터 시장 안에서 장사를 한 유다의 속셈을 빤히 들여다보고 있었다. 이런 기회는 흔히 생기는 일이 아니라고 여겼다.

백성의 장로는 베드로의 긴 죽음의 사막 여행과 그 술탄 형제 이야기를 하자 유다는 무척 오랫동안 생각을 했다.

"그러면 내가 할 수 있는 것은 무엇이냐? 내가 그 이민족의 술탄 형제를 아는 것도 아닌데, 내가 어떤 방법으로 금화를 구할 수 있는가?"

하고 유다는 의심스러운 얼굴로 쳐다보았다.

"베드로에게 위협을 가해라! 금화가 없다면 진정으로 할 수 있는 것은 아무것도 없다. 주 예수는 이미 고발을 당했기 때문에 구속을 불가피한 상황이다. 그렇기 위해서는 금화가 필요하다."

하고 말하자 유다는 그래도 못 미더운 기분으로 그를 쳐다보았다.

주님의 구속을 피하기 위해 금화가 필요하다. 그러면 금화를 구하지 못한다면 불가피하게 주님을 구속할 수 있다는 것. 다시 말하면 죽음도 피할 수 없다는 것! 유다는 홀로 중얼거리기 시작했다.

그는 영 개운치는 않았지만 다른 방도가 없었다. 그 또한, 한 가지의 방법이라고 생각했다.

"훌륭한 생각이지만 그 방법이 통할지는 나도 자신이 없다."

유다가 그에게 물어보자 백성의 장로는 이렇게 말했다.

"그냥, 그렇게 베드로 형제에게 말하면 알아서 할 것이다."

그래서 그는 베드로에게 주님이 죽음을 피하기 위한 방법은 '금화'라고 이야기했다. 그는 백성의 장로의 말을 자기 뜻에 맞게 해석해서 베드로에게는 '선지자의 죽음'을 피하기 위해서 우리는. 그날 이후로 매일 베드로를 찾았다는 말을 사도 요한에게 들었다. 왠지 꺼림칙하게 생각했지만, 베드로가 돈을 준비하고 있다. 또한, 구체적으로 말하면 베드로 형제는 아라비아 형제들과 아주 막역한 사이다. 또한, 그들 형제에게 금화를 부탁했다고 유다는 떠들고 다녔다.

그런 소문을 들은 사도 요한과 다른 제자들이 걱정을 했다. 그 이후로 유다는 베드로를 중간에 놓고 자신의 직접 협상 주도권을 잡았다. 베드로는 유다가 그런 세세한 일까지 챙길 것으로 생각하지 못했다. 베드로의 성격 탓도 있었지만, 그가 너무도 안일하게 생각에서 빚은 결과인지 모른다.

베드로는 지금 동방을 여행 중인 술탄 형제를 생각했다. 그 형제들에게 예를 다하는 것이 그의 철학이었다. 처음 '금화' 말을 꺼낸

것은 아짐이었다. 술탄 형제의 충직한 집사는 그럴 것이라고 먼저 예상했다. 그는 사막을 여행하면서 모든 상인과 장사를 했기 때문에 그 누구보다 여기 사정을 꿰뚫고 있었다.

또한, 그가 말을 했다면 그것은 전적으로 그들 형제의 생각일 것이다. 그는 그들 형제의 생각을 베드로에게 전했을 뿐이었다. 베드로는 갑작스럽게 부담을 떠안게 되었다. 여간해서 베드로는 다른 사람에게 그런 부담을 주는 것을 생각해 보지도 않았다.

이런 돈에 대해서는 기본적인 도덕이나 흥정에서 있을 법한 이야기뿐이라고 여겼다. 베드로는 제자들의 반석이고, 주님의 제자이었다. 그리고 그는 어부이었다. 세상 돌아가는 물정에 대해서는 아무것도 아는 것이 없었다. 주님의 말씀을 따르고 제자들과 식구들을 돌보는 것이 그의 일에 전부였다. 아짐은 베드로의 그러한 사정을 잘 알고 있었던 것이다. 베드로는 주님의 일이고, 가족들에게도 연관된 일이기 때문에 백성의 장로를 통해서 그들의 의도를 알고 싶었던 것이다. 어느 정도 이야기가 진척되자 베드로는 대제사장을 만나기로 했다. 거기서 만난 대제사장은 믿을 수 없는 사람이었다.

먼저 약속을 미리 이행할 것을 주문했다. 그는 약속을 지키기 위해서는 예수님이 나와서 먼저 성도들에게 자신의 말을 부인하라고 말했다. 서기관과 백성의 장로까지 나온 그날의 만남이 이렇게까지 흘러갈 줄은 정말 몰랐다. 베드로는 긴 시간이 지나자 조금씩 그들의 속내를 알게 되었다.

"우리는 사탄이 아니고 다만 우리는 예수님의 구원을 바랄 뿐이다."

베드로는 대제사장에게 말했다.

"너희 예수는 모든 사람에게 '내가 너희에게 이르오니 이후에 인자가 권능의 우편에 앉아 있는 것과 구름을 타고 오는 것을 보리라!' 하고 말했는데, 그 말의 참뜻은 무슨 의미이냐?"

그러면서 대제사장은 흥분했고, 이렇게 반문했다.

베드로는 그 반문에 한동안 답하지 못했다. 한동안 대화가 단절되었다. 유다는 그 협상을 이어가기 위해 부단히 오고 갔다. 베드로는 그 위험이 어떤 모습인지 정확하게 인식하지 못했다. 단지 사막 여행 때 만나서 이야기를 나눈 그것이 아직까지 마음에 걸렸다. 술탄은 지금 여행 중이다. 아짐이 대신 전해준 이야기는 생생하고 근심스럽게 들렸다.

"주인님이 동방으로 떠나기 전 예수님을 뵙기를 기대했지만, 그 당시 예수님은 갈릴리 지방으로 여행 중이고 해서 --- 또한 저 왕궁 안에 있는 헤롯왕과 대제사장이 무슨 음모를 꾸미고 있다는 것."

그런 이유로 그들 형제께서 걱정을 하고 있다고 아짐이 걱정스러운 표정으로 말했다.

이런 언짢은 말에 베드로는 겟세마네 올라 하루 종일 엎드려 기도를 했다. 그는 예수님의 지시로 유월절에 쓸 음식을 준비하고 있었다. 그 음식은 성모 마리아와 마리아 그리고 예수님의 이모님이 있어 장만 봐 주면 별로 문제 될 것이 없었다. 그러나 이 모든 것이 손에 잡히지 않았다. 백성의 장로의 말이 너무도 꺼림칙했다.

그런 여러 가지 관계로 베드로는 지금 처해 있는 위기를 어떻게 근본적으로 해소할 수 있는지 난감했다. 모든 상거래를 적극적으로 관리하고 융통성 있게 장사를 하는 백성의 장로는 베드로에게 기대

할 게 없다고 여겼다.

그랬다!

베드로는 자신의 눈물 속에 숨는 자신을 보았다.

이런 상태가 지속된다면 모든 것이 엉망이 될 것을 염려했다. 죽음이라는 두려움 때문이기도 하지만, 어쩌면 이런 일은 처음이었다. 공개적인 엄포와 지속적이고 명확한 공갈 협박에 더 이상은 길이 없었다. 그리고 또한, 예수님의 안전에 대한 보장을 무슨 수로 결정될 수 있는지도 난망한 상항이었다.

마을 시장 터에서 백성의 장로를 만났다.

막 사막 여행에서 돌아온 다음 유다가 급히 연락을 취했다. 베드로는 예루살렘 성벽 그늘 망루에 도착했을 때, 이미 유다가 대부분의 결정 사항 등을 마무리하고 있었다. 처음 그가 의도했던 것과 정반대로 결정되는 것이 염려되었다. 이미 예루살렘 성벽 그늘이 여기 망루 제일 높은 곳을 뒤덮고 있었다. 그들의 주장은 이미 예수님이 신성모독 죄로 잡혀 재판을 받아야 하기 때문에 별로 죄를 사면할 대상이 아니라고 했다. 그리고 주님의 죄는 공회에서 종교 지도자들이 결정을 하지만, 최종적인 결정은 로마 총독이 가지고 있다고 했다.

그리고 다른 서기관은 더욱 절망적으로 말을 했다. 그는 이미 로마 당국 내부에서는 십자가형이 결정될 수 있다. 그 유대인들의 유월절 중의 사형수에게 특별한 사람을 사면하는 제도가 있기 때문에 그것을 활용할 수 있는 대책이 필요하다고 엄포를 놓았다. 베드로는 서기관의 십자가형이란 말에 형언할 수 없는 번민과 고통을 느껐다. 또한, 선제적으로 주님이 그간에 죄를 사면받으려면 여러 가지 면에서 모범이 돼야 한다.

백성의 장로가 먼저 말하자 그 뒤를 따라서 서기관은 이렇게 강조했다.

"이제부터는 그 선지자가 백성들에게 설교를 하지 못한다. 그것이 종교 지도자들이나 로마 당국의 지침인 것이다."

이런 조건은 베드로에게도 황당하고 믿을 수 없는 이야기들이었다. 이미 이런 대화를 가지고 그들과 여러 번 토론을 했다. 그러나 각자 자신들의 주장만 앞세웠다. 백성의 장로는 헌금 중의 십일조는 꼭 받아서 절반은 공회에 헌금으로 내야 한다고 주장했다.

그러나 주님은 그들이 말하는 십일조를 책망하며 제자들에게 이렇게 말했다.

"백성들이 낼 수 있는 만큼의 돈만이 헌금일 것이다."

이 말 또한 베드로에게는 뼈아픈 대목이었다. 주님은 백성들에게 이런 십일조에 대해서 성토했다. 그러니 백성의 장로의 제안을 들어줄 리가 만무했다. 이 모든 것이 베드로에게 힘든 난간이었다. 그러나 그 어떤 것도 빨리 결정해야 하는 것을 잘 알고 있었다. 이런 줄다리기 같은 대화는 처음엔 너무 낙관한 측면이 있었다. 잇따라 벌어지는 기나긴 대화에서 더 애를 먹고 있는 것이다. 유다는 그들을 만나고 오면 다른 이야기를 하기 시작했다. 다른 조건이 더 붙었다.

하지만 베드로는 그것조차 눈치챌 여력이 없었다.

물론, 그의 감정이나 다급함에서 일상적인 욕구는 잃어버린 지 오래되었다. 이런 여러 가지 상황에서 사도 요한은 시장에서 떠도는 풍문들을 유다가 떠들고 다녔다. 성모 마리아와 백성의 장로가 만남에서 대화까지 변질되고 왜곡된 상태에서 소문도 돌았다. 베드로에게는 처음부터 대화는 무리이었다. 그는 약자인 입장에서 늘 양보하고 서로 간의 이해 충돌로 인해 생기는 부작용까지 상쇄하지 못했고, 백성의 장로에 농간을 간파하지 못함으로써 이야기도 늘 적지 않는 부담감과 '금화'라는 악재 앞에서 당황하고 스스로가 혼란한 상황으로 만들어갔다.

결국은 일이 벌어졌다.

베드로가 생각했던 것보다 더 심한 결정 사항 등이 있었다는 것. 주님을 끌고 간 뒤를 따라갔다. 밤은 어둠으로 뒤덮이고 하늘에는 별빛들이 쏟아져 내리는 곳에 길은 보이지 않았다. 백성의 장로가 어두운 숲속에서 나타났다. 낮의 무더위는 아직도 간헐적으로 건조하고 무더운 바람이 불어왔다. 베드로는 그의 멱살을 잡았다.

"며칠만 여유를 주면 해결할 수 있다고 하지 않느냐?"

베드로가 말했다.

백성의 장로는 손을 뿌리치며 이렇게 외쳤다.

"이제는 내 손을 떠났다. 내가 누차 당신에게 경고성 발언을 했지만, 당신은 고집만 부렸다. 돈이라는 것은 필요할 때가 있다. 항상 필요한 것은 아니다!"

"그것은 무슨 말이냐?" 하고 따져 물었다.

"이제는 내 손에서 떠나고 저 깊은 예루살렘 궁전에서 처리해야 할 것이다."

그 또한, "무슨 이야기이냐?" 하고 묻자 백성의 장로는 "더 많은 돈이 들어가야 한다는 말이다. 내가 처음 유다에게 이런 것을 예상해서 충고를 했다. 그리고 나서도 당신에게 충분히 설명했다. 그러나 당신은 그때뿐이었다!"라고 하자 베드로는 애가 타서 "어느 정도면 가능하냐? 그러나 나에게 시간이 필요하다. 그들 형제에게 충분하게 설명할 수 있는 시간이 필요하다."라고 했다.

백성의 장로는 먼 산을 바라보았다. 그러나 사막에서 무덥고 건조한 바람이 불어와 베드로의 옷소매를 파고들었다.

"그럼 며칠간 여유를 주겠다. 그때까지 금화를 준비했다가 대제사장을 만나게 해 주겠다. 그러면 대제사장이 다시 예루살렘 궁정 안을 통해서 해결할 것이다."

그는 잠시 숨을 고르고 뜸을 들였다. 베드로는 그에게 바싹 다가섰다. 애가 타고 갈증이 났다. 이런 대화는 두 번 다시는 할 수 없다고 여겼다. 야고보가 말하는 것이 맞았다. 야고보는 이런 말을 한 적이 있다. 그들은 몹시 부패한 집단이다. 거기 공회 안에 있는 대제사장이나 서제, 서기관 그리고 장로 등등이 모두 부패해져서 백성들의 등골을 빼먹고 있다. 그는 몹시 귀에 거슬리는 말까지 서슴지 않고 말했다. 그들은 종교적인 권한만을 사용해야 하는데, 우리 백성들의 법적인 문제와 가정일까지 관여하고 있다! 그들은 돈으로 로마 귀족들이나 로마 충독까지 매수해서 우리 백성들을 옥죄고 있다는 것이다.

가히, 들을 수 없는 말까지 듣고 말았다. 입안이 텁텁한 것이 갈증이 심해지고 뒷골이 당겨 혈압이 올랐다.

베드로는 과연 세상이 이런 사회인지 단정하지 못했다. 일부 과격한 정상배들은 부자들의 돈을 훔치고, 사막에서 상인들의 물건을 훔치는 정도로 생각했다. 그것이 일반적인 가정이나 사회의 통념상으로 생기는 강도나 도둑들이라고 그런 생각이 순진한 생각을 했다. 그는 반문했다.

이 넓은 세상이나 복잡한 사회를 다 안다는 것은 결코 불가능하다고 생각했다. 죽음의 여행에서 뼈저리게 느낀 것은 바로 그것이었다. 이 세상은 로마제국보다 수천 배가 넓은 세상이 존재한다는 것과 이 사회는 그가 모르는 것이 훨씬 더 많다는 것!

로마인들과 술탄 이민족들에게 들었다.

하늘을 좌우하는 것이 신이 아닌 다른 그 무엇이 있다는 괴변까지!

그리고 그 이민족 점성술사는 "우리의 중심은 지구가 아니고 태양 주위를 지구가 돈다."라고 말한 사실도 그를 심연 속으로 빠지게 했다. 베드로는 사막에 누워 별빛을 새어 보았다. 수없이 펼쳐진 수많은 별빛이 무엇인지 심연 속에서 자신을 뒤돌아본다. 과연, 그들의 말이 사실인가? 이 혹독한 유대 땅과 대로마제국보다 더 큰 나라가 있다는 것! 그가 주님의 뜻을 따라서 저 넓은 세상으로 나가라는 뜻을 알 것 같았다.

그 심연의 소리에서 당장은 해결해야 하는 것은 우리의 문제들이었다. 더 넓은 세상과 더 나은 진리는 우리 문제 뒤에서 보면 아무것도 아니었다. 우리에게 당면한 문제는 따로 있었다. 그것이 우리의 삶이었다. 나 자신의 문제들이었다. 저 넓고 깊은 우주 속에서 나는 심연의 소리는 무엇인가? 우리 인간들이 들을 수 있는 것인가? 그것은 무엇인가? 그 정체는! 그러나 나는 그것을 모르고 있다는 것.

베드로는 홀로 남아 중얼거리고 있고, 이 어두운 세상에서 그 무엇을 찾고 있는 듯 그냥 서 있었다.

겉과 안이 뒤집힌 세상에 태어난 우리는 이제부터라도 그 주 하나님의 말씀을 진정으로 받아들일 수 있을까? 다만, 우리는 그것을 모를 뿐이었다. 그것은 확연하게 드러난 죽음의 공포이었다. 그 누구도 겪어보지 못한 그 죽음의 공포를 그 누구도 모르는 것이다.

결국은 베드로의 시험이 끝났다. 그런 시험은, 주 예수님의 뜻을 거부한 다음에 생긴 빈 공간의 허무 같은 것이었나?

연약한 어머니의 꿈은?

실낱같은 희망이.

먼 허공 속으로 먼지처럼 나르고 흩어지면서.

"처음 백성의 장로에 장난으로 유다가 휘둘리고 이간질 속에서 당하게 되는 속사정까지 우리는 알지 못했다. 이런 관계로 사도 요한이 나서는 것을 나는 막지 못했다."

베드로가 나에게 이렇게 고백했다.

나는 어머니로서 이런 일을 감당하기란 적지 않은 부담감을 가졌다. 그러나 죽어서 사흘 만에 살아난 나사로의 예를 들어 설명까지 했다. 성모 마리아는 주 예수님이 잡혀가자 하늘을 향해 영으로 신음하며 기도했다.

뒤에서 지켜본 사도 요한은! 그날 밤, 사도 요한이 그곳에 있었다. 그 이후, 사도 요한은 이 일에 전적으로 나섰다. 처음은 장난삼아 시작한 것이 세상 모든 것에 흥미를 느꼈다.

 그것은 어쩌면 사도 요한의 독특함과 영리하고 천재적인 생각 때문이기도 했다.

5장

대제사장 집

주님을 끌고 간 곳은 대제사장이 있던 그곳이었다.

그곳에는 백성의 장로가 기다리고 있고 다른 많은 서기관이 있었다. 그 사이에 베드로의 모습이 보였다. 많은 마을 사람들과 그들의 종들도 나와 그 광경을 지켜보았다. 의기양양한 백성의 장로는 앞으로 나와 주님의 얼굴을 한번 훑어보다 경멸적인 눈초리로 쳐다보았다. 어떤 자는 예수님의 얼굴에 침을 뱉는 자도 있었다. 베드로는 그 어수선한 공간을 비집고 안으로 깊숙이 들어갔다.

'그들과의 약속을 지켜봐야지.'

하고 베드로는 그들이 주 예수님의 뺨을 때리고 있을 때, 한순간 그가 그들과 언약한 것을 인식하기 시작한 것은 이때부터. 백성의 장로의 행동 하나하나를 지켜보기로 하면서 처음 느낀 것은 두려움과 막연하게 다가오는 호기심 그리고 백성의 장로의 언질과 유다의 괴변까지. '한순간의 실수로 인해 지금은 그냥 지켜보는 것이 좋아. 지금은 말이야! 그러나 말이야, 아직은 이 모든 것을 신중하게 처리

해야 해. 암 그렇지 지켜보자고!'

베드로는 생각했다.

한 서기관은 앞으로 나와 백성의 장로와 귓속말을 하고 나서 예수님의 죄에 대한 성토를 시작했다. 다른 서기관은 공회에서 예수님의 죄에 대한 증거 등을 수집한 자료를 손에 들고 거론하기 시작했다. 그러나 처음 죄에 대해 서두른 탓에 누구도 앞서 나와 설득력 있는 말을 하지 못했다. 종들뿐만 아니고 누구도 서로 눈치들을 살폈다. 그러나 백성의 장로가 일어나려 하자 그의 종 중 하나가 나서 이렇게 소리쳤다.

"저 선지자가 하나님의 성전을 헐고 사흘 동안 지을 수 있다고 했습니다."

그러자 그중의 한 서기관은 만면의 미소를 띠며 앞으로 나왔다.

그는 주님의 턱을 치켜세우며 "저 종의 말이 사실이냐?" 하고 했다.

그러나 주님은 아무 대답도 하지 않았다. 다른 서기관은 자신의 만든 증거들을 보이며 이렇게 덧붙였다.

"내가 너의 말을 모두 듣고 수집해 본 바에 의하면 저 종의 말이 사실이다. 그래도 너는 묵비권으로 우리들을 속이려고 하느냐?" 하고 서기관이 물었다.

그 서기관은 다른 것보다 앞서 앞으로 나와 사람들에게 그 말의 뜻을 정확하게 전달하기를 원했다. 그것이 그들이 원하는 증거들이었다. 그들은 선지자가 백성들을 선동하고 종교의 근본적인 교리에 대한 변칙적인 언동을 사람들에게 각인시킬 필요가 있었다. 그래야 나중 종교재판 과정에서 사람들이 원하는 종교 교리에 대한 여러 가지 죄목으로 몰아갈 수 있기 때문이었다.

"이것은 신성모독의 죄이리라! 옛날 우리 선조들은 이 신성모독의 죄만으로도 돌로 쳐죽여야 하는 것이다. 너는 이 신성모독의 죄를 어찌 생각하느냐?"

하고 다른 서기관이 주님에게 물었지만 아무 대답도 하지 않았다.

다시 다른 제사장이 일어나 주님의 뺨을 때리며 "너의 묵언은 자기부정이다. 왜 군중들에게는 허구 맹랑한 외설을 늘어놓으며 여기서는 묵비권을 행사하는지 모르겠다. 그것은 자기부정이고 지금처럼 말을 하지 않는 것이, 다른 사람들에게 관심을 갖기 위한 술책이 아니냐?"라고 했다.

"현실적 사회모순을 벗어나기 위해 너는 자기희생적인 이상한 가설로 군중 등을 선동하는 것이다. 그것이 의식적이든 무의식적이든 그 모든 것이 남을 선동할 때 쓰였다."

하고 군중 속에서도 그런 말이 터져 나왔다.

모두들 박수로 답하고 흥분하기 시작하면서 사람들이 모여 있는 이곳은 재판장처럼 들떠 있었다. 동네 사람들과 외지인들 사이에 덩달아 그 집 안에 있는 모든 사람이 흥분했고. 그 배경을 지켜본 베드로는 "그들의 음모는 오랫동안 진행되어 왔다." 하고 말한 술탄 형제의 말을 기억하기 시작했다. 그 어떤 각본에 따라 진행되는 종교재판이었다.

주님을 잡아간 서기관은 다친 손을 들어 이렇게 외쳤다.

"너희들도 들었느냐, 저 선지자가 거짓으로 군중들에게 '하나님의 성전을 헐고 사흘 동안 지울 수 있다.' 하고 선동했다!"

서기관의 물음에 답한 자들은 그들 대부분이 종들이었다. 군중들은 하나둘씩 모여들어 안에는 발 디딜 곳이 없었다. 이런 분위기를 탄 서기관은 다시 조용하게 쳐다보고 있는 군중에게 이렇게 외쳤다.

그는 예수님의 뺨을 세차게 때리고 나서 그중 한 사람을 주시하다가 "네가 하나님의 아들이냐?" 하고 물었다.

그러나 예수님은 아무 말도 하지 않았다. 서기관은 무응답에 더 흥분하기 시작했다. 서기관은 옆에 앉아 있는 대제사장을 보고 나서 다시 한 번 주 예수님의 뺨을 세차게 때렸다.

"이 자는 자기 스스로가 하나님의 아들이라고 자인했다. 이것은 스스로 신성모독의 발언이다. 이는 곧 로마 법정에 세워 신성모독에 심판을 받아야 한다. 여러 번 그는 분명하게 죄를 지었고, 그 죄는 십자가형으로 처해야 한다. 이 자는 악질적이고 신성모독적인 말로 선동을 한 자이다! 이것은 근본적으로 우리의 종교 교리를 위반한 행위인 것이다."

그 서기관은 손을 높이 들어 소리쳤다.

그 서기관은 우리 제자들과 종교 교리를 가지고 여러 번 각론을 벌였다. 좁은 문에 대해 사도 요한이 고민할 때도 그 서기관과 우리 제자들이 모여 토론을 하면서 여러 가지 종교 교리에 대해 각론을 벌일 때도 있었다. 서로 간의 양보 없이 서로의 교리들을 주장했다. 그 서기관을 그것을 들고나와 흔들며 외쳤던 것이다. 그 모습을 지켜본 종들이나 그의 추종자들이 일제히 일어나 외쳤다. 그들 서로가 충성 경쟁을 하듯 '형벌'이니 '신성모독'이니 '묵언'이니 하고 외치기 시작했다.

　백성의 장로도 그 신성모독에 대해 말할 참이었지만, 그는 베드로와 눈이 마주치자 다시 앉았다. 옅은 미소 안에 음모를 꾸미고 있었다. 베드로는 뒤늦게 그들의 의도를 알기 시작했다.

　"네 말은 모두 신성모독의 발언으로 죽임에 죄를 진 것이다."

　다른 장로도 그렇게 말했다.

　베드로는 서기관이 군중들을 선동해서 주님을 죽음의 재판으로 이끌 속셈이라고 생각했다. 그러나 베드로는 그들과 약속한 언약을 잊지 않았지만, '이것은 더 조직적이고 맹목적이잖아?' 하고 베드로는 생각했다.

　그들 속에서 '형벌'이니 '신성모독'이니 '죽음'이니 하는 말이 터져 나오면서 분위기는 점점 이상한 대로 흘러갔다. 백성의 장로는 '좁은 문'에 대해서 서기관과 대화를 나누고 있었다. 백성의 장로는 토론 중에 '좁은 문'을 형법이라고 한 적이 있었다.

　백성의 장로는 모든 사람에게 형법이라는 것을 알려 주어야 한다고 하자 서기관은 그 형벌에 대해 신성모독인지를 따져야 한다고 했다. 시샘하는 달빛도 환하게 달아올랐다. 꽉 들어찬 대제사장 집 뒤 틀에는 별빛이 쏟아져 내렸는데, 이성을 잃은 군중 등등의 숨소리에 숨이 막혀왔다. 비벼 댈 틈도 없는 여기 대제사장 집에는 길게 늘어진 달빛 그림자들이 삼삼오오 군중들의 심호흡으로 뒤흔들리기 시작했다.

　그러나 베드로는 그냥 지켜볼 따름이고 그러면서 그가 군중들 사이에서 가장 점잖게 앉아 있는 사람 중의 하나였다.

"네가 하나님의 아들 그리스도인지 우리에게 말하라!"

이런 분위기를 탄 대제사장이 물었다.

"내가 너희에게 이르노니 이후 인자가 권능의 우편에 앉아 있는 것과 하늘에 구름을 타고 오는 것을 너희가 보리라!"

하고 주 예수께서 말했다.

"보라, 너희가 지금 신성모독의 발언을 들었다. 이것이 사실로 판명되면 너는 죽음을 면치 못할 것이다. 이에 더는 여기서 문제 삼을 일이 아니다. 즉시 그를 로마 당국에 넘겨 종교재판을 열어야 한다."

대제사장은 격분해서 외치고 백성의 장로가 일어나 대제사장과 귓속말로 소곤거렸다. 두 사람은 가까이 서 있기 때문에 무슨 말을 했는지 알 수 없었지만, 별로 좋은 기분은 아니었다.

동시에 백성의 장로는 "이런 신성모독은 하나님을 조롱하거나 저주하는 행위이다. 모세의 십계명에도 신의 이름을 함부로 부르지 말라는 계율이 있다. 너는 어찌하여 신의 아들이라고 지칭했느냐?" 라고 했다.

그러자 여러 종 중 한 사람이 일어나 예수님에게 침을 뱉고 나서 뺨을 세차게 때렸다. 그 종은 백성의 장로의 종이었다. 얼마나 주님의 뺨을 세차게 때렸는지 입술은 터져 피가 흐르고 안면은 곧 피멍으로 붉게 변했다. 주 예수는 무릎을 꿇어앉은 채로 눈은 지그시 감고 있었다. 거의 요동도 없이 고개를 곧추세웠다. 대제사장은 그 모습에 더 분개하고 백성의 장로를 불러 세웠다.

백성의 장로가 일어나 대제사장과 귓속말을 나누자 서기관은 앉아 '저 선지자의 죄'를 거론하기 시작했다. 서기관이 그중에서 한 사람에게 눈치를 보내자 그 종은 "그는 곧 종교재판에서 십자가형을 받을 것이다." 하고 소리쳤다. 조용히 지켜보던 군중들 사이에 작은 소용돌이가 일기 시작했다. 쥐 죽은 듯 조용했던 대제사장의 집 정원은 서서히 달아올랐다. 서로 종들 사이에서는 충성 경쟁을 했다.

"너는 신의 아들이라고 지칭해서 우리는 참담하다. 나는 율법 학자로 너의 신성모독의 징벌은 돌로 쳐죽이는 것이다. 다시 답하라. 너의 진의는 무엇인가? 분수에 맞지 않고 지나치다."

하고 다른 서기관도 외쳤다.

"나는 율법 학자로서 참담하다. 지금까지 내가 외치고 기도했던 이 모든 것을 너는 부정했다. 그 말에는 특별한 이유가 있느냐?"

율법을 가르치는 한 서기관이 다시 강력하게 성토했다.

베드로의 표정이 점차로 어두워졌다. 다른 서기관은 대제사장 옆모습으로 앉아 여기서 거론되는 이야기 전부를 기록하고 있었다. 이것은 나중에 저 자를 심판할 때 중요 근거자료로 사용할 것이라고 수군거렸다. 그들의 약속은 주님을 간략하게 조사한 다음 풀어주는 것이었다. 그러나 그렇게 하지 않았다.

"그가 곧 예루살렘 성벽 제일 높은 망루 밑에 있는 지하 옥에 갇힌다는 소문이 돌았다. 여기 종들도 곧 주님이 그곳으로 갈 것이다!"라고 했다.

베드로는 약속한 돈을 주었다. 다만 금화는 아니지만, 로마 화폐를 백성의 장로를 통해서 주었다. 그것은 대제사장이 약속한 것과 같은 것이었다. 그러나 여기 심상치 않은 분위기에 눈과 귀를 막았다. 그 집 앞에 너울거리는 불꽃은 그가 죽음의 사막에서 본 유희는 사탄의 유혹이었다.

그러나 베드로가 더욱 이상한 느낌이 든 것은 여기 분위기였다. 불타는 장작불에 얼굴들이 붉게 변하고 덩달아 외치는 종들의 외침 소리에 그 자신도 여기 분위기가 낯설지 않았고, 마음이 끌려 들어가면서 덩달아 흥분하기까지! 불타는 장작불이 너울거리면서 불꽃이 하늘을 향해 춤을 추고 있었다. 옆얼굴을 확연하게 드러내 놓고 웃고 있는 아주머니는 그의 옆구리를 꾹꾹 찌르면서 이렇게 말했다.

"저 선지자는 정말로 잘생긴 사람인데, 십자가형을 당한다니 무슨 일이죠?"

하고 베드로에게 묻자 그는 당황해했다.

또한, 그 옆에는 검은 피부의 건장한 사나이도 앉아 있었다. 어디서 본 듯도 하지만 알 수 없었다. 그는 뒤에 앉아 있는 그들의 종들과 돌아보며 고갯짓을 하며 시장 안에 상인이라고 하면서 서로 인사를 주고받았다. 막 안으로 들어온 안드레의 참담한 표정에서 그 자신을 보았고, 대제사장 집의 분위기는 한껏 달아오르고 베드로 자신도 어느 순간 그들과 같은 입장에서 어젯밤을 추상하면 진한 불쾌감을 지울 수 없었다. 어젯밤 최종적으로 유다가 다시 제안한 협상 조건을 받아들일 수밖에 없었다. 금화는 지금 그의 손에 없었고, 시간이 부족했다. 백성의 장로는 계속 압박을 가했다. 지금은 목숨을 걸고 도박을 해야 하는 상황까지 몰렸다.

그 어떤 목적들을 수단으로 합리화할 수 없었다. 금화는 목적을 위한 수단에 불구하지만 그들은 그것을 원했다.

그랬다!

그들이 금화를 받는다 해도 그것은 그 위선에게 전달해서 우리의 안전을 보호하는 장치에 불구하다. 지금보다 더 이런 상황이 악화되면 나중에는 달리 다른 방도가 없다고 유다는 덧붙이고 나서, "시간은 우리의 편이 아니다. 지금은 우선 더 악화된 측면이 있지만, 그들에게 항상 관용이 있기 때문에 별 염려는 하지 않아도 된다. 나중에는 최후 수단으로 로마 총독의 사면도 있기 때문이다." 하고 백성의 장로가 말했다.

베드로가 죽음의 여행에서 유월절이 되기 한 달 전에 돌아왔다.

우리는 무엇인가 쫓기고 주 예수께서는 죽음과 부활에 대해 세 번째로 말씀하신다. 당시 베드로와 우리 제자들은 그런 가장 큰 환란의 증후를 사전에 알지 못했다.

앞 틀에서 무화과나무를 보며 여름이 성큼 우리 앞에 온 것을 느낀다.

"그 무화과 나뭇가지가 연하여지고 잎사귀를 내면 여름이 가까운 줄을 아나니. 이와 같이 너희도 이 모든 일을 보거든 인자가 곧 문앞에 이른 줄 알라."라고 말씀하신다. 베드로는 감람산에서 주 그리스도가 기도를 하시는 동안 둔덕 밑에서 무엇인가 묻기 위해 무릎을 꿇고 있었다. 그러나 그는 기도 이후에도 아무것도 묻지 못했다. 그 이후 베드로는 유월절이 다가오고 쫓기듯 백성의 장로와 대화를 시도했다.

주 예수께서 다시 베다니에 방문하시고 모든 군중 등등이 찬양을 하는 가운데 그 검둥이 상인이 그곳에 있었다. 그 상인은 그곳을 부단히 오고 갔다. 그런데도 지금 여기 그 검둥이 상인도 대제사장 집에 있다.

"선지자님, 나는 사도 요한과 어릴 때부터 친구입니다. 나는 시장에서 장사를 하는 상인이고 내가 한 달 전에 그 죽음의 사막에서 선지자님을 뵙고 그 당시 강론을 듣고 감명을 받았습니다."

그는 베드로 옆으로 다가와 말했다.

베드로는 무거운 침묵 속에 그 상인을 뚫어지게 지켜보았다. 베드로는 아무 감정 없이 무력하게 그 검둥이 상인을 쳐다보았다. 그리고 백성의 장로는 베드로에게 여전히 눈을 떼지 못했다

어느새 베드로도 그들의 종들과 같이 주님의 죄를 시인하고 있었다. 그들 각자 약속이나 하듯이 경쟁을 하고 있었다. 너무도 자연스럽고 부드럽게 백성의 장로 종까지 옆에 와서 아는 척했다. 나중에 안 사실이지만, 백성의 장로는 아마 이런 것을 기대했는지 모른다. 여기저기서 볼멘소리가 터져 나오고 역겨운 냄새가 나는 다른 여급이나 종들이 베드로에게 옆구리를 꾹꾹 치면서 이렇게 말했다.

"재미있죠!"

라고 했다.

"어떻습니까? 저자는 신의 아들이라고 했답니다. 얼마나 웃기는 인간입니까? 아무나 나와서 외치면 신의 아들이라도 됩니까?"

이렇게 가난한 촌부까지 비열하게 외쳤다.

"해가 어두워지며 달이 빛을 내지 아니하며 별들이 하늘에서 떨어지며 하늘의 권능들이 흔들리리라. 그때 인자가 징조를 보이겠고

그때에 땅의 모든 족속이 통곡하며 그들이 인자가 구름을 타고 오는 능력과 큰 영광으로 오는 것을 보리라." 하고 말씀하신다.

"해가 어두워지며 달이 빛을 내지 아니하며."

그 또한 무슨 말인가? 베드로는 주 예수님의 말씀을 상기하면서 그날 밤, 악마의 속삭임을 듣기 시작했다.

주 예수께서 "천지가 없어질지언정 내 말은 없어지지 아니하리라."라고 했다.

그 말씀을 생각하면서 베드로는 하늘을 우러러보았다.

굴욕!

굴종?

그것이 백성의 장로가 주 예수에게 받아내려는 것. 혹시, 모르지. 지금은 대신해서 베드로에게 무릎을 꿇고 주님에게는 항복을 받아내려는 심사일 것이다. 하지만 베드로도 어느새 그들과 한통속이 되어 웃고 있었다. 그 모습을 백성의 장로가 유심히 보고 있었다. 베드로는 흠칫 놀래며 사방을 뒤돌아보았다. 지금 그가 그들과 대화를 나누면서 '형벌'이니 '신성모독'이니 '죽음'이니 하는 말을 가지고 그들과 논의를 하고 있었던 것이다.

"당신도 같은 선지자처럼 보이는데, 여긴 무슨 일이죠?"

검둥이 상인이 그의 옷깃은 잡아 당시면서 이렇게 말했다. 옆에는 가난하게 보이는 그 대제사장 집에 옆집 아주머니와 수근거리면서 베드로에게 물었다. 아침부터 대제사장 집은 명절 때처럼 사람들로 붐볐다. 종들이나 그 집 여급들이 아침부터 시장에서 양고기와 각종 채소 등을 사드렸다. 그 아주머니는 가끔 대제사장 집에서 행사가 있으면 부엌에서 일을 도와주고 음식을 얻어가며 살고 있었다. 검둥이 상인은 각 지방 항구에서 들어오는 이국적인 귀한 생활용품과 과일을 수입해서 파는 시장 내의 상인이라고 말했다.

그 검둥이 상인은 베드로에게 아주 친한 척했고, 그가 눈인사를 하자 베드로도 엉겁결에 악수까지 했다. 간혹 그들 중 종들도 베드로와 이야기를 주고받았다.

"우리 어디서 만났죠?"

그리고 그 상인은 먼저 사막에서 그를 떠올렸다.

"선지자 양반, 먼저 달에 그 사막에서 만난 적이 있습니다."

베드로는 한동안 생각을 했다. 그 죽음 여행에서 많은 상인과 이민족 아랍인들을 만났다. 지금 기억해 보면 그 사람이 그 사람들이었다.

"아 그렇습니까?"

베드로가 말했다.

그러나 베드로는 딴청을 하며 못 들은 척했다. 그러면서 여기에서 일어나는 것은 그와 상관없이 엇갈리게 진행되기 시작했고, 조금씩 사람들이 흥분하기 시작했다. 그들의 이야기는 모질지만 정확하고 명쾌했다. 그런 여러 가지 거짓들이 가슴속으로 파고들면서 베드로는 꿈속에서 죽임의 사자들이 목을 들고 서 있었던 모습이 연상케 했다. 달빛이 휘영청 밝아 대낮처럼 환하고 장작불 뒤에 있는 상인이 불에 뎄지만, 베드로도 다른 종들과 다를 바 없이 흥분하고 여기상황 등을 즐기고 있었다. 때론, 서로 농담을 주고받고 서로를 위로하며 주 예수의 죄를 응징하고 있었던 것이다.

천공에는 별빛이 쏟아져 내리고 달빛이 너무도 환하게 빛나는데, 그 속에는 무지개색 빛과 하얀 별빛뿐이었다. 베드로는 그 검둥이 상인의 굼뜬 모습과 사팔뜨기 눈빛을 보았다. 그 상인은 연실 무엇인가 묻고 있지만 들리지 않았다. 사막의 무거운 바람이 빚은 사람들의 아우성 소리에 여기 이곳은 이제 베드로는 하나의 느낌도 없는 무자비한 생지옥으로 변해갔다.

"조금만 늦게 왔으면 이런 좋은 구경을 볼 수 없었다."

베드로는 그들 종이나 여급에게 이런 말까지 들었다.

그 중, 대제사장의 여급이 일어나 주님에게 침을 빼고 급하게 따귀를 때리면서 "너는 우리의 적이다. 대제사장의 은덕으로 지금까지 호사를 부리고 살아왔지만, 너의 운명은 이제는 끝났다! 너는 죽어 지옥으로 떨어질 것이다!"라고 했다.

그때, 베드로 옆에 앉아 있던 낮은 직급에 서기관의 한 사람과 그의 부인도 일어나 "옳소!" 하고 외쳤다.

또한, 다른 거짓 증인 하나는 일어나서 예수님 앞을 다가서서 "너는 거짓 선지자이다!" 하고 나서 침을 빼고 다시 뺨을 세차게 때렸다. 그는 백성의 장로를 따르는 종이었다. 그러나 베드로는 "지옥으로 떨어질 것이다."라고 한 말에 경악했다. 그는 그 모습에 격분해 일어나려 하자 뒤에서 누군가 잡는다. 동생인 안드레이고, 그 뒤에는 아짐도 같이 있었다.

"형님, 오늘은 절대로 나서지 말아야 합니다. 그들이 의도하는 것은 그것입니다."
하고 말했다.

베드로는 그 동생이 말하는 것에 대해 전혀 이해하지 못했다. 그러나 아짐까지 막아서자 다시 앉았다. 밤은 깊고 밖에는 사막에 찬 바람이 몰아쳤다. 베드로는 그들과 같이 꽃이 만발해 있는 뜰에서 불을 쬐고 있었고, 따뜻한 온기 때문에 졸리기까지 했다.

"너는 그 주 예수의 제자이다."

곧바로 한 여급이 일어나 베드로를 손으로 지목하면서 소리 높여 외쳤다.

"나는 그 선지자의 제자가 아니다."

멍하게 땅을 쳐다본 베드로는 다시 이렇게 말했다.

그는 사방을 둘러보면서 자신이 주 예수의 제자가 아니다. 하며 변명을 늘어놓기 시작했다.

"아! 아! 아니야, 나는 그 선지자의 제자이지만, 지금 나는 그런 야만적인 괴변에는 말할 수가 없어. 너희들은 내 심장에서 요동치는 그 영원할 것 같던 나의 영혼에 기도 소리를 들을 수 없단 말인가? 너희들, 그리고 그들과 같이 사실, 나는 모르겠어. 그것이 옳고 그름이 우리에게 확연하게 다가온다 해도 그 모든 것이 진정으로 옳은 것인지조차 알 수 없는 밤. 그 밤을 위해 미래에 올지 모를 그어떤 운명이든지, 우리에게 다가올 죽음이든지 나는 그것을 받아드릴 것이다. 내일이든, 오늘이든, 아니 먼지이든 빛깔이든 난, 단지 그것을 말하고 싶었지만 나에게 그 어떤 흠집이나 결정적인 나쁜 근거들을 찾아서 나를 깎아내리려는 것! 나는 오래전부터 그런 흉계를 알고 있었다. 숨을 헐떡이며 악을 쓰고 내 정수리에 내리쬐는 태양빛 아래에서 나도 죄인이고 너도 죄인이며, 우리 모든 제자도 죄인이며 이런 혹독한 죽음을 볼 것이다.”

어수선한 여기 분위기를 틈타 베드로는 이렇게 외쳤다. 그러나 그 검둥이 상인은 그의 옅은 미소를 숨기지 않았다.

“너도 그 갈릴리 사람, 예수의 제자 중의 한 사람이고 같은 도당이다!”

하고 검둥이 상인이 말했다.

베드로는 당황해서 “나는 그의 제자가 아니다!” 하고 말했다.

그러자 모든 군중이 베드로를 쳐다보고 있었다. 그의 표정은 하얗게 질려 있었다.

“이 사람은 갈릴리 사람이 아니다.”

그렇게 말한 자는 백성의 장로의 종 중의 한 사람이었다.

“그러나 내가 본 바로는 너는 분명히 그 갈릴리 사람 중의 한 사람이 틀림없다!”

그러자 그 검둥이 상인은 베드로를 보고 외쳤다.

“저 예수가 가장 사랑하던 제자인 사도 요한의 친구이기 때문이다!” 하고 외쳤다.

“나는 어릴 때부터 ‘사도 요한’의 친구이고, 그와 장사도 같이 했다. 그것은 청년 때 일이고, 한 달 전 내가 사막에서 저 선지자를 만나서 저 선지자의 강론을 직접 들었다. 그는 분명 저 예수의 제자이고 같은 도당이다!” 하고 소리 높여 외쳤다.

순간, 베드로의 표정은 굳어졌고, 검둥이 상인의 입술에는 옅은 미소가 보였다. 그는 이것이 구주 예수께서 우리 제자들의 발을 씻기시고 말씀하신 것이 문득 생각났다.

"내가 하는 것을 네가 지금 알지 못하나 이후에는 알리라."

베다니에서 그 검둥이 상인과 백성의 장로의 키 큰 종이 같이 있었다. 서로 무엇인가 은밀하고 내밀하게 이야기들을 주고받았다. 그날도 많은 군중과 이민족 인들이 모여 있는 곳에 나사로가 나와 주 예수님 앞에서 강론을 표하고 있었다. 그리고 그날 밤도, 그들이 여기 예루살렘 궁전 성벽 그늘 속에 있었다. 백성의 장로와 유다는 가까이 서서 예루살렘 궁전을 쳐다보고 있었고, 그 등 뒤에 서 있었던 자는 얼핏 보아서는 '저기 저 가야바 대제사장이 아닌가? 하는 의문이 든다.'

하고 베드로는 속으로 중얼거렸다.

베드로는 굳은 표정으로 굳어지면서 사방을 둘러보았다. 모든 사람이 그를 주시하고 있었다. 뒤에 있는 아짐과 동생인 안드레까지 그를 쳐다보고 있었다. 그 옆에 검둥이 상인이 그의 손을 잡고 있었고, 하늘에서는 유난히 별빛이 확연하게 밝게 비추고 있었다.

그러나 그는 부인하기 시작했다.

"나는 저 선지자의 제자가 아니다. 나는 여기 여행증명서까지 있다."

표정이 붉게 변한 베드로 손에는 여행증명서를 들고 흔들며 강력하게 부인했다. 그때 나선 사람은 백성의 장로이었다.

"지나던 상인이 잘못 볼 수도 있다."

하고 말했다.

그러나 베드로는 급히 일어나 다시 부인하자 백성의 장로가 역성을 들었다.

그들이 말한 심판은 주님에 대한 심판일 것이고, 그것은 분명 죽음일 것이다. 베드로는 결국은 그들과 같이 주님을 부인하고 변명을 늘어놓기 시작했다. 우선 백성의 장로도 무슨 약속이 있었던 거처럼 그를 두둔했다. 백성의 장로의 종 중, 가장 키가 크고 매일 본그는 베드로에게 야간 통행증이 있다고까지 했다. 베드로는 그 통행증을 그들에게 보여 주었다. 특히 그 검둥이 상인은 자신과 같은 통행증 때문에 베드로를 한동안 쳐다보았다. 베드로는 자신의 위선을 다시 시험받게 되었다. 그 사막에서 자신을 들여다보라고 한 그사람인지 모를 그런 상황이었다. 그 상인은 영문도 모르게 그를 쳐다보았다.

"불안 합니까?"

하고 그들 종 중 아는 자가 말했다. 그러면서 다른 사람들과 종들이 '끽끽'거리며 비웃기까지 했다.

"이 사람은 지금 공문서를 내일까지 전달해야 한다. 오늘 밤 중에사막을 건너야 할 통행증을 가지고 있다."

그것은 백성의 장로가 건네준 그 통행증이었다. 뒤에서 본 아짐은 걱정스러운 표정으로 이렇게 말했다.

"성문이 닫히기 전에 이곳을 떠나야 합니다."

베드로는 막상 나가려고 하니 발이 떨어지지 않았다. 사방을 둘러보니 온통 비열한 적막 그리고 비웃음과 조소뿐이었다. 그 앞에는 어느새 새벽이 와 있고, 베드로는 그처럼 이르게 사물의 윤곽이 보이고 가롯 유다의 등 뒤에 선 달빛 그림자가.

눈을 뜬 채로,

성벽 그늘 속에 지하 감옥의 들어가는 그곳!

흐트러진 죽음의 그림자와 그리고 어리석은 목자는?

귀신의 꼬임에 빠지고 '간음'이라는 모세의 율법을 어긴,

"주 예수의 제자가 아니다."

모든 별빛이 쏟아지는 대지 위의 민낯이 보이며 베드로는 말했다.

그 이후 달빛 그림자를 등지고 세 번이나 부인했다.

신을 원망하고 처음 가슴 한가운데가 뜨겁게 심장이 불타고

비로소 마음영혼 속에 하나님이 온 것을 느낀다.

그 어리석은 목자는

가슴에 심장이 터지고 온몸이 뜯기는

그 비정함 속에 그도 자살을 결심했다.

"이제 죽어야 사는 것! 살아서 죽음보다 죽어서 사는 것이 더 현명하고 거짓이 없는 생애이다. 나는 부활이요 생명이니 나를 믿는 자는 죽어도 살겠고, 무릇 살아서 나를 믿는 자는 영원히 죽지 아니하리니."

주 예수께서 말씀하신다.

그가 나오자 문밖에는 유다가 서 있었다. 베드로는 놀라 쓰러질 듯 쳐다보았다.

쪼그려 앉은 유다를 일으켜 세운 안드레는 그의 멱살을 움켜잡았다.

서로 주먹다짐을 했다. 아짐은 그것을 말렸다. 유다는 베드로를 보자 급히 그에게 다가왔다. 한동안 무슨 이야기를 한 그는 뒤돌아서 언덕 밑으로 힘없이 내려갔다. 길게 늘어진 그 망루의 그림자는

그가 가는 길 위에 늘어져 있었다.

등 뒤에는 달빛이 서 있었다.

하늘이 오늘 그 무엇을 심판 하듯 은은한 달빛이 곧 죽음의 빛으로 변하기 시작했다.

거길 서둘러 나와 골목을 뒤로하고 촉촉이 이슬에 젖은 계단 밑으로 내려왔다. 예루살렘 성벽이 보이고 그곳을 돌아 나오자 그 높은 망루가 보였다. 매일 그들과 만난 그 장소이었다.

그 예루살렘 성벽 그늘이 어둠의 절벽처럼 뒤덮고 있었다. 검은 달빛 그림자 밑으로 예루살렘 성문이 희미하게 눈으로 들어왔다. 촉촉이 적은 계단 밑으로 긴 여백과 빈 공허가 우리들의 마음을 뒤흔들어 놓았다. 베드로는 그 장소에 서 있었다. 우연한 일은 아니지만, 그날 밤도 그들이 여기에 서 있었다. 오늘따라 망루는 더 높고, 그는 더 작고 어둡게 보였다. 그러나 더욱 그 달빛 그림자가 확연하게 드러났다. 그날 밤과의 차이가 그것이었다.

그는 여기서부터 지하 감옥의 들어가는 입구라는 것을 알게 되고, 그 높은 망루 옆에서 유다가 자살했다. 나무의 줄을 맨 상태에서 죽었다. 눈을 뜬 채 얼굴은 예루살렘 궁정을 향했다.

그들과 같이 주님을 부인하고 변명을 늘어놓을 때, 그들 중 종 한 사람이 그에게 말했다.

"여기서 나가면 제일 높은 예루살렘 성벽이 나오고, 그 자리에서 올려다보면 그 망루 밑에는 지하 옥으로 가는 길이다."
라고 했다.

"여기가 그곳인가?" 하고 베드로는 홀로 중얼거렸다.

그 종이 말하면서 미소를 지은 것에 의미를 알 수 있을 것 같았고, 그가 바로 이곳에서 매일 그들과 만나 주 예수에 대한 죽음을 거론했던 곳이다.

그는 끝없는 충격 안타까움 허탈감으로 그 자리에서 '푹' 쓰러졌다.

옆걸음으로 따라오던 안드레는 거의 쓰러질 뻔한 그를 잡았다.

베드로는 한동안 혼절을 했다. 그러자 그가 다가와 가지고 있는 물과 약을 베드로에게 먹였다.

새벽 멀리 산마루부터 붉은 여명이 보이기 시작했다. 머지않아 아침이 올 것이다. 그는 곧바로 그 낮이 올 것이라는 것을 알고 있었다. 그 최후의 심판에 날이라고 하던 그들의 종들의 합창 소리가 지금도 들리는 듯했다. 그날 밤, 그들은 여기서 그 심판을 논하고 있었나? 그 죽음의 심판에서 유다가 그렇게 원했던 달빛 그림자에 숨은 깊은 의미인 죽음의 공포를 지울 수는 없었지만, 베드로는 그렇게 결국은 그 어둠의 침묵에 밤, 그의 죽음을 기다리고 있었던 것이다.

여기에서! 유다는 자살을 선택했다.

베드로는 유다의 모습을 보고 얼굴이 하얗게 질렸다.

아짐은 당황한 베드로를 데리고 다른 골목으로 뒤돌아 나왔다. 그들이 그를 억압하기 위해 항상 이곳에서 만났다. 그가 지나서 나온 골목을 지나자 우뚝 솟은 망루의 짙은 그림자가 길게 드리워졌다.

베드로는 그 자리에 앉아 '엉엉' 울기 시작했고, 실성한 사람처럼 사도 요한을 찾았다.

"'사도 요한'은 어디 있지?"

"동생아, 사도 요한은 아직 오지 않았느냐? 내가 죽음의 꿈속에서 사도 요한을 보았지. 그가 있다면 내 꿈을 해석할 수 있어. 좋아! 그 것은 일종에 놀이와 같은 것인지 몰라? 우리는 서로 간의 알력이나 우리 제자들의 다툼으로 많은 대화를 나누고 있었지만, 결국에는 아무것도 남기지 못했지."

그날 밤 이후 나는 그 어떤 트라우마에 갇혀 '그 당시에 무척 곤란 한 상황 등을 겪으면서' 사도 요한과 그 부인에 관해 대화를 나누고 있었지. 그날 무슨 일이 있었느냐고 나에게 물었다. 그러면서 서로 의 얼굴을 쳐다보고만 있었지.

내가 사도 요한에게 "우리가 그날 그런 일이 일어날 것을 상상했 던 적이 있나?" 하고 물었다.

"그건 그 부인이 후원금을 전달한다고 나에게 말했죠? 전에 제가 했던 가장 큰 상상력은 그 부인과 같이 담소를 나누는 꿈같은 이야 기들이었죠? 그리고 혹시 바람에 머리칼이 흩어진 모습을 보는 것 인지 모르지만."

우린 서로가 서로에게 그 어떤 책임에 관해 물어볼 수가 없었다는 것. 어느 정도는 서로 인정을 한 상태이고. 하지만 내가 사도 요한 에게 "그날 밤 이후 너는 내 뒤에서 '그들과 악마의 거래를 하고 있 었나?'라고 한 사실을 후회하고 있나?" 하고 물었지만,

"그 당시의 생각이 제 머릿속에서 떠나지 않았죠. 그러나 전 그 당시를 기억하지 못합니다. 아니, 마치 꿈을 꾼 것처럼, 어디서 그 림을 본 거처럼 그 어떤 생각도 상상할 수 없을 정도로 기억을 못 하지만 그러나 시간이 지나면서 그 부인 때문에 조금씩이나마 생각 이 나곤 했습니다."

사도 요한이 말했다.

"그 답에 한편으로는 화가 나고 어느 정도는 이해를 구했지만, 그러나 우리는 계속 평행선을 달리고 있었지. 서로가 서로를 모르는 것처럼 말이야!"

베드로가 홀로 중얼거렸다.

"지금은 그 뭐가, 더 두려운 것인지도 모르겠어요? 그런 것을 내가 한 것인지조차."

다시 사도 요한이 혼자 이야기로 중얼거렸지.

"나는 양심의 소리에 귀를 기울여야 했지요?"

사도 요한이 울먹이며 말했다.

"나는 주님의 제자가 아니다!"

"나 자신을 부정하며 그들과 같이 앉아 주님의 제자가 아니라고 부인하며 변명 등을 늘어놓았다. 이것은 자기모순이며 자기 부정이다. 나는 위선자이고, 신성모독을 외치던 자이다."

그런 이야기들을 쏟아내면서 베드로는 다시 실성한 사람처럼 울기 시작했다. 베드로는 그들의 종들과 여급이 주님을 시기하고 모멸하는데도 손 쓸 수가 없었다. 그는 자기 자신의 이런 연민을 위해 앉아 울기 시작했다. 가던 길을 뒤 돌아온 동생인 안드레가 소리쳤다.

"새벽이 오기 전, 예루살렘 성문을 나가야 합니다. 지금 경계령이 강화되어 야간 통행증이 없는 사람은 성문을 나갈 수 없습니다."라고 했다.

뒤돌아보자 아짐의 검은 눈동자가 빛났다! 그는 이 기막힌 사실

앞에서 승복할 수밖에 없었다. 언덕길을 기어 내려오자 골목길에는 병사들이 지키고 있었다. 그래서 아짐은 그곳에서 가던 길을 돌아 다른 길로 나갔다. 시간이 없다. 벌써 멀리 있는 성문의 윤곽이 희미하게나마 들어오고 이미 하늘은 붉은 적갈색으로 뒤덮이면서, 그는 천지가 다시 창조하는 전율을 맛보았다. 세상이 뒤집히고 역류하는 사회를 베드로는 한 편의 영화처럼 감상하고 주님을 성토하고 죄를 응징하는 최후의 심판 속에서도 그는 그들과 같이 주 예수의 제자라는 것을 가지고 변명까지 늘어놓기 시작했다.

베드로는 지금 이 새벽에 그것을 인식하기 시작했다.

그 새벽을 일깨우기 위해 닭이 홰를 치기 시작하자 골목을 돌아 새벽을 움켜쥐듯 걸어 나왔다.

이슬에 촉촉이 젖은 공허한 계단 밑으로 예루살렘 성문이 보였다. 로마 병사들이 조용히 다가왔다. 막다른 길목에서 "어디를 급히 가십니까?" 하고 로마 병사들은 주위를 살피듯이 베드로를 주의깊게 살폈다. 그런데 동생인 안드레는 아짐이 서 있는 거리를 가로질러 걸어갔다.

"그리고 당신은 어디서 많이 본 얼굴이다. 당신은 저기 그 선지자의 제자이다."

하고 로마 병사는 베드로 가까이 다가와 옷깃을 만지며 말했다. 검은 얼굴인 아짐을 뚫어지게 바라보았다. 그때, 베드로는 봇짐 안에서 야간 통행증을 꺼내 보여 주었다. 그리고 이렇게 말했다.

"나는 그 선지자의 제자가 아닙니다. 우리는 급한 공문서를 가지고 사막을 건너야 합니다."라고 했다.

그때 세 번 닭이 울었고, 그는 자신이 주님의 제자가 아니라고 세 번을 부인했다. 마른침을 삼켰다. 입안은 텁텁했다. 침이 말라 왔다. "오늘이건 글피이건, 아니 내일이건 나는 아무 상관 없다."라고 베드로는 소리 높여 외쳤다. 그는 서서 지나온 음침한 계단 밑을 바라보며 외쳤던 것이다.

"그럼 진작 말씀하시죠. 죄송합니다!"

그 길을 물러나 성문을 나오자 먼 산부터 먼동이 환하게 밝아왔다. 그는 자연스럽게 흘러내리는 눈물은 걷잡을 수 없었다. 눈앞이 캄캄하고 정신은 몽롱하면서 그 자리에 앉아 '엉엉' 울기 시작했다. 마음은 더욱 혼란스러웠다. 그 밤, 그런 새벽이 막 지나가고 천상 위에는 아침이 다가오기 시작했다.

"내가 무슨 짓을 하고 여길 나왔는가? 나는 그런 확신이 있었지. 내가 무엇이든 할 수 있다는 것을 보여 주는 것. 어느 때이든 내가 주님을 대신해서 이 거친 광야에서 언제든지 주님의 반석이고, 대변자로서 앞에 나서 '나는 주님의 제자이다.' 하고 외치면서 주님의 말씀을 강론하고 전하는 데 앞장설 것이라는 거짓 맹세, 베드로는 그 집에서 그들에게 내 영혼을 팔고 나는 그들과 앉아 따뜻한 불을 쬐며 주님의 죄를 동의했다. 그리고 죽음의 심판이 두려워 그들과 같이 주님을 부인하며 변명을 늘어놓았다."

하고 베드로는 땅을 치며 그렇게 외쳤다.

내가 무슨 짓을 하고 여기 서 있는가?

배신의 오명을 뒤집어쓴 주님의 반석인 베드로이다.

유다는 예루살렘 궁전을 바라보며 자살을 했고, 베드로는 골고다 언덕을 쳐다보며 주 예수의 제자가 아니라고 부인했다. 여기는 지옥 광풍이 몰아치는 사탄의 집이고, 폭풍이 휘몰아칠 때 악마의 외침 소리 같았다.

베드로 자신도 그들 속에 한 사람일 뿐이었다.

멀리 골고다 언덕에서 망자들의 원혼이 들리는 듯. 아우성 소리가 들리면서 우리들은 아비규환처럼 심연 속에 둘러싸이고 만다. 멀리 골고다 언덕이 보이고 그곳에 죽음의 망자가 갈 길을 잃고 헤매는 이때,

"이것은 진정 내가 아니다. 나는 사탄의 꼬임에 빠져 지금까지 구주 예수를 부인하고 그 주님이 나를 시험하기 위해 했던 말들."

'너는 나를 세 번 부인할 것이다.'

저편 여명이 뜬 골고다 언덕 위의 죄인들에 아우성 등등을 생각해 본 베드로는 다시 주님이 외쳤던 말을 생각하기 시작했다.

"우리는 이 땅에 태어나서 각종 죄와 선악에서 벗어날 수 없었다. 특히, 지금 이 대지와 산야에서 고통받는 백성들과 어린아이들의 고통을 생각하면, 그 죽음과 내 고투는 아무것도 아니다.' 하고 주 예수께서 외쳤다.

주 예수님의 사랑은 무엇인가? 우리는 한때는 군중들 앞에 서면 자부심이 생기고 기운이 났지. 어느 때는 물결처럼 사람들과 군중 사이를 지나면 최고라는 느낌을 받은 적도 있다. 베다니에서 나사로를 살리시고 예루살렘으로 입성할 때, 모든 사람과 외지인도 나뭇잎을 꺾어 길 위에 뿌렸지! 군중들의 아우성과 외침 소리에 잠 못 들은 적도 한두 번이 아니었다.

그래서 오늘 밤이든 주님을 만나야 한다." 하고 그는 중얼거렸다.

배신자의 오명을 뒤집어쓴 제자들의 으뜸인 베드로가.

"유다는 예루살렘 궁전을 향해 죽음을 선택했고

나는 유다의 '죽음의 길' 위에 서 있었다. 곧 아침이 열릴 것이다.

곧 이곳에서는 십자가형이 진행되는 최후의 심판과 천지창조의 마지막 장이 펼쳐질 것이다.

아! 주 하나님.

나는 무엇입니까? 결국, 죽임이 나를 살리는 것입니까?" 하고 베드로는 외롭고 참담한 모습으로 분투하고 있었다.

두 사람은 연민의 눈동자로 무슨 죄를 진 자가 지옥으로 내려가기 위해 몸부림치는 한 인간들에 허망한 뒤 모습을 보는 듯했다.

밤이 가고 아침이 다가오지만, 그가 갈 곳은 아무 데도 없었다.

곧바로 태양이 우리를 향했다.

그는 '죽음의 길' 앞에 서 있었다.

6장
빌라도 총독 부인의 고통

　베드로는 주님을 면회하기 위해 여러 경로를 애썼다.

　그런 가운데 사도 요한은 베드로 형제에게 성모 마리아의 간곡한 부탁을 전했다. 처음 베드로는 이해를 하지 못했지만 우리는 모든 일에 곧잘 빼놓고 하는 일들이 많았다. 그러나 그것을 있을 수 없는 일이었다.

　"주님에게 우리가 생각했던 만큼은 우려할 일들이 아니다."

　사도 요한은 그 말을 전하는 과정에서 어머니에게 더 보태어 이야기를 전달했다.

　베드로는 그에게 강하게 말했다.

　"어머님, 주님에 대한 걱정은 안 하셔도 됩니다. 베드로 형제가 그 로마 총독 부인을 그 전에 만난 적이 있고, 오늘도 주님을 만나기 위해 지금 지하 옥에 있습니다."

하고 사도 요한은 나에게 강조했다.

"그것이 다는 아니다. 분명히 놓친 부분이 있다! 우리 눈에 보이지 않는 것이 분명히 존재한다."

하고 그 어머니는 우리에게 외쳤다. 베드로는 당황했다. 자신의 눈에 보이지 않는 것이 있나? 그 어머님의 고뇌는 무엇인가? 그것이 다가 아니다. 그럼, 지금까지 그들의 놀음에 놀아난 것인가?

하고 베드로는 끙끙거리며 생각했다.

그 주 예수님이 지하 감옥에 갇혀 있다.

"지금 지하 감옥에서 면회를 하는 것보다 더 중요한 것이 있다. 그것은 그들이 음모로 시작되는 주님이 십자가형을 당할 것이다. 그것은 틀림없는 사실이다. 내가 내 아들의 판단을 믿고, 그는 자신의 십자가형을 당하면서 모든 사람의 죄를 대신 지고 죽음을 택할 것이다."

나는 제자들에게 이렇게 외쳤다.

그 어머니의 말은 비정하기까지 했다. 내 아들은 자기 입장이 어디로 향하고 있는지 조용히 사색하고 사막에 나가 기도를 드리며 각종 고서적과 종교적인 입장이나 생각을 추구해야 했던 일들이 무엇인지 알아가는 과정에서 주 그리스도는 자신 속에 속해 있던 성도들이나 우리가 왜 대로마제국에 속박되어 있었는지조차 자세하고 명확한 설명을 하지 않았다. 하긴, 대로마제국의 땅이 바다를 지나서 대륙을 겹겹이 연결되고 다른 산맥을 지나야 바다 끝이 보인다는 이야기들을 들으면서도 그 주님은 아무 말 없이 무릎을 꿇고서 하늘을 향해 기도를 드렸다.

그러면서 하늘이 다시 열리기 시작했다. 어젯밤을 뜬 눈으로 보내고 나서 그런 생각을 했다고 했다.

이 모든 것이 우리에게는 짐이다. 사도 요한은 이렇게까지 주 예수님의 신념이 확고한지를 알지 못했다. 어릴 때의 그 청년의 눈빛에서 그 모든 것을 찾아야 했다. 나는 주 예수님의 부름을 받고 황혼이 져가는 길 위에 서 있었다. 무엇인가 불길한 기운이 몰아쳐 오는 느낌이고, 그 누군가가 주님에게 돌을 던지려 하고 그의 의지까지 꺾으려 한다는 것! 이것은 징벌의 응징이 차원을 넘어 우리 주님을 가두고 주님이나 우리 모두를 죄악의 짐으로 씌우는 것.

"우리들의 생애에 죽임이 없으면 희망도 사랑도 믿음도 부활도 없는 거처럼."

그 주님은 그것을 알고 있었다. 그 절망의 틈바구니에서 처절하게 우리 인간들의 죄의 업보에 짐을 지고 홀로 골고다 언덕 위를 오르고 있었고, 그것이 로마제국과 대항하고 있었던 것. 살아가면서 그 어머니는 그 모든 것을 주시했다. 이 모든 인간이 쇠사슬을 묶이고 노예로 전락하면서 주님은 사람들의 피눈물과 피의 맺힌 한을 제거하기 위해 혼자 골고다 언덕에 올라 십자가형을 당한 것이다. "왜 너희들의 눈에는 그것이 보이지 않느냐?"
하고 나는 제자들에게 소리쳤다.

"하지만, 어머님 그렇게까지 걱정을 안 하셔도 됩니다. 내가 생각해도 그것은 아닙니다."

내가 직접 그 부인을 만난다고 일어서자 사도 요한은 놀라서 베드로에게 달려왔다.

"그 어머님은 온통 주님이 사후, 골고다 언덕 골짜기에 사체를 버리는 것이 지금의 관례이죠?”

그 이야기에 베드로는 심각한 표정을 지으면서 이렇게 답했다.

“사실 나도 그 문제를 생각해 보았다. 그러나 지금 그 문제보다 주님을 만나야 한다. 그러나 그 어머님의 말씀도 이해할 수 있다. 그러나 지금 그 무엇을 먼저 해야 하나?”

베드로는 당황한 표정으로 사도 요한을 쳐다보았다.

“그러나 그렇게까지 절망적인 것은 아니다.”

하고 베드로는 말했다. 베드로는 말하다 말고 하늘을 쳐다보았다. 그가 이야기한 로마 철학자의 이야기와 이민족의 점성술사의 예고된 그 무엇을 생각했다.

“그들 형제의 비관적인 견해를 너무 내가 안이하게 받아들인 것이 아닌가? 주 예수님의 죽음에 대한 모든 사람의 의견은 일치했다. 그러면, 모든 사람은 한 곳을 향하고 있었는데 나만 지금까지 그들의 유혹으로 받아들인 것은 아닌가?”

베드로가 말했다.

“그래서 성모 마리아는 직접 그 문제를 해결하기 위해 빌라도 총독 부인을 만나기로 결심했다. 그러나 그 문제는 보통의 문제가 아니다. 우리가 지금 주님을 만나야 한다는 것을 아는 내가 그 어떤 결정도 당신의 생각을 따라 할 수밖에 없다.”

사도 요한이 말했다.

“사도 요한, 우리는 지금 모든 것에 신중히 해야 한다. 주님이 저 옥에 갇혔다. 그러나 그 어머님이 거기까지 염려하는지 알지 못했다.”

어머님이 그렇게까지 모든 것을 생각하고 있었다. 우리는 가슴이 찢어지는 고통을 감내하고 있었다. 내가 평소 자주 주님의 집을 왕래하면서 모든 것에 앞장서서 일들을 처리하기를 바라고 있었다. 그러나 우리 제자들은 각자 자신의 보신과 베드로 형제가 맡아서 하는 그들과의 협상이라는 한 가닥 희망의 끈을 놓지 않고 있었다. 그러나 그 어머니는 벌써 모든 것을 정리하고 있었다. 그것은 그 주님의 어머니로서 예감일 것이다. 만약, 여러 가지 경우와 하나라도 잘못되어 사형을 당한다면 분명한 것은 사체가 독수리 먹이가 된다는 것까지 우리는 염두에 두지 않았다.

사도 요한은 베드로 형제에게 강조했다. 베드로 형제도 그것까지는 생각하지 않았다고 했다.

"내가 지금 그 부인을 만날 것이다. 그래서 나는 곧 그 로마 총독의 관리 책임자를 만나기 위해 돈을 준비했다. 이미 주님이 잡혀가고 나는 면회를 하기 위해 그 부인에게 줄 놓은 상태이다. 그런 심부름을 로마 군인인 백부장에게 부탁했다."

베드로는 거의 심신이 지친 상태이고, 얼굴에는 붉은 검버섯처럼 얼룩들이 피어있었다. 우리는 관청 앞에서 하루 종일 답을 기다리고 있었다. 겨우 그 책임자를 만난 시간은 그가 퇴근하는 길에 만났다.

"자정이 넘어 만날 수 있다."

그 관리가 이렇게 말했다.

아마, 그날처럼 그렇게 밤이 길게 느껴졌던 것은 처음이었다. 그날 이후로 베드로는 예수님의 면회를 위해 여러 경로로 애썼다. 그가 처음 찾아간 곳은 로마 백부장이었다. 그는 지하 감옥에서 근무하고 있었다. 처음 그는 "자신은 그럴 힘이 없고 가능성에서 그 이민족인 술탄 형제라면 가능할 것이다."라고 했다. 베드로는 그 말엔 당황해한다. 베드로가 이미 빌라도 총독 부인에게 면회할 수 있도록 편의를 받았지만, 그러나 주님의 사후 사체를 받는 일은 우리가 생각하지 못한 일이었다. 사도 요한도 그 이야기를 하면서 굵은 눈방울이 흘렸다. 늦게 들어온 야고보 형제도 심각한 표정을 하고 있었다.

베드로는 하늘을 우러러보았다.

주 예수께서는 열두 제자와 함께 온 지역을 다니며 먹고 마시면서 만인에게 사랑을 노래했다. 그 이유만으로 지하 옥에 감금되고 종교재판을 앞두고 있다.

야고보는 "이것은 우리에게 징벌이다."라고 했다.

그들이 주 예수를 미워하게 된 동기엔, 특히 주님이 부활을 이야기하고 나사로를 살리자 그들은 주님과 나사로를 음해할 이유를 찾고 있었다.

베드로는 그럴 가능성에 항상 염두에 두었지.

바리새인들은 공회에서 주로 주님을 단죄할 수 있는 방법을 강구했지.

우리는 오랫동안 침묵이 흘렀지.

나는 예루살렘 성벽 그늘에서 주 그리스도를 세 번 부인했지.

만감이 교차하면서 회안이 들고 애석하며 부족하며 지친 내 모습에서 그 구주 예수님은 그 무엇을 보셨을까?

우리 영혼이 참됨 같이 사는 생애를 위해 나는 여기서 죽임을 택할 것이다.

베드로는 이렇게 다짐했다.

오늘따라 달빛이 그를 환하게 비쳤다. 우리는 당신의 종으로써 어떻게 그 어떤 방식으로 주님의 일을 성실하고 존엄하게 해야 하는지 모를 뿐이다.

주 예수님의 다시 생각하면서 우리는 애석하고 부족하며, 이 어린 아들에게 사랑, 믿음, 소망, 용서, 화해, 자유 중에 더 강한 믿음을 주옵소서!

밤은 깊고 심장은 요동쳤다. 어쨌든, 지금은 그 죽임의 결단에 시기가 앞당겨지고 있었다. 아짐의 이야기이나 베드로가 본 지금 주님은 감옥 안에서 혹독한 형벌을 받고 있다. 베드로에게는 시간이 없었다. 죽음의 시간이 시시각각 다가왔다.

저런 형벌이라면 저 지하 감옥에서 옥사할 수 있다는 말까지, 로마 백부장이 그렇게 이야기했다. 결국은 끝이 보였다. 베드로가 본 세상은 주님이 말하는 "이웃을 사랑해라. 너희들을 박해한 자를 사랑해라!" 하는 것 같이 만만하지 않았다. '유다는 결코 자신이 겪은 악마의 미소를 알지 못하고 죽었다. 그가 비록 사악하고 모질게 행동했지만 그만 탓할 수만 없었다. 이것은 우리 제자 모두의 책임이다.' 하고 사도 요한이 생각했다.

그러나 사도 요한은 그것을 우리 제자들과 같이 공유할 수 없었다. 그도 스스로가 십자가를 지고 싶었다. 모든 악업이 그에게 한정해 오고 이런 것은 우리들의 비극이고, 이것 또한 제자들에게는 좋은 징조가 아니라고 확신했다.

사도 요한은 스스로가 확신하며 중얼거렸지만, 그는 베드로의 형제를 부러워했다.

"우리가 할 수 없는 것을 그는 시도했다. 그 죽음에서 다른 생을 찾는 듯했다. 어쩌면 그는 용기 있는 자이고, 나는 실패한 인생이다. 나는 부족하고 초라한 눈으로 볼 수밖에 없었다. 우리는 아무것도 아닌 그런 존재에서는 그것은 어머님이 말하는 부활이란 것인지 모른다. 이런 것이 주님이 우리에게 예고하는 진정한 삶이란 말인가?"

사도 요한은 홀로 중얼거렸다.

군중 등에게 나가 강론을 하고 주 하나님의 가르침을 이야기하면서 지금까지 많은 사람의 시기와 존경을 한몸에 받고 있었다. 그러나 세례 요한이 갑자기 죽임을 당하자 우리는 그 죽음이 우리에게 어떤 것인지 삶과 부활이라는 두 개의 생에 대한 회의를 느낄 수 있었다. 그것이 모두 지금 생각하면 죽음이란 것이 무엇이고, 살아가는 동안의 행복이란 것은 무엇인지 비교하면 이 모든 것이 부질없는 짓이다. 하는 것을 지금 비로소 알 것 같았다. 그것이 아무것도 아니다. 다시 당한 다음에 일어나서 다니면 되는 것이 아니었다. 그렇기 때문에 만약, 주님이 십자가형을 당하고 골고다 계곡에 사체가 버려진다면 그 결과의 끝은 더욱 참혹한 것이다. 우리는 그 결과까지 생각하지 못했다.

그런 생각 끝에 고뇌하던 그 어머니의 꿈은 자식을 낳고 기르고 고뇌하며 지금까지 주님을 돌보신 결과에 대해 심판을 바라고 있다고 했다. 그 심판의 끝이 부정적이고 가혹한 죽음이라도 우리는 끝내 감내해야 하고, 나는 그것을 고뇌하는 것이라고 했다. 그 끝과 시작은 지금부터이고, 그 미지 세계가 어디인지 알 수 없는 곳으로 분명하게 흘러가고 있었다. 나는 그것을 확인하고 싶다고 우리 제자들은 하늘을 향해 외쳤다.

사도 요한도 황당했다. 그런 생각조차 하지 못했고, 우리는 그 어머니의 생각을 짐작도 못 했으며, 그것이 성모 마리아와 우리의 생각에 차이였다. 그 시작과 끝이 보이지 않는 가운데에서도 그 어머니의 신념을 확고했다. 어머님의 말을 듣고 나서 어릴 때를 기억하기 시작했다.

그 청년은 일어나 저 멀리 보이는 수평선 너머를 바라보았다. 그때의 기억은 눈빛이 빛났다는 것. 그러나 그 해맑은 눈빛에 우뚝 솟은 코와 붉은 뺨에 그 모든 고뇌가 담겨 있는 듯이 보였고, 얼굴은 근심 어린 표정과 온갖 것이 그려진 무표정한 얼굴이었다. 너무도 어린 눈동자로는 그것밖에 보이지 않았다. 가난과 기쁨이 전부인 거처럼 그 청년의 눈동자가 빛났다는 것.

"그때의 모습이었다. 나는 당시 너무도 어렸다."
하고 사도 요한은 그 당시를 기억했다.

어쩌면 이런 구속과 박해는 '나사로'를 살리신 주 예수님의 사랑과 은혜가 있었기 때문이다고 생각했다.

그들은 하나를 요구하면서도 둘을 다시 바랬다. 이미 오래전부터 그들 깊숙이 의논되어 왔던 것. 주 예수를 제물로 삼아 징벌하기 위해 바리새인들은 그들의 세속주의와 극단적인 분리주의, 형식적이고 권위적인 특권을 일삼는 것을 은폐하기 위한 수단이나 방법으로 주 예수를 죽음으로 내몰았다. 그들은 사전에 음모를 꾸미고 있었다는 것. 계획적이고 의도적으로 말이다. 그런 '금화' 때문에 자신의 숨소리조차 들리지 못하게 했고. 이제부터 우리에게는 남의 이야기처럼 들릴 수 있었고, 백성의 장로는 그것을 보여 주기 위해 우리를 위협했다.

"완벽하게 엮기."

백성의 장로는 갖은 짓을 다 했다.

그 죽음은 역학의 변수에서 부활이라는 성령을 뛰어넘는 성모 마리아의 외침 소리에 우리는 눈을 크게 뜨고 귀를 열고 입은 닫고 그 답을 찾아가기 시작했다. 나사로를 살린 주님의 능력이 그들에게 죽음의 소리처럼 느꼈는지 모르지만, 그 주님은 마리아가 발아래 꿇어앉아 "내 오라버니가 죽은 지 사흘이." 하고 말하자. 주 예수님은 눈물을 닦으면서 영으로 신음하셨다. 그 모습을 본 베드로와 모든 제자는 그 주님의 사랑을 마음속 깊이 느꼈다.

베드로는 그날 밤의 어둠에 침묵이 지금까지 길게 느껴졌던 것이다.

그런 대화 때문에! 베드로는 '완벽하게 엮였다'고 했다. 더 정확하게 설명하기란 어렵겠지만, 주님이 잡혀간 다음, 베드로가 대제사장 집으로 가는 도중에 백성의 장로를 만났다. 그것도 하필 예루살렘 성벽으로 가는 제일 높은 망루가 있는 곳에 그가 서 있었다. 서로 멱살을 잡고 다투는 것으로 보아 우연하게 만난 것은 아니라고 보았다. 사도 요한이 주님의 집으로 가다가 예루살렘 성벽으로 기어올랐다. 그리고 베드로와 백성의 장로를 보았다.

"'금화'는 어느 정도면 됐냐? 나는 시간이 필요하다. 왜 그렇게 서두르는지 모르겠다. 내가 어디로 도망가는 것도 아닌데?"
하고 베드로가 말했다.

그것은 대제사장의 독촉이 심하다. 그날 밤, 대제사장 집에서 '당신이 그 선지자의 제자가 아니라고 변명을 하는 것'에 대해 그는 나에게 유감을 표시했다. 대제사장은 "내가 당신을 도와준 것을 알고 있다. 그 선지자를 잡아갈 때 당신이 칼을 휘둘러서 종인 말고의 귀에서 피가 났다. 그 문제 때문에 나는 골치가 아프다. 그리고 더욱 난감한 것은, 당신이 '주님의 제자가 아니다.'라고 부인할 때도 내가 도와준 것에 대해 대제사장은 나를 의심한다. 그런 문제로 나의 위상이 말이 아니다. 그래서 더 그들의 입을 막아야 한다."라고 했다. 그런 것은 보통 문제로 그냥 짚고 넘어갈 수 있는 것이 아니다.

백성의 장로는 미묘한 미소를 지으며 말했다. 거의 대놓고 공갈협박을 했다. 그러나 다소 다른 때보다 약간은 가벼운 미소를 지우고 억양을 조절하면서 목소리는 약간 부드러운 톤으로 말했다. 베드로는 그런 것에 더 경악했다. 뒤에서 본 사도 요한은 두 주먹을 불끈 쥐며 이렇게 말했다.

"악마가 따로 있는 것이 아니야. 우리 주변에 있는 모든 것이 악마일 수 있다."

사도 요한은 적어도 그 시간 동안, 아니 우리가 주님의 집으로 가기 전 한 시간 정도는 두 사람의 대화를 보면서 고민할 수밖에 없었다. 너무도 그들의 대화가 정답게 보였고, 적어도 우리에게 다른 오류와 괜한 생각을 하게 만들고 말았다. 내가 주님의 가장 사랑을 받던 제자라는 것!

백성의 장로는 그 하루 전날 밤에도 만나 돈을 요구했다. 결국, 베드로가 그들의 형제들에게 금화를 가지고 올 수 없다고 사도 요한은 그렇게 생각했다.

그랬다!

우선 이민족 친구에게 빌려야 하는 현실을 염려하지 않을 수 없었다. 그런 돈을 빌리는 것은 시장에서 거래를 하던 일수쟁이나 백성의 장로처럼 도매상을 하는 친구 정도라고 생각했다. 지금은 돈도 아닌 '금화'라고 생각하니 그것은 그들 형제에게 말하는 자체가 정의가 아니라고 베드로는 생각했다.

"그것은 마치 도둑에게 돈을 달라는 것보다 더 힘든 것이라고 여겼다. 처음 만난 이민족의 친구가 그 어떤 사람이든 간에 도움을 청한다고 하는 것은 얼핏 생각해도 사람의 도리가 아니다. 그건 친구로서 한 일이 아니라고 생각했다. 그것은 정의롭지 못하다. 정직하지도 못하고. 원칙적이지 못하다. 이 또한 그렇게 생각했다."

하고 베드로는 말했다.

"그 무엇이든 어때?"

하고 말하면서 백성의 장로는 "그들 형제는 그 금화는 늘 가지고 다닌다."라고 말했다.

유다는 자살을 했지만, 인간은 짐승 같은 마음이 언제든 다시 일어날 것이고, 이것이 잠시 사라진다 해도 그 언제 다시 일어날지 모를 그런 것이다. 그것이 정의이든, 인간적이든 그 무엇이 문제인가?

사도 요한은 그것을 주시했다.

이미 주님을 잡아간 날, 베드로는 로마 군인인 백부장에게 부탁을 해서 그 총독 부인에게 면회를 청했다. 이제 겨우 면회를 하라고 지시를 받은 백부장은 다시 베드로의 이야기를 듣자 당황했다. 그는 몹시 불쾌한 표정으로 베드로를 쳐다보았다.

　"선지자님, 나를 너무 쉽게 판단한 것은 아닙니까?"

　그의 표정에서 그것을 엿볼 수 있었다. 베드로도 당황했다. 무슨 이야기를 먼저 해야 할지 몰랐다.

　"내가 로마군인 장교인 백부장을 너무 쉽게 본 것이 아니고 존경을 했기 때문에 이런 부탁을 한 것입니다. 내가 백부장이 항상 그 부인을 모시고 주님의 강론을 듣는 모습을 여러 번 목격을 했고 내가 사막 오아시스 천막에서 그 부인을 만날 때도 거기 책임자로 와 있다는 것을 알고 있었습니다. 다만, 서로의 입장이 있어서 아는 척을 하지 않았을 뿐입니다."

　그는 몹시 당황하고 얼굴까지 붉혔다. 그나마 그것도 기회인 것이었다. 베드로는 백부장에게 빌라도 총독 부인을 마지막으로 만나 내가 할 이야기가 있다고 말했다. 가지고 있던 편지를 그에게 전해주고 혹시 모를 불상사를 예방하는 것도 마다치 않았다. 그는 무엇이든 해야 했다. 이미 베드로의 간곡한 부탁을 받고 주님의 면회를 부탁해서 허락을 받은 상태였다.

　그는 로마의 백부장에게 찾아가 말을 하며 오랫동안 간직한 편지를 그에게 주었다.

　베드로는 며칠 밤을 고민했다. 주님을 만나야 하지만 쉽지 않았다. 로마 군인인 백부장이 지하 감옥의 밤에는 지휘관이지만, 면회는 절대 불가했다. 중죄인이기 때문에 형이 결정되기까지는 그 누구도 만날 수 없다고 법에서 결정되어 있었다.

그리고 베드로라는 자신을 밝히면서 그 편지 안에는 여러 가지 내용을 적었다. 붉은 겉봉투에는 베드로가 늘 쓰던 붉은 인장이 찍혀 있었다. 백부장은 그 붉은 편지를 오랫동안 쳐다보았다. 그는 편지를 가지고 예루살렘으로 갔다. 짙은 어둠 위에 새벽이 다가오고 천지는 운무와 찬 이슬방울로 뒤덮여 있었다. 골고다 계곡을 타고 오르는 운해는 달빛으로 기화된 것이었다. 베드로는 그것을 묵묵히 지켜보았다.

골고다 언덕은 그 누구든 매일 하늘을 쳐다보며 보이는 그곳, 여기 그곳에 얽혀 몸부림치는 지하 감옥을 헤매는 목을 든 사자의 원한 속에 그 어둠의 그림자들이 우리 곁을 떠나지 못하고 서성대면서 애증이 엇갈렸고, 십자가형으로 죽임을 당한 죽음의 사자가 베드로를 부르고 있었다. 저기 우상인 빛바랜 청동상, 예루살렘 시장에서의 민낯, 환상에 사로잡힌 그 공회의 그들 그리고 로마 빌라도 총독과 귀족들이 묵묵히 그를 굽어보고 있었다.

그러자 베드로는 자만하고 탐욕스럽게 살아온 나날들을 회상하며, 그 골고다 언덕 위에서 기도하고 회개했던 것이다.

딱 한 번의 정사는 그에게 온갖 것을 바꿔 놓았다. 베드로는 그 정사로 인해 오랫동안 방황했다. 잠들 수 없었고, 침묵할 수 없었다. 그런 회상이 지금은 너무도 낡고 빛바랜 체념일지라도 그는 지금 지하 감옥에서 옥고를 치르는 주님에게 그 무엇이든 해야 했다. 시간은 마치 지옥 같았다. 그런 지겨운 시간 속에 우리 인간들을 위협하고 통제하면서부터 그 모든 자유와 서로 자유스럽게 살아가는 평등 그리고 인간의 고달프고 외로운 사랑, 이천 년 동안의 고독과 번민 속에 우리는 자유를 부르고 있었던 것이다.

베드로는 예루살렘 궁전 성벽 그늘 속을 응시하고 있었다.

다시 마차를 타고 나타난 그 백부장은 베드로를 그 마차에 태웠다.

"이 마차는 총독 부인이 타고 다니는 마차이고, 그 편지를 보자 이 마차를 내준 것입니다."라고 했다.

로마 총독 관저로 급히 말 머리를 잡았다. 그는 이미 먼저 백부장을 통해서 그 부인에게 부탁한 것은, 그 부인은 오래전부터 베드로가 만난 적이 있었다. 갈릴리 지역을 주님과 돌고 있을 때, 어느 여인이 군중들 사이에서 그를 쳐다보고 있었다.

베드로는 그 생각들을 떠올리기 시작했다.

지방이나 지역을 다니면 별의별 일들이 다 생긴다. 과격한 여인이나 성질이 급한 사람들이 주님을 찬양하면서도 억지를 부릴 때가 많았기 때문이다. 가는 길을 막고 생떼를 부리는 경우도 있고, 죽은 사람을 살려내라고 악장을 부리는 경우도 있었다. 주님이라고 그 모든 것을 할 수 있는 것 아니다. 죽은 사람을 살리는 것도 다 때가 있는 법이다. 그러나 다시 며칠이 지나 그 부인을 대면할 기회가 왔다. 그 부인이 만나자고 그 하인이 찾아왔다.

그 하인을 따라 만난 그 부인은 너무도 아름다웠다. 평생 그런 여인을 만나 수 있는 것도 행운처럼 느꼈다. 그런 행운 앞에 그 부인은 로마 귀족 부인이라는 것에 또다시 놀란다.

"나를 찾은 이유가 특별하게 있나요?"

베드로는 정중하게 말했다.

"조금 건방진 것이 아닌지 해서 여러 날을 기다리고 있었습니다. 나는 여러 시간을 그 선지자와 당신의 말씀을 듣고 감명을 받았습니다."

그 부인은 뜬금없이 이야기하지만 말의 내용에는 절제된 표현들이 들어 있었다.

"나는 그 선지자의 말씀이 다 옳은 것은 아니지만, 그것은 나에게 잊지 못할 삶의 이유를 찾은 것 같습니다. 그것이 내가 그런 진리의 말을 동경하게 된 이유입니다. 여러 주일 동안을 기다리고 있었지요?"

그 부인은 주님의 "진리가 너희들을 자유롭게 하리라." 하신 말씀을 듣고 감명을 받았다고 했다.

"'나는 곧 길이요 진리요 생명이니 나로 말미암지 않고는 아버지께로 올 자가 없으니라.' 나는 그 말씀이 나의 생에 이유를 찾았다." 하고 그 부인이 말했다.

"'그것이 진리요 길이요 생명이니' 한 말씀은 진리와 생명에는 연관성이 있고, 길이라는 것은 우리들의 삶인가요?" 하고 그 부인이 물었다.

"우리 사람들에게는 진리보다 우선인 것은 생명입니다. 그러나 인간에게 신분사회가 생기고 갈등이 폭발하면서 사람들에게 틈이 생긴 것이죠? 그 틈을 메우기 위한 것이 종교입니다. 사람이 태어나고 살아가면서 그 무엇인가 두려움과 갈등이 발화하면서 생긴 것이 종교입니다. '종교'의 최대 목적은 믿음입니다. 부인께서도 '성경'을 읽고 나서 믿을 수 없는 것과 믿을 수 있는 것이 확연하게 구별됩니다. 그러나 우리는 그 말씀을 믿어야 다른 성령이나 갈등 등을 극복할 수 있는 믿음을 주 하나님이 주시지요? 달리 말해서 이것은 생활적이고 철학적인 것입니다. 그 안에 진리가 있습니다."

"그다음이 길이고, 생명입니다."

하고 베드로는 그 말을 강조해서 말했다.

"종교가 생활에 상반될 때도 있네요?"

하고 그 부인이 말했다.

"그러니까? 말씀드리기가 송구하지만, 사람은 처음부터 노예나 종으로 태어난 것은 아니라는 것이죠? 태어나고 나서 인간들의 횡포와 갈등으로 생긴 부산물 같은 것이죠? 우리가 예속되어 있는 것이 어느 순간에는 자유를 찾을 수 있는 희망을 노래하는 것이죠?"

그 말에 그 부인은 하늘을 하염없이 쳐다보았다.

그 이후, 갈릴리 지방에 있었는데, 그 부인이 로마 총독의 부인이고 여기 갈릴리 지방에서 오랫동안 칩거하고 있다는 말을 전해 들었다. 그 부인은 가끔 하인에게 베드로를 불러 차를 대접했다. 그 차는 멀리 동쪽 지역에서 가지고 온 귀한 차라고 했다. 하긴 그는 처음 맛본 차였다. 그 부인과는 여러 날 동안 대화를 했다. 그 부인은 인간이 무엇인지에 대해 고심했고, 베드로도 당시 제자로서 얼마 되지 않아 모든 것이 낯설고 서툴렀다.

베드로도 그 부인처럼 모르기는 마찬가지였다.

"인간이란 무엇인가?"

그 부인이 물었다.

베드로는 처음 당황했지만, 차츰 군중 속에서 대화하던 그때를 생각하면서 이렇게 말했다.

"사람은 기도를 매일 합니다."

하고 베드로는 그 부인에게 너무도 진부하고 엉뚱한 답을 했다.

"기도를 하면서 그 무엇을 염원하나요?"

다시 그 부인은 엉뚱한 답을 요구했고, 그녀는 자신 속에 있는 자아실현을 위해 몸부림치는 것 같았다. 함초롬한 아름다운 얼굴이었다. 그 부인은 자신의 자아를 숨기지 않았다. 베드로는 그런 면을 보았다. 그 누구도 자신의 자아성찰을 위해 거짓이 없는 아름다운 표정이나 마음속에서 우러나오는 자연스러운 자아 말이다. 그는 그 부인의 이야기를 듣는 것처럼 그런 생각에 빠져 들어갔다. 베드로가 강론을 한 적은 있어도 들은 적은 처음이었다.

"인간은 미욱하고 어리석다고 하죠? 어느 때는 굶주림에 남의 것을 훔치기도 하고 다른 여인에게 흑심을 품을 수도 있습니다. 그것은 남의 것을 탐내고 간음을 할 수도 있죠? 그러나 우리 율법(모세의 율법)에는 그 범죄를 강하게 처벌하고 있습니다. 그래서 그런 죄는 기도하고 회개하며 주 하나님에게 용서를 구해 갑니다. 가량, 옛날에는 돌로 쳐죽이는 법도 있었죠?"

베드로가 말했다.

그러자 그 부인은 "돌로 쳐 죽음을!" 하고 외쳤다.

"주 예수께서 '내가 곧 길이요 진리이며 생명이니.'라고 말씀하신 것은 살아 있는 사람은 꿈을 꿀 수 있다는 것이죠? 우리가 꿈을 꾸지 않는다면 이 얼마나 삭막한 삶을 살아가겠습니까? 하지만 꿈이 모두 현실이 되는 것은 아니겠지만, 그러나 그 희망을 위해서라도 꿈을 꿔야 하지요? 그러기 때문에 우리는 매일 기도를 하고 주 하나님의 말씀을 따라 살아가는 것이죠?"

베드로가 말했다.

"늘 기도를 하나요? 무슨 기도를 하죠? 기도라는 것은 고개를 숙이고 마음속으로 자신의 영원을 기원하는 것인가요? 그러면 가족이나 친지들을 위하여 기도하고 그 선지자와 제자들을 위해서도 기도를 하나요?"

하고 그 부인이 물었다.

"아, 아닙니다. 사람마다 다 기도하는 것이 다릅니다. 그날 그 날 매일 매시간을 위해 기도하며, 자신의 잘 잘못과 잘된 일에 대해서 기억하며."

하고 말했다.

"그러면서 마음의 평화를 바라고 자신의 가족과 친지와 친구들을 위해 기도합니다. 물론, 자신을 위해서도 기도하겠죠?"

하고 그는 다시 말했다.

"그런 진정한 삶이 있나요?" 하고 그 부인이 다시 물었다.

"다 그런 것만은 아니겠지만, 우리는 지혜로운 인간이기 때문에 무엇이든 가능하다고 말씀하십니다. 그 말씀도 주 예수님의 말씀이지요? 마음속으로 그 무엇을 바라고 기도하는 것은 저 하늘에 계신 주 하나님을 시험하는 것으로 볼 수 있고?"

베드로가 거기까지 이야기하자 그 부인은 그의 손을 잡는다. 놀란 그는 조금 몰러 서자 그 부인은 부끄러운지 잡은 손을 뺀다. 다시 잡았다.

"우리 두 손을 잡고 기도해요."라고 하자 베드로는 그것까지는 뿌리치지 못했다. 이곳은 사막으로 나가는 국경선 지역이었다. 낮에는 황금빛 사막이 빛나고 밤에는 모든 별빛이 쏟아내는 그런 주 예수님이 자주 찾아와 기도를 드리는 곳이었다. 그 부인은 가까운 곳에서 요양을 하고 있었다. 가끔가다 정신공황 상태가 지속되고 있다고 했다.

베드로는 조금 이외이지만 그럴 수 있다고 생각했다. 더욱이 총독 부인이 한 말에는 여러 가지 함축된 뜻이 포함되어 있었다. 인간들의 본연의 가치는 무엇인가? 그 본연의 가치와 명제가 무엇인지 모르기는 그도 마찬가지이었다. 베드로는 그가 지금 주 예수님과 같이 거친 광야로 나와 어질고 가난한 백성 등을 위해 주유하는 것. 바로 그것을 찾으려는 것! 그러나 지금 생각하면 그것이 아닐 수 있다는 것? 그런 물음에는 정확하게 답할 수 없었다. 혹시 모르지 그것을 찾기 위해 광야에서 헤매고 소리치며 기도했는지?

"나는 길이요 진리요 생명이니 나로 말미암지 않고는 아버지께로 올 자가 없으니라."

우리는 그 말씀을 가지고 오랫동안 소통했다. 알면 알수록 신비하긴 마찬가지이고, 지금 그 빌라도 총독 부인이 여기 유대 땅에 부임하지도 얼마 되지 않았다. 그리고 베드로도 주님의 제자가 된 지 얼마 되지 않았다.

"저도 아직은 그런 거까지는 생각하지 않았고, 그러나 인간은 말없이 태어나고 허무하게 죽는다는 것이 그 얼마나 이상하고 가치

없는 행위입니까? 우리 주 예수는 그런 근원적인 문제를 가지고 사람들과 대화하고 그 가치 있는 말씀과….”

그는 너무도 이상한 기분인 가운데서 다시 말을 이어갔다. 베드로는 이런 부인이 로마 귀족 부인이라는데 다시 한 번 놀란다. 그 부인은 너무도 순수했다. 로마인이기엔 여러 가지 살펴봐야 했다. 생각하는 것이나 사상과 행동 그리고 사람들의 번잡한 몸짓 등등이.

베드로는 그 뭣인지 모를 그런 상태에서 그 부인과 대화를 지속했고, 그는 처음 본 낯선 여인과의 만남이 능히 즐겁고 한편으로 당황했다. 그러나 그도 인간이기에 부인과의 대화를 마다할 아무 이유도 찾지 못하며 그는 어느 날인가 다른 지역에 잠깐 다녀온 사이에 로마에서 온 귀한 본과 예루살렘으로 떠났다는 편지를 남겼다. 지금까지 모든 것을 잊고 있었다.

이 생각을 하면서 주님 얼굴이 떠올랐다.

다른 하급 서기관이 나왔다. 사도 요한은 아무 말 하지 않고 그의 품속에 동전을 주었다. 그가 가는 곳으로 따라갔다. 대리석으로 치장한 로비를 지나 각종 야자수와 꽃들이 만발한 정원을 지났다. 하얀 두건을 깊이 두른 그는 다른 사람들을 만나는 거조차 기피했다. 그러나 여기는 관저에는 아직도 많은 사람이 오고 갔다. 뜰을 지나서 다시 별관을 지났다. 다시 별관이 나오고 그곳에 우리는 멈췄다. 그 안내인이 안으로 들어가자 사도 요한은 다리를 꼬고 앉아 베드로에게 그곳에 있는 의자에 앉으라고 권했다.

베드로는 서서 이렇게 말했다.

“부인을 만나러 왔는데, 앉아서 기다리는 것은 실례가 된다.”라고 했다.

나 '사도 요한'이 그를 가장 잘 이해하는 제자 중의 한 사람이었다. 우리는 자나 깨나 주님을 위해 기도했고, 우리 제자들의 다툼을 몸소 매일 보았다. 그의 속은 아마 까맣게 타 있다고 생각했다.

"어머님은 어떻게 지내는가?" 하고 물었다.

베드로는 지쳐 있었다. 검은 검버섯 반점이 선명하게 보이고 우울한 표정과 마음의 상처로 표정은 극도로 쇠약해 보였다. 하얗게 질린 표정에는 무거운 근심과 비애가 서려 있었다.

"나 '사도 요한'은 그래서 매일 그 어머님을 위해 주님에 집에 가서 그 어떤 일도 마다하지 않았습니다. 나는 그 어머님의 종복입니다." 하고 사도 요한이 말했다.

그는 조금은 안심했는지 눈을 지그시 감고 있었다. 눈에는 어느새 눈물이 보였다. 곧바로 백부장이 나오고 그 부인도 따라 나왔다. 그 부인은 어둠과 빛이 변화하면서 그 뭣인가 찾는 듯했다.

"여기까지 오시게 해서 미안합니다. 그것이 여기에 관례이고 해서. 자, 이러지 말고 안으로 들어가서 이야기하시죠?"

그 부인이 말했다.

"오, 부인이요, 감사합니다."

그는 감격해서 무릎을 꿇으려다 넘어진다. 그러자 부인은 일으켜 세운다. 아름다운 정원 안으로 바람이 스쳐 지나갔다. 그는 사막에서 불어오는 비정한 바람과 더위와 답답함 속에서 이야기를 쏟아냈다. 실내에는 희미하게나마 붉은빛이 보이고, 하급 여급인지 따뜻한 차를 가지고 왔다. 사도 요한은 조금 떨어져 있었지만, 두 분의 이야기는 들을 수 있었다.

"이렇게까지 온 것은 다름 아니라, 주님이 언제 죽임을 당해도 우리는 그 누구도 원망하지 않을 것입니다. 우리가 여러 지방을 다니면서 로마 총독에게 불필요한 말을 하고 또한 불필요하게 사람들을 몰고 다니는 것은 죄가 된다면 죄가 됐겠지요?" 하고 베드로가 말했다.

"무슨 말씀인지는 모르겠지만, 죽임을 당한다는 것은 당치 않은 말입니다. 우리 로마 총독은 그런 결정을 내린 적도 없고 다만, 그곳에서 많은 사람이 우려를 표시하고 공개적으로 공문을 보내 주예수를 공개 재판을 해야 한다고…."

그 부인은 그렇게 여러 가지 변명과 긴 숨을 몰아쉬며 뒤 섞인 이야기들을 쏟아 냈다. 거리만큼이나 이야기는 소통되지 않았다. 그 부인은 '그 선지자의 고발'은 그들이 했고, 우리 로마인들은 아무 상관이 없다고 했다. 사도 요한은 옆에서 안타까움에 이마에서 땀을 닦아 냈다.

"우리 총독은 그들의 제소와 성토에 대해 여러 번 반려하고 나도 그 일에 대해서는 반대 입장을 전했습니다. 그러나 어제 저는 그를 지하 옥에 가뒀다는 놀라운 사실을 들었습니다. 그것은 업무적인 착오로 곧 풀려날 것입니다. 염려하지 마시고 집에서 기다리면 집으로 돌아갈 것입니다. 그리고 그곳에는 로마 백부장이 근무하고 있으니 아무 염려를 하지 마시고."

총독 부인의 이야기에 베드로는 기가 막혔다.

"다만, 나는 여기 온 것은 이런 부탁을 하려고 왔지만, 입이 떨어지지 않아….”

베드로가 거의 들리지 않을 정도로 이야기하고 있었다.

“무슨 이야기인지 잘 모르겠지만?”

하며 그 부인은 사도 요한을 돌아다보았다. 그러자 베드로는 곧바로 이야기를 시작했다.

“주님이 십자가형을 당하고 나면 그 시체를 골고다 언덕 밑으로 버리는 것이! 그러나 부인, 나는 애원합니다. 주님이 죽임을 당한다 해도 사체만은 우리에게 돌려주시면 감사하겠습니다.”

하고 했다.

“무슨 말씀인지, 나는 그가 곧 풀려날 것이고 십자가형이라는 것은 처음 듣는 소리입니다. 우리는 그런 소문을 그들이 일부러 내는 것이라고 생각합니다. 그렇게 우리에게 그 죽음을 몰아가서 자신들의 책임을 우리에게 뒤집어 씌우는 것으로 생각합니다. 그는 아무 잘못도 하지 않았고 우리가 문제로 삼은 적도 없습니다.”

하고 부인이 애원하듯 말했다. 사실 베드로는 이 순간을 기억조차 해내지 못했을 것이다. 혈압이 오르고 나중에 비틀거리자 사도 요한은 그를 잡았다. 그 부인이 따져 묻듯 물었다. 우리 자신들의 문제라는 것을 확인이라도 하듯 했다. 그 부인은 특별하게 설명을 하지 않았지만, 베드로의 이야기는 어느 정도는 이해한 것으로 보였다.

“예, 그러나.”

베드로는 그 말에 당황한다.

“아! 하지만 ----?”

“우리는 꼭 ----?”

그는 이렇게 소리 내어 외쳤다. 이렇게 이야기는 거리만큼이나 평행선을 달렸다.

"주 예수가 죄가 없고 로마인들은 그 죄를 한 번도 거론한 적이 없다고 했습니다. 같은 사람들끼리 작은 문제들을 가지고 다툼을 보이고 서로들 조금씩 양보하면 될 일이지만, 이런 상황 등은 로마 총독으로 보는 견해는 편치 않다는 것을 말씀드립니다."
하고 그 부인은 왠지 꺼림칙한 말투로 말했다. 우리 종족들을 모두 힐난했다.

"나는 당신의 편지를 보았습니다. 처음에는 누구인지 잘 알지 못했지만, 사람이란 사람이 할 수 있는 것과 할 수 없는 것이 있지요? 우리가 간혹 살아가는 내내 할 수 없는 일을 할 때가 있지요? 내가 당신의 부탁을 충분히 인지하니 들어가서 살펴보겠습니다."

베드로는 그 말에 앉은 자세에서 거의 엎드릴 정도로 인사했다. 그 부인은 그를 일으켜 세웠다.

사도 요한은 곧 베드로를 잡았다. 우리는 그런 이야기를 듣고 나왔다. 상반된 이야기뿐이었다. 천국과 지옥의 무게만큼이나 긴 시간이 지나갔다. 그는 긴 한숨만 몰아쉬었다. 거친 숨과 하루의 긴장이 녹아 내는 피로가 몰려왔다. 거의 쓰러질 뻔한 그를 잡아 그 돌 문턱에 앉게 했다.

또다시 기다림에 연속이었다. 그 이후, 사도 요한은 그날의 기억을 되살리기 시작했다.

그날 밤의 하루는 별거도 없이 찾아왔다.

사도 요한이 태어난 갈릴리 호수가 지나 거의 이민족 경계선 지역까지 주 예수님과 강론을 하기 위해 여행을 하는 중이었다. 저녁 무렵에 그 부인의 여급이 사도 요한을 찾아왔다. 그 여급은 초조하고 어리둥절하면서 까만 눈동자를 반짝이며 "베드로 형제를 만날 수 있을까요?" 하고 물었다. 그는 지금 바쁘니 내일 다시 오라고 말했다. 그래도 그 여급은 가지 않고 그곳에 앉아서 기다리며 사도 요한의 속을 썩였다. 그 여급은 "오늘 그 부인이 주님의 말씀과 후원금을 전달하기 위해."라고 말했다. 오늘은 그 여급이 까만 눈빛을 보이며 고집을 부렸다. 그런 일이 자주 있었고 그냥 지나가려니 했다.

그러나 그 여급이 '후원금'이라고 했다. 그래서 사도 요한은 그 여급이 말한 후원금이라는 말에 시작된 장난이고 그래서 거짓말을 하고 베드로를 만나게 해 주었다.

그 정사는 지금도 꿈만 같았다. 하룻밤의 정사는 그 어떤 동기가 있어서도 아니고 다만, 어느 날 갑자기 우연한 만남과 석연치 않은 동기로 서로 변명의 여지가 없는 하룻밤의 정사였다. 여름밤의 장난처럼 시작된 만남이 동기이었다. 사도 요한은 베드로에게 이렇게 말했다. "저기 보이는 바위산 아래 오아시스 천막촌에서 어느 부호가 베드로 형제를 만나고자 합니다. 그들은 베드로 형제를 만나 주님의 말씀을 듣고 우리에게 기부금도 전달한다고 제안을 했습니다." 그는 아무 의심도 없이 그곳으로 갔다. 사도 요한도 베드로가 그곳으로 떠난 이후 그곳으로 뒤쫓아 갔다.

그런데 멀리서 보이는 그곳은 화염이 치솟았다.

사도 요한은 작은 나귀도 없이 그곳으로 뛰어갔다. 아무리 빨리 뛰어가도 제자리이었다. 가까이 다가가니 도적떼인지 알 수 없는 자들이 칼을 들고 날치고 있었다. 천막촌에는 불길이 치솟았다. 붉은 화염 빛이 귀에 들리고 입으로 보이면서 거기에 베드로 형제가 있었다. 사도 요한이 도착할 무렵에는 거의 진정된 상태에서 그를 쳐다보았다. 그곳에서 기다린 사람은 그 총독 부인이었다. 가까이 가서 보니 그 부인은 큰 상처를 당했다. 베드로 형제는 그 부인을 무릎에 앉히고 어쩔 줄을 몰랐다. 사도 요한은 베드로에게 "내가 가서 의원을 데리고 오겠다." 하고 그는 거기에 있던 작은 나귀를 타고 사막을 가로질러갔다. 그곳은 그가 어부 시절에 고기를 잡던 곳으로 잘 아는 곳이었다.

사도 요한은 아는 의원을 데리고 그곳을 도착하니 새벽이었다. 거친 바위산이 우뚝 서 있었다. 가까운 오아시스 천막촌 사이에는 바위산이 병풍처럼 둘러싸인 여름 새벽의 비경은 아름다웠다. 어스름한 옅은 푸른 비취색 연무가 대지 위로 내려오고 모든 만물이 고희 잠든 시각에 이미 그 누군가가 와서 그 부인을 치료하고 있었다. 그래서 사도 요한은 부끄러운 장난으로 인해 생긴 것에 참담한 마음을 하고 그곳에서 나왔다. 그 이후, 며칠간 베드로 형제는 그 부인을 치료하느냐고 그곳에 있었다. 그 이후, 거기에서 일어난 사고와 정사라는 말이 돌았다. 베드로는 그곳에서 거의 일주일간 잡혀 있었다.

사도 요한은 베드로가 출장을 갔다고 들러 됐다. 그러나 베드로에게 소문은 쉽게 가라앉지 않았다.

베드로는 곤경에 처한다.

불륜이니?

간통이니!

결국은 정사라는 말이 돌았다.

7장
유다의 항변

    주님은 지하 감옥에 갇혀 있고 그곳에 있는 성벽 그늘 망루에서 유다는 자살을 했다.

    지하 감옥 안으로 들어가는 문 안으로 어둠과 새벽이 변하고 곧 아침이 되면 로마광장에서 종교재판이 열릴 것이다. 거친 흙먼지와 이상한 냄새까지 여긴 사람이 살 곳이 아니라고 사도 요한은 생각했다. 베드로는 더한 기분이 들었을 것이다. 그런 표정이었다. 그리고 왜 주님을 이런 곳에 가뒀는지 이해할 수 없었다.

    베드로는 유다를 생각하면 그날 밤, 그가 마지막 주 예수님을 보기 위해 대제사장 집 앞에 나타났다. 그는 무릎을 꿇고 앉아서 그들의 종들에게 주님이 모욕을 당하는 모습을 직접 보았다. 그 모습을 본 유다는 이미 어디서 잔 듯 술에 취해 미친 사람처럼 서 있었다. 약간 벗겨진 머리털을 쓸어내리며 희고 하얗게 질린 무표정한 얼굴로 서 있었다. 안드레는 그를 보자 강하게 질책하며 그곳에서 밀어냈다.

아짐은 밖에서 다투는 상황을 막고 베드로는 흥분해서 하늘을 우러러 통곡을 했다. 그 이후, 유다는 그 자리를 떠났다. 힘없이 물러나는 유다의 뒤 모습에서 베드로는 죽음의 그림자를 본 것이었다. 그가 매번 그의 뒷모습에서 본 달빛 그림자가 그것이었다. 예루살렘 성문을 빠져나올 때 그곳 망루 제일 높은 곳, 나무에 목을 매고 유다는 자살을 한 것이다. 채 눈도 감지 못하고 달빛 그림자 뒤에 숨은 그림자의 눈빛은 그곳을 향하고 있었다.

'왜, 그럼 그가 그런 짓을 했을까?'

유다는 대제사장 집 앞에서 이렇게 통곡했다.

"주 예수님의 죽음은 내 잘못이 아니다. 이미 그의 죽음은 어느 정도 예고되어 왔고, 우리 제자들은 모두 죽음에 대해 침묵했다. 우리 모두가 자신의 미래만 보며 무관심하게 그들의 흉계를 보았다. 이미 세례 요한의 죽음에서 예견된 죽음이었다. 나는 다른 제자들보다 주님의 안녕을 위해서 그들을 여러 번 만난 것을 베드로도 알고 있다. 당신이 돈을 주어서 나를 그들에게 보내지 않았느냐? 너희들은 모두 무능력자로 나만 탓하지 말라! 그것은 모든 근원의 원인은 나사로가 죽은 지 사흘 만에 다시 살아나게 한 것이 원인이다. 그 선지자의 잘못이다!"

그는 베드로를 향해 삿대질을 하며 울부짖었다.

또한, 그는 "유대인들은 이미 주 예수를 이단자로 낙인을 찍고 죽음을 위해 기다리고 있었다."라고 했다.

유다는 사도 요한을 증오에 찬 미소와 질책을 하며 쳐다보았다.

"너는 진정 주님의 제자가 맞느냐? 그 주님이 너를 가장 아끼고 옆에 둔 제자로 알고 있다. 그러나 너는 그때, 그들과 오아시스 계곡에 앉아 여인들과 유희를 즐기며 베드로 형제에게 흉을 보며 욕을 했다는 것을 나도 알고 있다. 하긴 나도 그곳에 있었으니 말이다."

유다의 질책에 나는 사지가 찢기고 심장이 뜯기는 마음의 고통을 받았다.

나는 어느 정도는 그런 사실을 인정한다. 나도 백성의 장로에게 당했다. 유다가 베드로와 그들 형제의 유희를 즐기는 장면을 보게 했다. 그날처럼 나에게 곤혹스러운 날이 없었고, 혼자 돌아올 때 백성의 장로의 꾸임에 빠져 그곳에서 단 하루 여인들과 유희를 즐긴 것뿐이다. 우리 제자들과 나도 비켜서서 본 바로는 베드로가 백성의 장로에게 처절한 정도로 압박을 받았고 우리가 생각했던 것보다 더 많은 돈과 시간을 허비했다. 그런 추상 속에는 연민과 가혹하니만치 비애가 따르면서 비굴하게 백성의 장로의 협박을 못 이기는 척했다.

그가 죽음의 여행을 떠날 때도 나는 그 사실조차 성모 마리아에게 그 이야기를 해야 했다. 그 당시에는 무엇 때문에 하지 않았는지 지금도 이해하지 못하지만, 그것은 유다가 같이 가서 보여 준 베드로와 그들 형제의 유희 때문에 그렇게 했는지. 베드로가 자신을 시험하는 것을 지켜보는 것은 사실적이고 정의로운 것인지?

나는 그런 정의와 추상, 이 시가지 그리고 예루살렘 거리, 여긴 내 어릴 적 친구들과 뛰어놀 던 그 자리는 온데간데없고 을씨년스러운 슬픈 자국과 주님의 말씀에 흔적들만 홀연히 떠돌고 있다. 나는 그냥 베드로가 하는 것을 지켜본 다음 그 무엇이든 그때 결정할 것. 그럴 생각이었다. 이것은 아마 나의 질투와 경계심으로 생긴 못된 장난 같은 것인지 모른다. 주님에게 가장 큰 사랑을 받던 제자이다. '죽음이 아니, 이제는 죽음만이 우리가 느끼는 이성과 그들이 느끼는 감정이 다를 수 있다.'

하고 사도 요한은 생각했다.

그런 것은 여러 가지 정황에서도 나타났다. 야고보는 세례 요한이 죽임을 당하자 이런 생각을 했다.

헤롯왕이 그의 동생 부인인 헤로디아와 불륜을 저지르고 있을 때.

"동생의 부인을 차지하는 것은 옳지 않은 일이다!"

하고 세례 요한이 헤롯왕에게 외쳤다.

그 당시 주 그리스도가 세례 요한에게 물로 세례를 받았다.

"회개하라 천국이 가까이 왔느니라."라고 세례 요한이 주 그리스도에게 외쳤다.

주 그리스도가 물로 세례를 받자 하늘이 열리고 하나님의 성령이 비둘기같이 내려 자기 위에 임하심을 보시었다. 주 그리스도가 성령으로 이끌리어 사막에서 마귀에게 시험을 받고 광양에서 외치기 시작했다. 그러자 유대인들이 주 그리스도를 "죽은 자 가운데 살아났다."라고 말했다.

'죽은 자 가운데서 살아났다 하며 이런 자는 또한 옛 선지자의 한 사람이 다시 살아났다.'

그런 이유로 제사장들은 주 예수가 위험인물이라고 헤롯왕에게 부추긴다.

그들은 "주 예수가 세례 요한의 죽은 자 가운데서 살아났다." 하며 겁을 먹고 주님을 빌라도 총독에게 음해하기 시작했다. 그러나 처음 빌라도 총독은 "그가 죄가 없다." 하고 나서 헤롯왕에게 청원을 돌려보냈다. 그러나 이제는 공회의 장로부터 서기관들까지 나섰고, 대제사장들도 다시 그를 죽이자고 빌라도에게 강력하게 청원을 했다. 그러자 마지못해 빌라도 총독은 주님을 공개 재판을 열기로 했다고 야고보가 덧붙였다.

그래서 나는 형님인 야고보를 만나 베드로 형제의 걱정들을 전했다. 베드로는 매일 만났던 그곳에 앉아 긴 한숨을 내쉬며 하늘을 보고 탄식했다. 거의 자아를 상실한 사람처럼 보였다. 이런 여러 가지 이유로 보면 그들은 오래전부터 이런 죽음을 계획했던 것. 예고된 죽음이! 이런 이유로 해서 나도 더 이상은 참을 수 없었다. 저항해야 한다. 이제는 앉아서만 당할 수는 없다. 우리 모두가 비폭력 무저항주의로만은 안 된다! 이것은 우리가 죽고 사는 문제를 떠나 있다. 그냥 멈춰서는 더는 안 된다.

그도 그럴 것이 그들은 사악하고 흉측했다. 이미 술탄 형제들이 베드로에게 예언했듯, 그들은 결국은 금화를 받는다 해도 절대 주 예수만은 놓치지 않을 것이며, 그들 내부 세력들이 원하든 원하지 아니하든 주 예수는 그들에게 크고 거대한 덫이고 재앙이면서 그래서 그들은 꼭 제거해야 할 인물이었다. 그러나 유다가 자살을 선택했지만, 베드로는 그 어떤 것도 이루지 못하고 죽음과 삶에서도 부활이라는 정의를 찾지 못했다. 자연의 재앙 앞에서 그는 무력하게 무관심과 무능함만 보이면서 그 모든 제자가 '우리들의 반석'이라던 것은 허구에 불과했다. 결국은 '금화'라는 화두만 그 모든 사람에게 각인되고 나서 인간 등이 돈이라는 욕정이 기도보다 더욱더 바라고 그것을 지키기 위해 자신의 영혼까지 사탄에게 판, 간음죄를 지은 것이다.

베드로는 모세의 율법인 간음의 죄를 범하고 회계하고 기도하며 그날 밤을 보냈던 것이다.

죽음과 삶의 시작으로 혼란이 가중되고, 밖에는 거친 모래바람이 휘몰아치고 두터운 잡념을 깬 이 자연의 재앙 앞에서 그들은 우리에 징벌을 원했고, 우리는 자신의 안전만을 위해서 어둠이 내린 지하 옥으로 들어가는 그 망루. 베드로가 그곳을 지날 때 환하게 달빛이 빛났고, 유다는 그곳에 서 있었다. 그리고 백성의 장로도 서 있었고, 그 등 뒤에는 두건을 깊게 쓴 그 누군가 있었다. 백성의 장로가 약속한 "내일 광장에서 최종 재판이 있을 것이다. 거기서 우리와 시민들의 반응에 따라서 유월절 사면 등이 결정될 것이다."라고 했다.

"이 또한, 거짓이었나?"

사도 요한이 속으로 중얼거렸다.

"주 예수께서는 죄가 없다."

죽기 전, 유다는 대제사장 집 앞을 떠나면서 이렇게 외쳤다.

"그것은 당신들의 생각일 뿐이다. 그가 지금까지 말했던 것은 세상 속의 해악과 세상 사람에게 준 혼돈에 대한 책임이다."
라고 대제사장이 말했다.

'이민족인 술탄 형제와 금화'

유월절이 다가오고 베드로가 급한 볼일 때문에 사막에 잠시 다려오는 사이에 이런 말이 화두가 되었다.

"곧 형벌이라는 죄에 대한 응징을 당할 것."

백성의 장로는 이렇게 협박했다.

그 백성의 장로를 처음부터 악독한 자이고 사탄이었다. 그것은 베드로가 백성의 장로에게 돈을 꾸는 것을 보고 나서 나도 그 백성의 장로를 만났다. 그 이후, 줄곧 그와 술을 마시기 시작하면서 꼬임과 협박으로 모든 것이 엉키면서부터 나는 더욱 혼란에 빠지기 시작했다. 그러나 제자들은 형벌도 징벌이지만, 그 이민족인 술탄 형제 때문에 생각이 이완되었다고 생각했다.

그 이후이지만, 내가 그 모든 것을 어머니에게 털어놓지 않는 것을 가지고 후회하고 있었다. 내 비망록에도 나의 의심은 빼놓고 서술했다고 사도 요한은 기도하듯 중얼거렸다.

8장
지하 감옥

예루살렘 거리는 쥐 죽은 듯 조용했다.

베드로는 지하 옥으로 들어갔다. 현관 앞에 로마의 지휘관인 백부
장은 문 앞에 서 있었다.

백부장과 악수를 했지만 너무도 찬 손이기 때문에 그는 흠칫 놀란
다. 어두운 지하 옥으로 들어가는 입구는 죽음의 망자가 자신의 자
린 목을 들고 서 있었고, 한 죽음의 영혼은 베드로에게 "여기 갇혀
있는 선지자를 보러 오신 것." 하고 외쳤다. 그는 그것을 잊기 위해
백부장에게 다가가 무엇인가 묻고 있었다. 뒤에서는 아무 말도 들
리지 않았다. 서로 손짓을 하고 큰 소리만 들려왔다. 베드로는 몹시
서두르는 입장이었다. 사도 요한은 참지 못하고 앞으로 다가갔다.
앞장서서 말을 하려고 하자 그는 사도 요한의 입을 막았다. 하지만
여기서도 베드로는 허기와 모질고 힘든 시간 속에 거의 착각이 들
정도로 정신이 혼미했다.

그는 지상에서 지옥으로 내려가는 중간지점인 연옥 속에 갇혀 있는 느낌이었다. 지하 계단 층계참에 서서 그 창문 틈새로 들어오는 별빛과 달빛을 향해 우리 모두 같이 영혼의 기도를 시작했다. 지하 감옥으로 들어가는 문 앞에는 죽은 영혼들이 춤을 추며 우리를 기다리고 있었다. 이 소스라치는 듯 비정한 지하 옥 문앞에는 죽음의 망자들이 서로를 물어뜯고 흉을 보며 눈이 먼 장님도 같은 악담을 늘어놓으며 큰 소리로 외쳤던 것이다. 그런 소름이 끼치는 비명소리를 들을 수 있었고, 계단과 통로들로 들어가는 실내에는 그 죽음 망자 가족들이 나와 통곡하며 여기 갇힌 선지자를 찾는 듯 외치고 있는 것이다.

사도 요한도 여기 죽임을 당한 망자가 자신을 목을 들고 지하 감옥을 배회하는 것을 보았다. 사도 요한은 보는 것만 해도 미칠 것 같은데 그때 베드로의 심정이야 어떨지 베드로의 마음을 생각해 보았다.

우리는 기도를 하며 말없이 그 자리에 서 있었다. 그러자 이 비정한 시간은 너무도 오랫동안 우리를 괴롭히고 있었다. 다른 로마 군인이 아직 그 자리에 서 있었고, 로마 백부장하고 무엇인가 열심히 말을 하고 있었다. 베드로는 그 시각 마저 어지러워 비틀거렸다.

그러나 베드로는 다시 정신을 차리고 곧바로 정색을 하며 이렇게 말했다.

"지금 만날 수 있나요?"

그는 아무 말 없이 고개를 끄덕였다. 모든 문제가 해결된 거처럼 그저 표정은 평온했다. 곧바로 백부장을 따라 지하 옥으로 들어갔다.

　지하 1층까지 내려간 사도 요한은 희미한 사무실 안 앞의 죽은 망자들에 영혼 등이 검은 옷을 입고 춤을 추고 있었다. 여기 지하 감옥을 벗어나지 못하고 허우적거리고 있었다. 죽음에 지옥 계곡을 건넌 망자들은 갈 길을 잃고서 그 자신의 죽임을 외치고 있었다. 사도 요한은 가다고 흠칫 놀래자 베드로는 감고 있던 눈을 떴다. 그도 그 죽음의 망자들을 본 것이었다.

　"주 하나님! 길 잃은 형제들을 보살펴 주십시오. 여기 죽음의 골고다 언덕이 보이는 지하 옥에는 여린 형제들이 갈 길을 잃고 피의 계곡에서 자신들의 처자식을 부르면서 목구멍만 쳐들고 아우성을 치고 있고, 우리는 자신들의 죄를 저주하며 자신의 살점들을 으깨고 발등을 짓찧고 손가락을 자르면서 홀로 길을 걸어가고 있습니다."

　베드로는 입으로 중얼거리며 주 하나님에게 외쳤다.

　우리가 살았던 삶이나 주님이 죽음이라고 외쳤던 죽음도 그 어둠의 시간을 거슬러 오는 거대한 바람을 막지는 못했다. 그것은 주님도 오늘 느낀 어둠의 시간들과 그가 본 지옥은 또 다른 세상으로 달려가는 영혼의 시간이었다. 이 터질 것 같은 비정한 분노와 영혼의 고통을 곧바로 그 시간을 거슬러 오르는 시공간의 일그러지는 비열한 어둠의 시간으로 착각했던 것인가? 베드로도 나도 이 모든 지옥의 불구경을 막지 못하고 바보처럼 그냥 지켜보았다. 이 더러운 죽음에서 지키려 했던 모든 사람의 광기는! 그 환상 속의 죽음으로 윤회하면서 인간의 더러운 원죄나 사악한 욕정에 시달렸던 것이다.

　베드로가 그때 인식한 것은 그것이었다.

인간의 더러운 원죄나 그 비정한 욕정이 바로 우리에게 덮는 광기이며, 죽음으로 가는 어둠의 시간이었다. 시간이 우리의 삶이나 죽음 또한 부활이라는 천지창조의 이론을 증거로 보이고, 그 증거 위에서 시간이라는 것은 우리 인간에게 조물주처럼 간섭하고 조정하며 우리에게 굴종까지 강요했다는 것. 우주철학의 중심에서 강력한 힘이 인간들을 옥쇄처럼 짐이나 형벌을 주었던 것. 곧 그 어둠의 시간들이 그 어떤 힘으로 작용하고 사용했는지에 대해 우리는 무심코 지나치며 무능함과 무관심만 보여 주었는데.

사도 요한은 그것을 묵묵히 지켜보았다. 그러나 그의 입장이든 어느 사람이든 이 상황에서는 정상인이 될 수 없다는 것. 그것만은 인정하고 싶었다.

백부장은 여길 들어오기 전, 이렇게 말했다.

"나는 최소한의 그분에게 도움을 주고 싶다. 그러나 나는 아무 권한도 없고 능력도 없고 다만, 그들이 원하는 대로 할 뿐이다. 그러나 내가 여기서 도와줄 수 있는 것은 이런 정도의 일뿐이다."

그 말을 상기하면서 조금은 안심할 수 있었다. 그러나 백부장은 다시 이렇게 덧붙였다.

"우리 로마 병사 중에는 그분을 존경하는 군졸들이 많다. 그래서 나도 탄원서를 작성해서 윗분들에게 상고를 했다. 그러나 그것은 그냥 형식적인 절차일 뿐이다. 모든 것은 예루살렘 궁중 안에서 결정되면 더 이상은 여기 분들도 간여하지 않는 것이 일반적인 이유이다."

그러나 베드로는 백부장에게 이렇게 물었다.

"그런 이유에서 모든 것이 결정되며 곧 죽음을 이야기하는 것. 어디 아픈 데라도 있는 것은 아닌지?"라고 했다.

백부장은 베드로의 질문에는 답하지 않고 이렇게 말했다.

"그분은 필요 이상으로 좋은 대접을 받고 있다. 여기 지하 옥으로 들어오면 살아서 나가는 죄인을 본 적이 없습니다."

하고 그는 동정의 눈빛으로 베드로를 쳐다보았다.

베드로가 그 말을 듣고 거의 쓰러질 뻔했는데, 사도 요한은 그 모습을 보고 즉시 그 자리를 피해 지하 감옥 문 안으로 들어가게 했다. 베드로는 거의 초죽음이 된 이후에 감옥 안으로 들어갈 수 있었다. 지하 감옥은 중죄인이 갇히는 곳으로 죄인들은 만나는 거나 이 옥에서 그 어떤 일들도 밖으로 유출할 수 없게 엄격하게 통제되어 있었다. 음침한 방, 불빛 등 뒤에 우리는 서 있었고 베드로 혼자 지하로 내려가기 시작했다.

"오로지 한 사람만 지하 옥 안으로 들어갈 수 있습니다! 이런 잘못이 그들 귀에 들어가며 당신과 이곳에 갇힌 주 예수님도 위험합니다. 오늘 자정 종소리가 울리면 내가 직접 모시고 들어갈 것입니다."라고 했다.

베드로는 오늘 무슨 일이 있어도 주 예수님을 만나 그간에 있었던 사정 이야기를 해야 한다. 그가 지금까지 그들과 대화를 한 것에 대한 변명이나 그런 이야기를 할 참이었다. 그리고 지금, 빌라도 총독의 결과가 좋지 않다고 해도 '죄수들의 사면'에 대해 자세히 설명하고 싶었다.

지하 감옥은 죽음의 냄새로 가득했다. 내려가는 계단은 한 평도

되지 않아 난간이 없다면 보이지 않는 어둠의 계단 밑으로 떨어질 것 같았다.

"여기서는 결코 모든 것들이 허용되지 않습니다. 어찌 된 영문인지는 모르지만, 빨리 만나고 나와야 됩니다. 높은 분들이 매시간 순찰을 돌고 있으니 걱정이 됩니다. 걸리면 나만 골탕 먹는 것은 일반적인 일이 되겠지만."

뚱뚱한 거구의 험상궂은 병사는 그를 뻔히 쳐다보며 말했다. 그는 무엇인가 분명하고 명확한 불만을 표시하기 위해 굳은 손가락으로 콧잔등을 만지고 있었다.

"이것은 무슨 실수가 있었던 모양입니다. 그렇지 않고서는 이런 야밤중에 지하 감옥에서의 면회는 누구도 불가능하기 때문이지요. 아무렴, 이건 무슨 잘못이 있었던 것이죠? 아무리 그런 일이란 흔한 일은 아니지만, 이것은 이야기가 되지 않아 분명한 것은 돈이 개입되어 있다는 것이죠?"

그러면서 그는 계단 밑으로 침을 스스럼없이 내뱉으며 말했다.

여기에 갇힌 어둠의 침묵에 소리가 울리면서 내 영혼의 숨소리도 들을 수 없었다. 다른 토 골 안에서 배가 고프다는 소리를 들을 수 있었고, 어디선가는 고문을 받는지 비명소리가 들렸다. 그 외침 소리가 주님이 받는 고통의 침묵인지 모른다는 공포를 느꼈다.

겨우 그들의 몸을 의지해서 계단으로 내려갈 수가 있었다. 그는 여긴 사람이 살 곳이 아니라고 여겼다.

"이런 곳에서도 밥을 먹을 수 있나요?"
하고 베드로가 물었다.

"여기부터는 옥졸들과 내려가야 합니다. 나는 여기서 기다리고 있을 데니 잘 다녀오십시오."

하고 군인인 백부장이 말했다.

두 명의 병사 중 한 명의 병사는 베드로를 부축하고, 한 명의 병사는 비좁은 계단을 내려가기 시작했다.

비좁은 계단을 내려가면서 자옥한 죽음의 냄새와 사람들의 악취에 숨이 막혔다. 좁은 복도와 계단으로 내려가는 타원형 계단은 한 걸음만 잘못 옮기면 보이지 않는 지옥으로 떨어지는 것이다. 여기저기 희미한 불빛을 따라 고통의 소리가 흘러나왔다. 처음 본 고통의 시간 앞에서 베드로는 몸서리쳤다. 주 예수 님이 받을 고통의 침묵을 생각했다. 지옥으로 내려가는 연옥의 마지막 계단 위에 그는 서 있었다. 베드로는 죽임의 냄새가 나고 자옥한 흙먼지가 날리는 지하 계단을 내려가기 시작했다.

"당신이나 당신의 선지자는 꽤 그래도 유명새를 톡톡히 치르고 있는 것. 여기 지하 감옥은 거의 사형수가 갇혀 있는 곳이라 낮이건 밤이건 면회는 절대 할 수 없는 것이죠?"

그 옥졸은 그를 빤히 쳐다보며 이렇게 외쳤다.

작은 키에 옥졸은 '틱 병'인지 아까부터 머리를 좌우로 심하게 흔들고 눈을 좌우로 깜박이고 있었다. 중간키에 뚱뚱한 거구의 옥졸은 아직도 계속 손등을 긁으면서 웃고 있었다. 베드로는 이것이 모두 여기 지하 옥에 환경 탓이려니 했다.

"당신의 선지자는 왜 여기에 온 것으로 생각합니까? 무슨 이유로 지하 감옥에 들어온 것이죠? 반란이라도 계획한 것은 아닙니까?"

그는 거의 벽에 기댄 채로 아직도 콧잔등을 긁으면서 이렇게 말했다.

베드로는 아무 말 없이 그들은 쳐다보았다. 그들을 비난할 힘도 없었다. 다만, 지금 이 어처구니없는 상황 등을 어떻게 봐야 하는지 모를 뿐이었다. 그래도 간간이 옥방 사이로 들리는 신음소리에 온 신경이 거기에 가 있었다. 베드로도 이제 그런 신경쇠약증세가 오기 시작했다고 했다. 아짐이 그렇게 말했다.

최근 벌어지는 상황 등과 주님의 지하 감옥에 갇힌 지금은 한 치 앞을 내다볼 수 없는 지경까지 와 있었다. 그는 특히 거친 소음에 약했다.

"어디서 나는 소리인지는 모르지만, 마치 지옥에서 나는 소리 같습니다."

"그렇죠, 우리는 그 지옥에서 나는 소리들을 매일 즐겁게 듣고 있죠? 아마 그러지 않았다면 우리도 미칠 것이요. 당신의 두목은 더 맨 밑 지하 옥에 갇혀 있으니 기다려 보시죠."

험상궂은 병사는 그를 보고 말했다.

그들의 이야기는 마치 그를 시험 했던 악마의 소리 같았다. 그는 이것 또한 주 하나님이 자신을 시험했던 그 죽음의 사막을 생각했다. 그렇지 않았다면 어떻게 이런 경우는 흔하지 않다고 생각했다. 여기는 지옥과 같았다. 사람이 사는 곳이 아니었다.

"여기는 지옥으로 내려가는 중간 지대인 연옥이라고 하지요? 우리는 그렇게 부르고 있답니다. 선지자 양반!"

한 옥졸이 베드로에게 외쳤다.

어디서 새어 나오는 침묵의 소리에서 베드로는 생애의 헛됨과 텅 빔 같은 마음의 공허를 느낀다.

"나는 죄가 없다. 배가 고파요. 밥을 좀 더 주실 수 없나요?"라고 했다.

고통의 터널처럼 옥졸을 따라서 어둠의 통로를 따라 길게 난 영혼의 고뇌 안으로 점차 빠져들어갔다. 어둠의 터널과 공허한 외침 소리는 그날 밤에 듣던 백성의 장로에 외침이었다. 길게 뻗은 공허와 고통의 외침에서 주님의 목소리가 들려왔다.

"너는 예언자인가?"

"너는 선지자로서 너의 백성에게 자유를 선택할 수 있는 그런 능력이 있냐!"

"너는 내 백성이나 다른 이민족들에게도 원수를 사랑해라 했다. 그러면 네가 지금 이런 고통을 나에게 당하고 있는데, 이후로 나를 사랑할 수 있냐? 당신이 말하는 '원수를 사랑해라.' 이 말의 진실은 너를 위한 사랑이냐? 나를 위한 사랑이냐? 아니면 이민족을 위하는 것이냐? 타인을 위해 하는 말이냐?"

저쪽 어둠 속에서 공허한 외침과 텅 빔 혐오(嫌惡) 사이에서 한 줄기 사람 모습이 눈에 들어왔다. 옥졸들은 그를 그곳으로 데리고 갔다. 가까이 다가가자 주님의 비참한 모습이 들어왔다. 주 예수님을 괴롭히는 두 옥졸 가운데 한 사람은 쇠줄을 들고 있고, 다른 한 사람은 거의 미동도 없는 주님의 목덜미를 치켜들며 그렇게 외쳤던 것이다. 그래도 베드로는 그 주 예수님의 심장에 고통 소리를 듣기 원했다. 그러나 헛수고였다. 더 이상은 슬픈 현실 속으로 들어갈 수 없었다. 쇠망으로 가로막혀 있었다. 다시 한 사람의 옥졸이 쇠줄로 강하게 내리쳤다.

"아아, 악!" 하는 소리와 함께 주님의 몸통과 표정이 거친 바닥으로 굴러떨어졌다. 이것이 그가 애써 지금까지 협상과 그들이 원하는 대로 하는 모든 것의 목적이었나? 그러나 지금 생각하면 그 모든 것이 꿈처럼 허망한 것일 뿐. 그가 본 장면과 지금까지 애써 노력한 결과는 허구라는 것이다.

그들은 악을 쓰며 말 없는 주 예수님에게 계속 답을 요구했다.

그것은 주님을 괴롭히기 위한 표적이었다. 자옥한 흙먼지가 나는 계단 밑으로 쇠줄로 묶여 있는 분은 예수님이었다. 조금 떨어진 그곳 사이로 쇠창살이 앞을 가로막고 있었다. 희미한 불빛 아래로 건장한 옥졸들이 각형을 가하고 있었다. 쇠줄로 보이는 무거운 채찍으로 묶여 있는 주 예수를 사정없이 때렸다.

"왜 잠을 자지 않고서 우리들을 괴롭히고 있지?"

한 옥졸은 때리는 것도 지쳐 주님 가까이 다가서서 턱 밑을 손으로 치켜세우며 이렇게 외쳤다.

"당신, '죽음 다음에도 부활해서 권능의 우편에 앉아 있는 것과 하늘 구름을 타고 오는 것을 너희가 보리라' 하고 말하였느냐?" 하면서 그 옥졸은 단단한 소가족으로 된 채찍으로 강하게 때렸다.

거친 외마디 시름 소리가 천장을 타고 올렸다. 그는 가까이 창살 근처에 다가가 그 창살에 붙어 멍하니 쳐다보았다. 베드로의 눈동자에는 주님의 다 해진 위 옷 저고리는 피멍이 들고 옷이 찢어진 등에는 피 자국이 선명하게 드러났다. 거의 눈도 못 뜬 상태에서 큰

막대로 된 지지대에 몸을 맡긴 주 예수는 지칠 대로 지친 몸을 유지 못 하고 축 처져 있었다. 누런 핏자국과 피멍이 확연하게 드러난 팔과 정강이 쪽의 언저리는 피범벅이 된 채로 엉겨 붙은 피 냄새가 그의 코를 자극했다.

베드로는 거의 실신 상태에서 이렇게 외쳤다.

"어, 저것은 정말로 주 예수님이 아니야? 그들과 나는 분명히 약속을 한 것이 있다! 왜 주님을 이런 곳에서 고문을 하는지 나는 이해할 수가 없다!"

하고 외쳤다.

다시 외마디 소리가 나면서 텅 빈 공간에서 뜬 사람처럼 그는 허우적거렸다. 절망이었다. 그러나 베드로는 그런대로 그들에게 할 만큼은 다했다. 많은 돈까지 빌려 그들에게 준 것이 아닌가? 그런데, 왜 주님을 저렇게 고문을 하는지 이해할 수가 없다. 저것은 현실이 아니라고 했다.

"지금 당장 그 짓을 멈췄라! 나에게도 힘이 있다! 당장 멈추지 않으면 큰일이 날 것!"

베드로는 거의 실신 한 사람처럼 부르르 떨면서 창살에 붙어 비벼대며 이렇게 외쳤다.

두 옥졸은 이곳을 잠깐 쳐다보다가 다시 쇠줄 채찍으로 때리기 시작했다.

"아아, 윽, 윽, 윽!" 하는 외마디 신음 소리가 천장을 타고 울렸다.

거의 실성을 한 베드로는 엉엉 울며 바닥을 치며 통곡했다. 어디서 주님의 음성이 들리는 듯했다. 그는 천장 가까이 울려다 보며 이렇게 외쳤다.

"주여, 이것이 나에게 그 어떤 뜻인가요? 나는 어디로 가야 합니까?"

"아들아, 슬퍼하지 말라. 지금 이 시련은 시작에 불과하다. 네가 나에 대한 확신이 있다면 더 무엇이 부끄러우냐? 이것은 저곳에 있는 하나님이 인간의 죄에 대한 징벌이니라. 참고 살아간다면 더 이상 못 이룰 일들이 있겠느냐?"
라고 주 예수님의 목소리가 들렸다.

그는 이것이 주님을 위한 징벌이라기보다 자신에게 가한 천벌임을 알았다.

비록 혹독한 형벌을 주님은 받고 있지만, 그것을 본 베드로에겐 그것보다 더한 징벌은 없는 것이다. 사람에게는 여러 가지 형벌이 있다. 그중 가장 큰 형벌은 죽음이었다. 그리고 이 또한 그런 징벌을 견딜 수 있는 것도 사람이라는 것. 그것을 떠올리면 이 또한 징벌처럼 견딜 수 없는 것이다.

걱정을 했던지 백부장은 그곳까지 내려와 그를 보고 있었다.

베드로의 두 눈동자에 피눈물이 흘러내렸다. 말라붙은 핏자국에서도 주님의 눈빛은 빛나고 연민의 눈동자로 하염없이 그를 바라보았다. 한 옥졸은 그 눈빛조차 가로막고서 다시 채찍으로 때리기 시작했다. 한 옥졸은 혀끝을 차며 이렇게 되뇌었다.

"저자는 무슨 죄를 지었나?"

그 옥졸의 하찮은 답이 그를 더 힘들게 했다. 백부장은 땅바닥에 뒹구는 그를 보고 불쌍히 여겼는지 "나한테 업히시지요?"라고 했다. 한 줄기 빛이 그의 눈길 속에 이 모든 것을 기억하기 시작했다.

이 음침한 지하 감옥 속에도

한 줄기 빛이 투과된 뭇빛들을 막지 못한 것처럼.

사상과 로마 제국의 비장한 법도 그 빛과 말씀의 정의를 막지 못할 것이다.

베드로는 이런 사항에도 그것만은 기억하고 싶었다.

그러나 그의 현실은 그렇지 못했다.

그에 더러운 육신을 보존하기 위해 주님의 말씀을 더럽혀 가면서 그들과 비열한 협상을 하고 주님의 몸과 숭고한 정신을 더럽힌 그는 이제 먼저 '죽어야 사는 것임'을 알았다.

"나는 부활이요 생명이니 나를 믿는 자는 죽어도 살겠고, 무릇 살아서 나를 믿는 자는 영원히 죽지 아니하리니 이것을 네가 믿느냐?"

하고 주 예수가 외쳤다.

그것은 베드로가 홀로 생각했던 그것이 답이라고 생각했다.

사람은 언제든 자신을 위주로 생각했던 것과 자신을 위해 소리 높여 외쳤던 것이다.

목소리가 큰 자들이 돋보이는 듯했다.

그 하찮은 옥졸도 주 예수를 한낱 죄인으로 취급했으니 말이다. 그가 생각했던 그 모든 것이 그것이 아니었다. 베드로는 주 예수님을 따르면서 자신이 언젠지 모르지만, 최고라는 생각을 갖게 된다. '주님이 늘 기도하고 경계하라는 말씀이 이것이 아닌지?' 하고 생각했다. '좁은 문'의 답이 이런 것이 아닌지 자신에게 묻고 있는 것이다.

거의 이성은 죽고 감정만이 치솟는 열정 속에 베드로는 여기 지하 감옥의 계단 밑에서 참회해야 했다.

죽임을 걸고. 이 하찮은 목숨을 걸면서 간수에 비웃음과 죽음의 냄새가 나는 이곳!

여기 지하 감옥의 안에 희미한 불빛 아래에서 그 '좁은 문'을 인식하기 시작한 것이다.

끝도 없는 지하 계단 밑에, 암울한 침묵의 소리가 층층이 들려오는 소음 소리와 죽음의 냄새가 정신을 잃을 정도의 혐오감을 떨칠 수 없었다.

그날 밤, 이후 자정이 가까운 시각에서도 그는 증오와 고통의 밤으로 잠들 수 없고 기도할 수도 없었고 아무 생각이 나지 않았다.

여기서 살아나 간 죄인이 없다.

여기서는 곧 죽음뿐이다. 죽음이란 것은 두려움이다.

특히, 인간에게는 그것은 견딜 수 없는 재앙.

그 두려움 때문에 죽음이란 것에 집착하고 자연스럽게 외면했던 것은 아닌가?

나는 눈이 멀고 귀는 닫혀 있고 입은 찢어져 있었다.

마음 영혼은 갈기갈기 찢어져 괴로우면서 흩어져 있고, 심장은 멎어 있었다.

나는 우두커니 서 있을 뿐이다.

죽음 뒤에는 부활이란 것. 그러나 나는 베드로에게 가감 없이 말했다.

그것은 우리가 생각하지 않았다는 것?

그는 나에게 이렇게 고백했다.

나는 가슴이 미어지는 고통을 맛보았다.

이런 증오와 분노! 이것은 아니다.

이 굴욕과 굴종은 무엇이란 말인가? 지하 감옥의 죽임을 당한 우리 백성들이 자신의 목을 들고 그곳에서 천당과 지옥 사이를 걷고 있고.

십자가에서 죽임을 당하는 사람들. 연옥 사이에서 목구멍을 들고 그 가족들의 외치는 신음 소리에 놀란 베드로는 지하 감옥 앞에서 죽임의 기도를 했지.

죽음 다음에 부활이라는 것? 그리고 삶이라는 것! 그것은 분명하게 말하는 부활의 상징이라는 것!

생애 뒤에는 부활!

그분을 그것을 믿고 있었다.

그 믿음!

나 '사도 요한'은 그것을 한 번도 생각하지 못했다는 것.

우리가 살점을 떼어 가난한 백성에게 그리고 어린 양에게 줄 준비가 되어 있나?

주 그리스도처럼 골고다 언덕 위에 서 있을 준비가 되어 있나?

성모 마리아는 이렇게 되뇌곤 했다. 그러나 베드로와 사도 요한은 하늘만 쳐다보았다.

"성모 마리아는 그것을 고뇌하고 있었던 것이다."

하고 내가 말하자 베드로 형제도 환하게 웃었고.

베드로는 그런 생각을 하면서 순간 강하게 그 지하 감옥의 그늘 벽에 자신의 머리를 부딪었다. 이마에서는 피가 흐르고 정신을 잃었다. 로마의 백부장은 그런 슬픈 지옥 속에서 그를 들쳐업고 위로 올라왔다. 지하 1층 계단 층계참에 앉았다. 나는 베드로가 계단 층계참 벽을 비비대며 데굴데굴 구르며 울부짖는 소리를 들어야 했다. 이마에 피가 흐르고 정신이 혼미한지 괴성을 지르며 계단 천장 밑을 비비대며 창문 틈새로 들어온 달빛을 향해 소리쳤다.

"오, 주 하나님에게 나는 무엇입니까?"

밝은 달빛은 흐르는데도 아무것도 보이지 않았다. 천상에서는 천사들의 노랫소리가 들려오는 듯했고. 그의 눈에는 그것마저 보이지 않았다. 그는 이제 헛것을 본 거처럼 이상한 행동을 했다.

그것은 백부장이 진정으로 주님의 죽음에 의문을 갖고 나에게 물었다.

베드로는 답하지 못했다. 안드레가 대신 대답을 잇지 못했다. 사도 요한도 아무 말이 없었다. 백부장도 화가 났는지 그에게 더 냉엄하게 물었다. 베드로는 그 말이 들리지 않았다. 거의 의역이 상실하고 기진 맺진 해서 걸을 수조차 없었다. 우리는 계단으로 내려가 그를 들쳐 엎고 나왔다. 하늘에서는 달빛이 지하 감옥 정문 앞을 환하게 밝히고 있었다. 천지는 그때나 지금 달라진 것은 아무것도 없었다. 그것을 지금 여실히 보여 주는 것이다.

거의 실성한 상태이므로 그는 아짐이 준 약 한 알을 그의 입에 털어놓았다. 잠시 엎드려 있었다. 백부장은 측은한 눈초리로 담요를 덮어주었다. 그는 담벼락에 기대어 그를 쳐다보았다. 백부장이 비록 로마인으로 거기까지 온 로마 장교이지만, 그는 주님이 어디선가 백성들을 모아 대화를 할 때 그것을 보며 존경을 했다고 한다. 그러나 지금의 사항 등을 그 자신도 이해하지 못했다. 주 예수께서는 로마인의 적은 아니었다. 그가 지금 로마인이고 군대의 장교로서 법적이나 정치적으로 알 만큼은 다 알고 있었다.

무슨 이유인지 같은 민족끼리 종교적인 갈등으로 밥그릇 싸움을 하고, 헌금을 많이 걷는다는 시비와 서로 정파적인 색채가 다르다는 이유만으로 로마 사회의 이단자로 낙인찍고 나서 고발을 자청한 것이다. 로마 총독 부인이 자백했듯, 로마 총독은 그를 죽일 아무 이유를 찾지 못해 바리새인들이나 공회 관계자들에게 반문을 했다. 그러나 그들은 자신들이 나서서 주님을 이단자로 낙인찍고 로마 정복자들에게 불리한 말들을 사회 곳곳에 퍼트린 다음 거짓으로 고변했던 것이다. 그런 이유로 로마 총독은 어쩔 수 없었을 것이라고 그곳에서 거주하는 로마인들은 그렇게 이해하고 있었다. 그들은 주 예수님 등 뒤에서 비수를 꽂았다.

같은 민족이지만 많은 생각을 달리하고 십일조를 받지 않는다고 트집을 잡고. 그들은 결국에는 주 예수님과 우리 모두를 고변하면서 등 뒤에서 그 어느 누구보다도 더 뼈아프게 비수를 꽂았다. 자신들이 싫어하는 사람들을 이단자로 매도하고 다른 사람을 통해서 적을 제거하는 짓, 그것은 로마인들도 이해 못 하는 것이었다. 그들은 치졸하고 사악했다. 공회에서는 그릇된 생각, 이론, 아집, 거짓으로 대화하고 백성들을 선동했다. 많은 헌금과 십일조를 받아 챙겼다.

'늘 서로 사랑하라!'

주 예수께서 항상 말씀하신 것을 가지고 트집을 잡았다.

그가 죽음의 기도여행에서 깨달음을 받았다.

그런 깨달음을 동쪽 지역에서 온 사상이고 유교사상과 깨달음을 위해 좌선하면서 도를 닦고 자신을 성찰하고 알아가는 과정, 그들이 이야기한 여러 가지 과학이나 로마 철학자가 강론한 깨우침에 대해서 들었고 사탄이 그를 유혹했다는 것.

그들에게 들었다.

그 이집트 철학자에게 여러 가지 영향을 받았다.

제2부

· · · · · · · ·

1장
백성의 장로에 음모

베드로는 지하에서 나온 다음, 그곳 한쪽에 앉아 있었다.

그는 무엇인가 상실한 채로 멍하니 앉아 있었다. 그냥 동생인 안드레도 서 있었고, 나도 멍한 채로 쏟아지는 달빛을 쳐다보았다.

베드로가 극도로 마음이 침체된 상태 속에서 인간 임계점의 한계에 도달했다는 것. 자칫 잘못하면 생명까지 위험하다는 것을 나는 알게 되었다. 나는 아짐에게 도움을 요청했다. 그는 우선 베드로를 치료했다. 침을 맞고 약을 먹였다. 대제사장을 만난 이후, 그는 백성의 장로가 숨어 우리를 지켜보았다는 말에 거친 험담을 쏟아내며 실신했다.

우리가 우려했던 것이 현실 속에 일어나면서 느낀 그 비애는 나도 그도 감당하기에는 역부족이었다.

아짐은 이렇게 진단했다.

"여러 날을 고민하고 고통을 받는 가운데에 기운 빠지고 기가 약해져서 실신한 것입니다. 잠을 자면서 안정을 취해야 합니다. 더 괴로워하거나 더 고통을 받는다면 어떤 일을 당할지 모르니 모두들 조심해야 합니다."라고 했다.

그것은 여러 가지 상황에서 일어났다. 주 예수가 지하 감옥의 투옥되고 난 이후부터 베드로는 몹시 흥분해 있었다. 결코 다시는 그 부인에게 그 무엇이든 부탁할 수 없다는 것을 알지 만 그러나 어쩔 수 없는 것도 현실이었다. 그 오래전, 그가 쓰다 만 편지를 로마 군인인 백부장에게 주어 그 부인에게 전달했다. 주 예수님의 면회를 부탁했다.

주님의 면회하기 위해 온밤을 기다리고 있었다.

'주님에 대한 사후 사체 처리'에 대해 듣고 베드로는 무척 상심해 있었다.

베드로는 결국은 그 부인을 다시 만나기로 결심했다.

그것으로 베드로는 그 모든 것을 버렸다. 하나 남은 자존심까지 버렸다. 나는 그냥 지켜보았다. 이 모든 것을 그 어머니가 본 세상이었다. 그들은 어떤 때는 형제처럼 어느 순간은 다른 남처럼 서로 헐뜯고 있었다. 그러나 결국은 최후의 순간에는 서로 한 사람처럼 의지하기 시작했던 것이다. 우리는 이런 인생의 쓴맛을 알아 가기 시작한 것이다. 쓴맛은 독약처럼 오랫동안 기억할 것이지만, 거짓 약은 거친 입안에 혀처럼 자주 허튼소리들을 내뻬는 것. 그 어머니는 그런 것을 보기 시작했다.

예루살렘 성벽엔 어둠의 절벽처럼 짙은 어둠이 뒤덮였다.

그 속에서 베드로가 지하 감옥에서 나오자 큰 야자나무 뒤에서 두건을 쓴 대제사장이 나타났다. 그는 혼자 양손을 긴 옷소매에 감추고 서 있었다. 쓰러질 듯 넘어지는 베드로를 대제사장이 잡았다. 베드로는 거의 나에게 의지한 채로 엉거주춤 앉아 있었다. 그러자마자 곧 대제사장은 이렇게 말했다.

"그런 확신을 내가 그 어떤 조건으로 보장하겠네? 당신들은 내 이야기를 처음부터 듣지 않았다. 아무 말이나 막 한다고 하면 이 세상의 질서는 어떻게 될 것으로 보이나? 이 세상은 로마 제국이 통치하는 시대에 놓여 있네. 원수를 사랑하라! 아무 말들이나 하면 되는 사회는 아니라는 것이다."

대제사장의 질타는 베드로의 가슴을 쥐어뜯었다. 그 이상 힘이 없었다. 여러 가지 걱정 때문에 아무것도 먹지 못하고 물도 마시지 못했다. 베드로는 축 처진 채로 멍하니 대제사장을 올려다 보았다.

아짐에게 건네받은 금화는 베드로의 손에 쥐고 있었다. 베드로는 그가 갖다준 금화를 가지고 대제사장과 약속을 했다. 여러 가지 약속 중, 내일 공개 재판에서 '주님을 유월절의 사면을 약속'하는 것에 대한 전반적인 대화를 했다. 나는 그냥 베드로를 잡고 지켜보았다.

"그가 그리스도이냐?"

대제사장이 베드로에게 물었다.

베드로는 얼떨결에 "그는 신이 아니다! 다만, 백성을 사랑하는 선지자일 뿐이다. 내가 생각하는 조건은 소통이다! 우리는 대화가 부족해서 그런 사태를 맞이한 것이다. 앞으로는 십일조나 헌금들도 같이 공조해서 처리했으면 한다." 하고 말했다.

"우리가 돈 때문에 이러는 줄 아느냐? 그는 인자가 권능의 우편에 앉아 있는 것과 구름을 타고 오는 것을 보리라. 그런 이야기는 신성 모독이다."

그 말에 따라온 서기관이 말하려고 하자 대제사장은 그를 막아서며 이렇게 말했다.

"예루살렘 궁전 안에서는 이 점을 우리에게 늘 지적했다. 우리도 때로는 많은 백성을 상대해야 한다. 너희들은 있는 그대로 군중 등을 교화한다고 하고 사람들의 병을 고친다고 하며 선동하지만, 헤롯왕이 다스리는 백성 등의 관점에서 보면 다르다."
하고 대제사장이 비웃듯 말했다.

그 말만 남기고 대제사장은 금화를 받자 곧 사라졌다. 나는 그 모습을 계속 지켜보았다. 베드로가 지하 감옥에서 나와 언덕 비탈 돌무더기에 기대어 대화를 하고 있었는데. 그 뒤에는 백성의 장로도 있었다. 멀리서 그 모습을 바라본 나는 속에서 치솟는 분노를 참을 수 없었다. 지금까지 베드로 몰래 나는 은밀히 그들을 염탐했다. 특히 백성의 장로가 지금 무슨 역할을 하고 있고 이 일에 대제사장은 어떤 역할을 하고 있는지 우리는 속속들이 알아냈다.

야고보는 오늘 밤, 백성의 장로가 꼭 나타날 것이라고 단언했다. 그의 생각이 맞았다. 그들의 행동이나 이야기들을 비망록으로 세세히 적어 놓았다. 여기에서 중심은 백성의 장로라고 결론을 지었다. 그래서 나는 지금까지 백성의 장로가 나타나는 것을 믿고 지켜보았다.

그 이후, 우리는 백성의 장로를 납치했다.

이곳으로 끌고 와서 의자에 묶고 내일과 앞으로의 상황 등을 자세히 깨 묻기 시작했다. 우선 우리는 그를 고문하기 시작했다. 나는 얼굴을 찡그리며 그런 고문을 서서 지켜보았다. 그 고문은 베드로가 와서 그 모습을 본 다음 끝났다. 베드로는 들어와서 야고보가 채찍으로 때리는 것을 막아섰다.

'무슨 일이야! 우리가 이런 고문을 한다면 그들과 다른 것이 무엇이냐?'

하고 물었다.

야고보는 아무 말이 없었다. 그는 베드로 형제와 생각이 다를 뿐이다.

"그가 무슨 짓을 했는지 알아야 한다. 그리고 그들의 정확한 의도가 무엇인지도 알아야 한다. 백성의 장로라면 그 무엇인가를 알고 있을 것이다."

하고 야고보는 강조했다.

지하 감옥 안에서 주님의 모습을 본 베드로는, 지금 여기서 벌어지는 이상한 추태는 그가 생각한 그것이 아니었다. 그는 무엇이든 선택해야 했다. 나도 일그러진 그의 모습으로 쳐다보았다. 베드로는 백성의 장로를 쳐다보며 그의 얼굴에 침을 뺐다.

"너는 그럴 가치가 없는 인간이다. 인간이 아닌 짐승이다. 내가 꼭 알고 싶은 것이 있다. 나는 우리 제자들도 모르게 사막 여행을 떠났다. 어떻게 너는 내가 그들 형제를 만나는 것을 알았냐?"

베드로는 그렇게 물었지만, 그는 답하지 않았다.

그는 한발 나서서 그의 뺨을 세차게 때렸다.

"이 매는 주님을 때린 죄의 대가로 내가 너를 때리는 것이다. 자,

좋다! 대답하기 싫다면 할 수 없다. 그러나 너도 한 인간이기에는 나와 마찬가지이다. 나도 지금껏 너에게 사람대접을 했다. 어떠냐? 그리고 한 가지는 꼭 죽기 전에 물어야 할 것이 있다. 내일 주님의 유월절 사면은 공회 내부에서 어떤 결정을 했느냐? 사면마저 허구이고 사실이 아니냐?"

백성의 장로 얼굴에는 피멍이 들었다. 그가 가까이 다가와 보니 입술도 터지고 뺨은 붓기 시작했다. 베드로는 '우리도 인간이기에 그렇게 했다.' 하고 생각했다.

"나사로가 죽은 지 사흘 만에 살아난 것을 본 너희들은 주 예수님의 능력이 두려워서 음해할 계획을 세운 것이냐?"

베드로는 다시 이렇게 물었지만, 백성의 장로는 묵묵부답이었다.

"나는 지금까지 그 무엇인가를 그들이나 우리에게 남기고 싶었다. 혹여, 내일 주님이 죽는 다 해도 이제는 여한이 없다. 나는 최선을 다 했다. 더 이상은 할 것이 없다. 내일을 기다리는 것뿐이다." 하고 베드로는 뒤돌아 나오려 하자. 백성의 장로는 말하기 시작했다.

"결국에는 모든 것이 그들 뜻대로 될 것이다. 너희들은 음모라고 하지만, 그들은 너희의 업보라고 여긴다. 그는 아무것도 아니다. 모르는 것은 너희들이다. 군중 등을 여러 명을 몰고 다닌다고 세상이 변화하는 것도 아니다. 결국은 변해야 하는 것은 우리 자신들뿐이다. 아마, 이제는 그의 가치가 없어서 사면을 할 것이다. 그가 아무것도 아닌 것을 스스로가 보여 주었기 때문이다."

베드로는 등 뒤에서 그런 말을 듣자 머리를 돌려 그에게 침을 뱉었다.

"너와 무슨 말을 더 하겠느냐? 나는 너의 죄의 관한 대가나 범죄에 대한 단죄를 말하지 않겠다. 모든 것은 순리대로 이루어질 것이다."라고 했다.

그곳을 나왔다. 이미 새벽의 동이 트고 있었다. 붉은 여명이 그의 앞길을 가로질렀다.

주님이 많은 귀신을 쫓아내고 병자들을 고치면서 만인들에게 칭송을 받자 유대인 중, 제사장들과 서기관 그리고 장로들이 경계하고 미워하니 "그가 세례 요한으로 환생한 자이다!"라고 했다. 이런 일이 있고 나서 야고보는 아짐에게 도움을 청했다. 사막에서 나는 검은 버섯에 대해서 의논을 했다. 그 검은 버섯은 흔치 않은 것으로, 보통은 차로 달여 먹었지만 그것을 오랫동안 달여 먹으면 혈압이 오르고 나중에는 심근 경색으로 사망할 수 있다고 했다. 처음 베드로에게 이 검은 버섯을 소개했다.

베드로가 그들을 미워하자 그는 여러 궁리를 했다. "인간들 사이에서 일어나는 인과응보는 아무것도 아니다. 우리 이민족 궁전에서도 매일 흔하게 일어나는 살인사건들과 서양에서도 흔하게 일어나는 것이 살인이다." 하고 아짐은 덧붙였다. "그리고 별일 없이 사람들을 죽일 수 있는 경우도 있다. 그것이 이 검은 버섯의 특징이다." 하고 말하자 옆에 있던 야고보는 그 버섯에 대해 여러 가지 물었다. 베드로는 그의 생각을 잘 알고 있었다. 그들 형제는 사막에서 그런 말을 한 적이 있었다.

"우리 궁중 안에서도 여러 가지 음흉한 흉계와 음모가 있다."라고 했다.

그때는 여러 가지 대화에서 사실은 그가 그런 의미까지 생각하지 못했다. 베드로는 '사람이 사람을 해하는 것은, 주님의 교리에 위배되고 합리적이지 않다.'라고 생각했다. 베드로가 전적으로 그의 도움을 뿌리치자 야고보의 생각은 달랐다. 그는 매일 찾았고 며칠 전부터 무엇인가 둘이서 밀담을 나눴다. 그는 야고보에게 경계하라고 타일렀고, 아짐에게는 심부름까지 보냈다. 지금은 주님이 그들에게 감금되고 한 치 앞을 분간할 수 없는 시기이다. 모든 제자가 자숙하고 경계하며 주님을 그 지하 감옥에서 빼내는 일이 시급하다. 그러나 그렇게 지하 감옥으로 들어간 사람치고는 누구도 그냥 나온 사람이 없다는 것!

베드로는 그들 중, 반석이기 때문에 늘 책임감도 뒤따랐다.

주 예수께서 당부하신 '사람에게는 책임과 봉사하고 사랑하는 영혼을 이야기해야 한다는 것'을 항상 일깨우고 있었다. 그러나 여러 사람을 챙기는 일이란 결코 쉬운 일이 아니었다. 그 무엇보다 생활에는 근본적으로 재화가 뒤따랐다. 겸손하고 청빈한 삶을 추구하신 주님은 늘 생의 표적으로 삼았다. 그런 삶 안에서 겪는 고통과 환란은 많은 가족이라면 일어날 수 있는 일이다. 도마와 빌립은 항상 불평하고, 야고보는 격한 성격 때문에 겉돌고 있었다. 나는 좀처럼 움직이지 않았다. 내가 지하 감옥에서 나온 이후, 베드로가 대제사장을 만나자 한 켠에 비켜 서 있었다.

그날 밤이 다시 재현되었다.

그들은 죽음을 심판하기 위해 성벽 그늘 제일 높은 망루에서 만났다. 그때와 오늘은 조금도 달라진 것은 없다. 이곳에 달빛 그림자가 우상인 부조처럼 그려져 있었다. 특이한 것은 백성의 장로의 모습이 두드러져 보였다.

어제 낮, 나는 베드로에게 모든 것을 고백했다.

"내가 그렇게 우습게 보였던가? 그러나 나는 나야!"

그 성벽 그늘 속에 달빛 그림자가 부조처럼 숨어 있고, 유다의 죽음에 그림자가 아직도 생생하게 그려지면서 나는 왜 베드로 형제를 원망하고 있는지 묻고 있는 것이다. 나는 이런 일은 상상도 하지 않았다. 성질이 급한 형 때문에 모든 일에 있어서 조금은 참고 기다렸다. 그러나 백성의 장로가 거기에 있었다. 대제사장과 마지막으로 만난 베드로를 뒤에서 보고 있었다. 금화를 건네 받자 음흉한 미소가 보였다. 옆에 있던 형인 야고보는 격한 감정을 나타내자 나는 잡았다.

나는 백성의 장로의 정확한 뜻이 무엇인지 알고 싶었다. 대제사장은 베드로에게 그 '금화'를 받고 난 이후, 멀찌감치 숨어 있던 백성의 장로에게 그것을 주었다. 이 모든 것의 배후는 백성의 장로라고 생각했다. 그래서 우리는 그를 납치하기로 결정했다.

"이런 행위 자체는 결코 우리의 잘못이 아니다."

하고 야고보는 베드로에게 강조했다.

"이것은 그가 자초하고 우리 제자들을 능멸한 죄의 대가입니다."

하고 내가 말했다.

조금씩 붉은 태양 빛이 그곳을 비췄다. 이 세상은 거짓과 허구만이 판을 쳤다. 꿈에서 눈을 뜨니 아침이었다. 백성의 장로가 눈앞에 어른거렸다. 그가 죽음 직전 사막 꿈에서 본 그 악마의 그림자이었다. 그 그림자는 아직도 두드러져 보이며 예루살렘 광장을 내려다보았다. 창문 틈으로 부디 친 햇빛이 산란되어 무지개색으로 변하기 시작하면서 예루살렘 성벽은 어둠으로 뒤덮였다. 그때에 반딧불들이 기도하고 노래 부르자 귀에서 빛이 보이고 눈동자 안으로 소리가 들리면서 베드로는 지금까지 환상 속에 살아왔고, 비로소 여기 현실 앞에서 그가 처음 예루살렘 성벽 그늘 속에서 본 붉은 호랑나비 꿈을 다시 상상하기 시작했는지 모른다. 사막 여행에서 악몽을 꾸고 현란하게 춤을 춘 여인에게 현혹당하면서도 끝내 뿌리친 기억을 다시 하면서 지금 여기 예루살렘 광장은 어둠의 지옥으로 변해가기 시작했다.

베드로는 그 시간을 기억하면서 지금 황당하게 벌어지는 인질극이 우리에게 어떤 뜻인지조차 인지하지 못했다. 오래전 아브라함이 태어나고 이 땅엔 천지창조가 일어나면서 모세는 율법과 인간의 가치를 세운다. 그러면서 베드로는 왜 주님에게나 자신에게 올 그 어떤 역경이나 도전을 생각해 내지 못했던 것에 비정하리만치 생각하고 자책하며 전율하고 있었던 것이다.

그래도 백성의 장로가 의자에 묶인 채로 졸고 있었다. 이런 상태에서도 졸 수 있다는 것에 그는 백성의 장로를 부러워했다.

그는 손으로 그를 '툭'하고 건드렸다. 백성의 장로는 일어나 고개를 들었다.

"당신은 왜 여기서 자느냐?"

"너희들에게 붙잡혔다. 나를 왜 여기로 데려왔냐? 너희 짓이냐? 베드로 형제!"

그때, 씩씩거리며 야고보가 들어왔다. 그는 들어오자마자 그의 뺨을 세차게 내려쳤다.

'악'하는 비명 소리와 함께 그의 입에서는 피가 터져 나왔다. 백성의 장로는 야고보를 쳐다보았다.

"네가 우리가 지금 찾고 있는 골고다의 형제라고 하는 그 사람이냐?"

"그렇다! 내가 그 사람이다. 너는 우리들을 너무 얕보고 있었다. 베드로의 형제가 아무리 좋은 형제라고 해도 도가 지나쳤다. 이제부터는 우리가 묻는 말에 하나도 거짓 없이 답해야 한다. 주님을 모략을 몰고 가는 그 사람이 너냐 대제사장이냐? 지금 공회 안에서 무슨 흉계들을 꾸미고 있느냐? 다음은 누구이고, 다 우리 제자들을 십자가형으로 처벌할 것이냐? 대답해 보아라. 너희들의 숨은 뜻은 무엇이고, 예루살렘 궁전과 로마 총독하고는 어떤 밀약을 맺고 있느냐?"

하고 야고보가 물었다.

"우리 제자들은 죽을 때까지 싸워야 한다."

하고 나는 기도하듯 말했다.

사실 베드로는 그가 그렇게 속속들이 잘 알고 있는지 몰랐다. 나도 벽 옆으로 서서 듣고 있었다. 베드로는 눈을 지그시 감았다. 아직도 주님은 갇혀 있고 내일을 알 수 없는데도, 그들 형제는 아무 거림낌도 없이 일을 저지르고 말았다.

실상 이 모든 것이 착각 속에서 일어났던 것이다.

사실 유다가 대제사장 집을 떠날 때, 그의 뒷모습에서 죽음의 그림자를 보았다. 그것은 그날 밤 이후, 베드로가 술탄 형제의 연락을 받고 사막에 있는 오아시스 촌으로 찾아갔다. 유월절 성찬 하루 전, 아짐이 급한 서신을 가지고 왔다. 그 천막촌에서 그 큰 형제를 만났다.

"지금 예루살렘 궁전이나 로마 군정 당국에서 당신이나 모든 제자를 감시하고 비리까지 내사를 하고 있습니다. 비리에 내용은 무슨 내용인지 지금은 알 수 없지만, 그러나 그들의 관심이 무엇이고 무엇을 노리고 하는 것인지는 ----?"

하지만, 애써 나에게 걱정을 할 바는 아니지만 주의는 해야 한다고 말했다. 그들은 설사 선지자께서 우리와의 만남과 친교를 만드는 과정에서 다른 이상한 소문까지. 큰 형제는 굳은 눈동자의 눈빛이 빛났다. 그는 끝내 입을 닫았지만 베드로에게는 진한 여운이 남았다. 필히 큰 형제는 심기가 굳고 신중한 사람이다. 아마, 그가 나에게 다 하지 못한 이야기 중에는 나에게 불리한 소문들과 그 술탄 형제에 대한 이상한 풍문까지 있었을 것이다. 이런 것은 그들에게 꼭 좋은 일은 아니었다. 그들 형제는 일반 사람이 아니기 때문이었다. 그러나 그들은 나를 걱정했다.

"참 세상은 쉬운 일이란 없는 것이다."
하고 생각하면서 돌아오는 길에 예루살렘 성벽 그늘에서 백성의 장로와 유다를 다시 만난 것이다.

그날 밤 이후 짙은 먹구름과 아침에는 대낮같이 밝은 햇빛이 내 머리 위로 강력하고 비정하게 내리쬐고 있었다.

이것이 베드로에게 운명처럼 그날 밤 이후, 모든 것이 빛처럼 쏟아졌다. 어쨌든, 그가 지금까지 백성의 장로에게 당한 화풀이를 한 셈이었다.

백성의 장로를 납치한 배경을 듣고 그는 말없이 밖으로 나갔다.

이런 여러 가지 등등이 우리 유대 백성들에게는 오늘처럼 유난히 빛나는 별들의 축제와 주님의 복음도 한낱 거짓과 외설로 치부하는 그들의 속내는 속속들이 드러나 보였다. 끝없이 펼쳐진 밤하늘에 로마 위정자들의 탐욕은 인간들의 원죄인 욕정으로부터 자유롭지 못하고 지금까지 지속되어 왔던 것이다. 그 자신의 분노가 어느 정도 스스로 지나가기를 기다렸다. 그가 지금까지 소리쳐 해 왔던 주님의 말씀과 가치들이 어둠의 정적으로 사라져 갔고, 오로지 그의 무능함과 무관심만이 여실히 드러나면서 그가 했던 설득과 대화도 한순간의 영원한 물거품에 지나지 않았다.

베드로는 멍하니 지평선 너머를 바라보았다.

그는 왜 여기 홀로 서 있는 것인가?

사람은 태어날 때도 혼자 태어나니 홀로 살아갈 수밖에 없고, 혼자 일어설 수밖에 없는 것은 아닌지? 그것이 인간으로 태어난 숙명 같은 것 아닌가? 주 예수님도 그 누구에게 말씀하지 않고 홀로 스스로가 십자가형의 짐을 지지 않았던가? 그 진정한 뜻을 우리가 다시 태어난다 해도 알지 못한다는 것. 그것이 주 예수께서 우리 제자들이나 사람들에게 전하려고 했던 것은 아닌가? 우리는 그런 '좁은 문'의 뜻조차 우리 자신들의 양심에 따라 해석하곤 했다. 그리고 이제, 그런 주 예수께서 말씀하신 뜻조차 우리는 믿지 못하고 혼란스러워했다.

그것은 분명 우리 제자들의 자세가 아니다. 예수님을 따르면서 우리 제자들은 교만과 독선으로 생각하고 어느 때는 우리 스스로가 양심을 저버리면서 군중들 앞에서 우리가 주 예수님 몰래 다른 짓도 서슴지 않았다는 것. 그것이 베드로나 우리 제자들의 그런 한계가 아닌가? 저 멀리 별빛을 바라보며 새벽안개를 보고 걷고 사색하던 주 예수님을 뒤따르던 나조차도 그 죽임과 말씀을 왜곡했던 것이다.

우리가 추구하려던 정의도 우리의 이상도 물론 그곳에는 없었다. 그저 그는 자기 연민 속으로 빠져들어가면서 그들이 자기부정이라고 몰아세웠던 그 당시를 떠올리는 두 사람의 짙은 그림자만이 그를 지켜보았다.

짙은 그림자 속에는 죽음의 냄새가 나기 시작했다.

'지금 상황에서 백성의 장로를 납치한 것은 잘못된 것이다.'
하고 생각했다.

칠흑 같은 어둠이
그를 기다리며
'곧 날이 밝고 아침이 올 것이다.' 하고 생각했다.
그 죽음이! 십자가형.
이 참담한 사안 등을 이해하지 못했다.
그날 밤 이후, 결코 밤을 오지 않았고
우리는 그런 어둠의 밤과 새벽을 맞이하면서 아침을,
베드로는 끝없는 하늘 위를 쳐다보며 그 하나님의 존재를!

우리는 기다리고 있었다.

베드로는 사방을 헤매다가 새벽이 오는 길에서 골고다 계곡으로 몸을 던졌다.

그도 죽음을 택했다.

어둠과 빛!

그를 비추고 있을 뿐이다.

2장
종교재판

날이 밝기 시작했다.

결코 우리는 그 죽음으로 가는 동안 아무것도 할 수 없었다. 아마, 백성의 장로의 "이것은 너희들의 속명이다." 하고 한 말을 잊고 있었다.

나 자신은 그날 밤 베드로 형제가 말한 '내일이 아니고 글피'라는 말을 잘못 들었는지 생각했다. 그러나 지금 내일이든 글피이든 무엇이 문제인가? 우리는 그날 밤, 촉촉이 젖은 언덕을 내려왔다. 예루살렘 성벽 밑엔 지옥처럼 어둠으로 뒤덮고 있었다. 정말 내려와 보니 짙게 내린 안개구름과 어둠만이 있고 로마광장엔 인기척이 사라져 버렸다. 그들은 무엇을 꺼렸는지 허를 찌르며 신속하고 명쾌하게 그리고 우리에게 경고성까지 주는 효과를 극대화 시켰다.

로마 백부장의 뒷이야기에는 '주님이 여기 오기 전에 빌라도 총독을 만났다.'였다.

빌라도 총독은 주 예수님에게 "네 나라 사람과 대제사장이 너를 내게 넘겼으니 네가 무엇을 하였느냐?" 하고 나서 다시 빌라도 총독은 "그러면 네가 왕이 아니냐?" 하고 묻자 예수께서 대답하시되 "네 말과 같이 내가 왕이다. 내가 이를 위하여 태어났으며 이를 위하여 세상에 왔나니 곧 진리에 대하여 증언하려 함이로다. 무릇 진리에 속하는 자는 내 음성을 듣느니라." 하고 주님이 말씀한다.

'진리가 무엇이냐?'

빌라도 총독이 물었다.

주 예수님이 답하지 않고 하자 그는 "진리가 하나님이고 하나님의 말씀이고 그것을 따르는 자라고 했다. 그 말이 너의 답이냐?" 하고 물었다.

그 이후, 대답이 없자 빌라도 총독은 "너는 죄가 없다." 하고 단언했다.

이 말은 로마 군인인 백부장이 베드로에게 한 말이었다.

막 악몽에서 갠 베드로는 흠칫 놀란다.

실상 지금 그는 혐오 속에 현실적인 감각이 상실해 있었다. 그는 꿈속에서 헤어 나오지 못하는 지경까지 자신의 잃고 있었다. 그가 골고다 계곡 밑으로 자살을 했지만, 아직 그의 죽음을 받아들이지 않았다. 계곡 중간 큰 나뭇가지에 걸려 살았다. 왼쪽 다리 정강이에 금이 가 부목을 댄 채로 누워 있었다. 그는 자아를 상실했다. 주 예수님에 대한 자괴감으로 빠져들어감으로써 그것은 극도로 극한의 상황에서 겪은 심리적인 공황상태의 피로 현상이었다. 어젯밤은 거의 사경을 헤매다. 자기 연민 상태에 빠진 그를 나는 그냥 쳐다만 볼 수밖에 없었다. 그것이 사실이고, 자살을 선택한 이유이었다.

입안이 텁텁하고 입술이 쓰려 왔다.

그때, 성모 마리아와 이모가 찾아왔다. 거의 기진맥진해서 쓰러져 죽음을 눈앞에 둔 베드로에게 두 손을 잡고 우리 모두가 기도를 시작했다. 베드로는 백성의 장로가 배후에서 음모를 꾸미고 있다는 것? 그것이 그 자신을 더욱 슬프게 했다. 베드로는 넋 놓고 울기 시작했다. 그는 한 가닥의 희망도 놓지 않기 위해 그 모든 것에 애썼다.

"오! 오 하늘 계신 하나님. 주 하나님, 이것이 우리에 운명입니까?"

하고 외쳤다.

그가 할 수 있는 모든 것을 했다.

그러나 나는 어느 면에서는 부도덕한 자이었다. 다른 일에 더 집중해 있었다. 그건 여러 정황상에도 나타났다. 나는 베드로 형제보다 더 많은 시간을 나를 위해 써 왔고, 주 하나님 일보다 백성의 장로에게 신경을 더 썼다.

예루살렘 궁전 안에서 벌어지는 추악한 권력 게임을 들추어냈던 것이다. 그들도 로마의 귀족들에게 금화를 모아서 상납을 하는 공생관계를 유지하고 있었다. 그것은 그들이 예루살렘의 권력을 위해 자신들의 영혼 등을 팔아서 권력의 기반을 유지하며, 그것도 모자라 주님의 말씀을 '신성모독'이라는 죄를 뒤집어씌우고 로마 제국주의자들과 공생관계로 자신들의 권력을 유지했던 것이다.

그 바리새인들이 비열하고 더러운 영혼과 손을 잡은 것. 그 권력을 유지하기 위해 우리 민족에게 그 어떤 악형을 가했는지 대해서도 명확하게 알아야 한다는 것. 그것이 나에게는 정의의 핵심이었다. 나는 지금까지 그것을 추적하고 있었다. 주님도 그런 상상은 하지 않았다. 항상 주의를 당부하고 조심스럽게 행동하라는 주님의 말씀과 성모 마리아의 기도는 늘 있는 일이기 때문에. 우리에게 닥친 박해는 베드로 형제가 혼자 감당하기에는 벅찬 것이었다. 우리가 그 일부분이라도 나눠 했다면 이 지경까지 오지 않았을 것이라는 것. 나는 지금 알 수 있었다.

그리고 아짐도 그에게 큰 도움을 주지 못한다는 것에 슬퍼하고 있었다. 이민족인 그보다 나는 거의 주님을 위해 한 일이 없다. 나는 누구인가? 주님에게 가장 많은 사랑을 받은 나는 누구인가? 왜 내가 왜 여기서 멈춰 서 있나? 나는 치료를 하고 있는 검은 피부의 그를 오랫동안 쳐다보고 있었다. 그는 충실한 신하이며, 집사이었다. 놀라운 의술과 멀리 동방의 나라 인도를 다녀왔다는 말에 나는 할 말을 잃었다. 나는 그와 많은 얘기를 나누고 싶었다.

그날 밤 유대인을 피해 이 마을, 저 마을 지나면서 주 그리스도의 눈빛을 보았다.

에브라임 마을로 가는 길은 온통 잡목 숲으로 덮인 그곳까지 나귀와 작은 마차를 의지해서 긴 숲을 지나서 야자수와 길고 곧게 뻗은 늘어진 고갯길 위에 서서 밑을 내려다볼 수 있었다. 울창한 숲 속, 그리고 어둠으로 뒤덮인 에브라임 마을로 들어가서 꽃잎과 잎에 향이 진하게 나는 숲 가운데에 모여 우리는 저녁을 먹기 위해 모두 모여 앉아 굳은 구운 빵과 포도주를 마시며 허기진 배를 채웠다. 우리는 죽음을 목격하면서도 자신들의 비관과 다툼으로 상처받은 마음들을 추스르기에 바빴다. 성모 마리아는 죽음과 부활에 기도를 시작했다.

"우리는 시간이 지나면서 마음과 모습이 변할 것이다."라고 하신 주 그리스도의 믿음을 보았다.

그리고 베드로 형제가 죽음을 결심한 다음, 난 다급해서 어머니를 찾았다. 그 어머니는 '주님이 없는 세상을 본 것인가?' 하고 생각나게 하였다. 내 아들인 너는 "세상에 소금이요 빛이라."라고 하시며 기도를 했다. 그 이모님도 늦게 오셔서 밤새도록 기도했다. 아침 늦게 정신을 차린 베드로는 뒤늦게 "소금이요 빛이라!"라고 하신 성모 마리아의 말씀을 늦게 듣고 나서 참담하게 후회했다. 자신의 어리석음이 얼마나 거짓이고 모든 사람에게 악으로 전할 수 있다는 것! 저 하늘 아래 하나님의 세상에서 자신의 목숨을 끊는 것.

"악마의 짓이다."라고 하신 주 그리스도의 가르침을 따라야 한다는 것.

이런 상상 속에 베드로는 이렇게 말했다.

"왜, 이러고 있지 무슨 일이야?"

베드로는 일어나 앉았다. 보기보다 훨씬 더 몸은 좋아 보였다.

"오늘 로마 광장 앞에서 주님의 공개재판을 연다고 합니다."

나는 아무 표정도 없이 무덤덤하게 말했다.

"그럼 왜 그렇게 앉아만 있지. 빨리 가서 주님을 만나 봐야지!"

표정은 붉은 기가 돌면서 어제 걱정했던 것보다 훨씬 더 좋아 보였다. 내가 준 빵 조각이 목에 걸려 넘어가지 않았다. 시장 어귀와 멀리서 본 로마 광장이 내려다보이는 이곳에 찬바람이 불어왔다. 그리고 소란스러운 소음들과 광장에서 나는 외침 소리는 그들 공회에서의 음모에 기획, 백성의 장로에 "이것은 너희들의 숙명이다." 하는 외침 소리, 그날 밤 유다의 등 뒤에 부조처럼 서 있었던 대제사장의 악마의 미소, 주님의 죽임을 부르는 빌라도 총독의 말소리 그리고 음모의 냄새와 무엇에 쫓기는 듯 흐르는 사람들과 짐승들의 냄새가 우리 모두를 슬프게 했다. 그는 통옷을 추스르며 거북스럽게 마루에 걸터앉아 있었다. 베드로의 눈은 아무래도 초점을 잃어버린 눈빛이었다.

"왜 이렇게 서두르지요?"

그가 일어나려 하자 나는 베드로 형제에게 말했다.

"동생이 나귀를 빌리러 갔으니 조금만 더 기다리시지요? 오늘까지 여기서 쉬며 우리가 다녀와서 말씀을 드리겠습니다." 하고 물었다. 그는 아무 말도 없었다. 밖으로 나가기 위해 행낭을 준비했다. 무엇인가 알고 있고 결심을 한 표정이었다.

시장 어귀는 벌써부터 소란스러웠다. 빵 사러 나온 노인들과 아이를 업은 아주머니, 시장 어귀에서 채소를 파는 부인, 거지 같은 모습으로 구걸하는 장님인 노인이 보였다. 한 소년이 멀리 보이는 광장을 내려다보며 이렇게 말했다.

"벌써 광장에는 많은 사람이 모이기 시작합니다."

하고 외치자 베드로도 몸이 달아오르면서 마음도 조급하기 시작했다.

"우리도 나갈 준비를 하지 동생은 아직도 오지 않았나?"하고 물었다.

그때 안드레가 나귀를 가지고 들어왔다. 이 집은 빌린 하숙집으로 오늘따라 붐볐다. 베드로는 사람들이 오늘을 보기 위해 이렇게 하숙집이 붐비는 것을 쳐다보지 않았다. 계속해서 짐을 싸고 있었다. 얼핏 본 광장은 이미 사람들로 가득 차 있었다.

"오늘 시장에 아침부터 소란하기는 내가 이곳에서 잠을 잔 이후 처음인 것 같다. 오늘 무슨 날이죠?"

그 상인이 나에게 물었다.

그 상인은 거상처럼 옷차림이 특히 눈에 띄었다. 흰 통옷으로 머리에는 하얀 모자 위에 '고드리'로 검은 테두리를 한 복장은 정말 이민족에게는 품위가 돋보이는 모습이었다. 그는 역병 속에서 예루살렘 궁정에 각 지방에서 온 양탄자를 공급하는 일을 하고 있다고 했다.

"오늘은 그 선지자의 처형하는 날 아닙니까?"

나는 말했다.

베드로는 가슴을 물어뜯고 목을 조르면서 숨이 막히고 심장을 도려내는 아픔을 맛보았다. 베드로가 지하 감옥 안으로 주님을 만날 때 높은 성벽 그늘 속에서 한 줄기 빛을 보았다. 나를 기쁘게 하기 위해 반딧불들이 서로 경쟁하며 공중을 곡예하고 있었다. 오늘따라 대지는 짙은 어둠으로 온통 뒤덮였다. '나도 여기서 주 예수님에게 성령을 받았다. 비록 주님이 죽는다 해도 다시 부활할 것이다.' 하는 믿음의 성령을 받았다. 나는 사방으로 펼쳐진 예루살렘 성벽 그늘 속에 반딧불 놀이와 꿈속에서 붉은 호랑나비에 꿈의 의미를 헤아리지 못하고 별빛이 쏟아지는 것을 그냥 지켜보았다.

그 예루살렘 성벽 그늘 속에 묻혀 숨이 막혀 오는 로마광장!

그 뒤 골목은, 로마광장으로 나가는 죽임의 길이 직선으로 연결되어 있었다. 로마광장으로 연한 꽉 들어찬 뒤 골목은 인간 짐승 떼와 시장에서 나는 냄새가 자옥했다. 숨이 막혔다. 정오가 가까워지면서 광장에서부터 인산인해의 인간들의 냄새가 시장 안까지 밀려들어 오고 있었다. 그 인간들의 냄새 때문에 로마광장에서 밀려들어온 군중 등이 시장 안까지 꽉 들어차 숨이 막혔다.

나도 덩달아 몸이 달고 마음을 급했다. 시장 안에 골목이나 예루살렘 광장으로 연하는 길은 벌써 사람으로 혼잡하면서 숨이 막히고 혈압이 오르기 시작했다.

봄, 여름 가을 겨울 그리고 여기!

여기 예루살렘 거리 로마광장 안에는- 지금의 계절은 여름 날씨의 폭염 속에 예루살렘 시장과 광장 낀 뒤 골목 – 여기 지금은 아무리 처절한 죽음이라도 부활이라는 표적은 영원히 지워지지 않을 것이다. 그러나 그 숭고한 정의, 그 영원할 것이라던 외침들이 한낱 지나가는 바람으로 인해 그 위대한 의미마저 상실한 지금 나는 우두커니 서 있었을 뿐. 죽음과 부활이 그저 우리에게 한 가닥 희망을 던져 줄 천지창조의 진리가 아니라는 것을 이제 지금 조금은 알 것 같다.

백성의 통곡 소리, 지하 감옥에서 나는 죄인들의 성토, 우리 모두에게 진부하게 울리는 그 외침 소리에 나의 심장이 터지고 가시 돋친 독화살이 우리의 마음 영혼 속에 꽂혔다.

우리는 자옥한 안개구름에 갇힌 여기 우리들이 사는 곳과 백성들이 예루살렘 궁전을 거닐면서 새벽녘에 잠을 설친 몽롱한 눈빛으로. '나는 그 청년의 모습에서 느낀 그 무엇이 있었지. 왜 지금 그런 느낌이 들었을까?' 확신할 수는 없지만, 딱히 지금은 그 뭣이라고 딱 집어 말하기조차 두려운 내 마음의 갈등, 두려움, 탐욕, 욕정, 분노 등인지 확신할 수는 없어 그 어떤 의도이든, 그렇지 아니하든 꼭 그것을 문제 삼지 않는다는 것. 그 청년은? 내 영혼이 참됨 같은 삶을. 나는 그 청년의 모습에서 그 무엇이든 그런 행동을 우리 제자들이 뒤따를 수 있을까? 하고 무척이나 망설이면서 생각한 것이 한두 번이 아니었다.

잠결에도 악몽으로 악에 받쳐 소리 높여 외치는 그것이 나의 문제이고, 두려움이다.

그분이 저 지하 감옥의 맨 밑바닥에서 쇠줄로 묶여 있다. 여기 이곳에서 벌어지는 비정한 외침과 아우성 소리 속에!

나는 그 속에서 외로운 투쟁과 비열한 고독 그리고 번민 속에 베드로 형제를 비웃고 어려움에 빠트렸으니, 내 죄는 여기 우리들을 굽어보는 우상보다 더 모질고 비장하기까지 한 '원죄'는 내가 가장 주님을 사랑을 받던 죄인의 한 사람에 불구했다는 것. 시장을 지나 빛바랜 거리에 예루살렘 광장으로 들어가는 네거리에 그 우상인 로마 황제의 청동상이 우리를 굽어보고 있었다.

그 우상은 결국에는 우리들에 통곡 소리와 백성들의 주린 배고픔에 외침 그리고 원성 등을 비웃고 있었다는 것. 로마제국의 수백 년 동안 모든 인류를 억압하고 강제하면서 그들은 많은 사람을 전쟁의 참화로 몰아가며 회생시키고 우리들을 굴종시켰던 것. 그런 것이 참혹하고 비정하게 인류나 사람들을 굴종시키고 굴욕시키면서 노예로 팔고 사는 인간 짐승처럼 취급했던 것. 길거리에 광인도 오늘따라 옷 색깔도 유난스럽게 하고 나온 다음 더 과장하면서 그리고 높고 강하고 진부하기까지 한 말투로 우리의 신선을 사로잡았다는 것.

그들의 수백 년 동안에 광기는 극단으로 치닫고 이제는 몰러 설 수도 없는 그 극치인 지옥의 정점으로 오르면서 주 예수를 죽음으로 입을 맞고자 했던 것이다. 그러나 그들의 수백 년 동안에 속박은 우리 주 하나님의 긴 시간들에 비하면 아무것도 아니었다. 징벌과 박해는 우리 인간들을 더욱 강하게 저항했던 것이다. 우상 아래서 매일 외쳤던 그 광인도 로마 제국주의자들에게 강하게 반발하며 저항했다는 것.

이것이 곧 하나님의 정의인 것이었다.

그렇다!

우리 인류는 태고적부터 자연 상태에서 태어나 자유스럽게 삶을 살았다.

그 누구에게도 불필요한 간섭이나 제재를 받지 않고 자연 상태에서 태어나 자연스럽게 그 자리에서 자식들을 낳고 키우며 삶을 영유했지만, 언젠가부터 인간들은 스스로가 원죄와 차별을 받기 시작하면서부터 신분사회라는 옥쇄의 짐을 지었는데, 주님은 그것은 "'하나님의 정의'를 빼앗은 사람들의 탐욕과 오만으로부터 온 것이다." 하고 말했다.

그것 때문에 '사랑, 믿음, 용서, 화해, 평등, 박애 정신' 등등. 주님의 말씀이 모든 사람을 위해 광야에서 외쳤던 것이다. 그들은 그것을 막고자 했다. 결국에는 그 죽음으로 모든 것이 종말을 예고하는 듯했다.

　여기 그 로마광장으로 들어가는 긴 골목을 지나 야트막한 양지바른 언덕빼기 밑으로 군중들이 모여들기 시작했다. 언덕길을 접어 왼쪽으로 난 작은 골목길에는 거의 사람들로 움직이지 못할 정도로 꽉 막혀 있었다. 아짐이 뒤로 돌아 다른 골목으로 접어들 때, 나는 그곳에 서 있었다. 그 죽음과 종말은 불을 보듯 뻔했다. 양지쪽을 지나 시장 골목골목에는 사람들로 장사진을 치고 있고 인간 짐승처럼 모여들기 시작했던 것이다. 나는 눈빛을 지그시 감으며 이것을 응시하고 있었다. 천지창조가 지금처럼 엄밀하고 비정하기까지는 하지 않았을 것이다. 멀리 지평선 너머 하늘 곳이 막 닿은 곳까지 주시하자 야트막한 언덕 위에 제일 높은 곳에는 예루살렘 성벽 그늘 망루가 보이고 바로 맞은편에는 골고다 언덕이 우리를 지켜보고 있었다.

　나도 준엄하게 지켜보았다. 아우성과 소리만이 들리는 그 로마광장!

　흔들리는 바람에 따라 광장 외곽까지 밀려 나왔다. 나는 예루살렘 궁정 안으로 들어가는 길목 위에 서 있었다. 뒤에는 고풍스러운 저택과 관청 건물들이 병풍처럼 에워싸고 있고, 야트막한 언덕 위에는 고급식당과 저택과 멀리서 본 예루살렘 궁전이 바라보였다. 병풍처럼 에워싼 잡목 숲과 야자수 나무가 위풍당당하게 우리들을 굽어보고 있었다. 어디서 무슨 소리인지 들리고 있었다. 사방을 두리 번거렸다.

뒤에서 그 누군가가 부르고 있었다. 식당 안이었다.

곧바로 사람들이 나왔다. 정오의 색깔에 명암이 그들을 비추고 있었다. 더위와 아우성으로 숨이 막혔다. 가까이 와서 보니 그 검둥이 상인이었다.

"야, 선지자 양반 우리 간단한 식사를 하고 나오는 중이죠? 같이 와서 차 한 잔이라도 하고."

"아닙니다!"

나는 머리까지 숙이며 말했다. 그 옆에는 공회의 서기관과 시장 안에 상인들도 보였다. 나는 모두에게 손을 잡고 악수를 했다. 그러나 그 서기관은 나를 향해 돌아섰다.

"사도 요한 형제요, 베드로 선지자를 만나면 나를 보았다고 전해 주십시오."

그 검둥이 상인이 말했다.

"알았습니다." 하고 했다.

나는 그 상인을 잘 모른다. 며칠 전, 나사로를 만나러 베다니에 갔을 때, 그곳에서 만났다. 예수께서 나사로를 살리시고 기적을 향하니 유대인뿐만 아니고 많은 이민족의 형제가 몰려왔다. 베드로는 죽음의 여행에서 만났다고 나에게 소개를 해 준 그 상인이었다. 그 때 잠깐 동안 한번 본 상인이었다. 그 검둥이 상인이 오늘 유난히 나에게 친절하게 대했다.

다시 그들을 따라서 안으로 들어가기 시작했다. 내가 로마광장 중앙으로 들어가자, 그 방향으로 나오는 마가를 만났다. 그 뒤에 베드로 형제가 보였다. 베드로는 안드레에게 이렇게 외쳤다!

"야고보 형제는 만나나? 내 이야기를 잘 전했겠지?"

"예, 어제 밤새도록 기다려 만나고 오는 중입니다. 알아 들게 잘 말씀드렸습니다. 아마 이곳에 와 있는지도 모르겠습니다."

"여기는 왜지?"

"그분도 모든 것이 궁금하니까요?"

나귀는 작은 뒤 골목을 지나 큰길로 나왔다. 햇빛은 머리 정수리까지 내려와 강하게 빛났다. 어디서 갓 구운 빵 냄새가 진동했다. 베드로는 군침을 삼키면서 나귀를 따라 앞으로 나아갔다. 큰길에도 물밀듯 나오는 군중 등의 외침에 따라 광장 안으로 들어오게 된다. 여기저기서 아우성 소리와 누군가를 십자가형으로 처단해야 한다고 했다. 이런 소리는 처음이었다. 그가 여행을 할 때도 많은 군중을 모아 데리고 다녔지만, 이런 혼돈과 아우성은 처음이었다. 간혹, 여기저기서 "주 예수를 십자가형을 처해라!" 하고 했다. 아기에게 젖을 물린 아낙네와 어깨 무등을 태운 허름한 옷을 파는 장사꾼도 그 자리를 채우기 위해 광장 안으로 들어갔다. 때때로 여러 그룹이 되어 흩어졌다 모이는 사람들 안에는 그날 밤 대제사장 집에서 주 예수를 성토한 그들의 종들이 끼어 있었고, 여급들도 개중에 섞여 있었다.

그 중의 종 하나는 이렇게 외쳤다.

"오늘 유월절 명절이고 죄인을 사면하면 그런 죄인인 바라바를 풀어 주어라!" 하고 했다.

"여러 명의 피고 중에 강도인 바라바를 풀어 주어라!"

개 중에 여급이나 종들이 소리 높여 외쳤다. 여러 명의 종이 다니면 다른 군중들을 선동하고 있었다. 또한, 다른 사람들도 서로 만나며 인사를 주고받고 하며 일상적인 하루를 보내고 있었다. 이런 혼란을 틈타 소매치기도 설쳤다. 일주일 전, 사막에서 만난 상인은 자주 베드로를 훑어보았다. 그중에 특히 백성의 장로의 종은 두서없이 사람들 사이를 오고 갔다. 어느 때는 큰 외침으로, 다른 곳에서는 모든 사람이 들리도록 외쳤던 것이다.

능히, 베드로가 눈으로 본 세상은 어제와 오늘은 다른 하루와 다름없었다.

아짐은 어젯밤 그에게 '금화'를 전해 주고 그는 아직 여기에 있었다. 다른 제자들은 보이지 않았다. 모두 떠난 마당에 그나마 내 형님인 야고보도 막 도착했는지 숨을 헐떡이며 나를 쳐다보고 있었다. 나는 형님을 보자 그나마 힘이 됐었다. 그리고 주위에는 많은 형님을 따르는 추종자들도 모여 있었다. 분위기는 뒤숭숭하기 시작하면서 나는 사람들의 등을 지고 앞으로 나가기 시작했다.

격한 소리와 각자 다른 주장들이 뒤섞이면서 점점 군중들은 흥분하며 요동치면서

아! 오늘이 그 새벽이고, 우리 주 예수님이 최후의 심판에 날인것을 인식하기 시작했다. 우리는 겨우 광장 언저리에서 중앙으로 들어설 수 있는 위치에 서 있었다. 안드레는 언덕을 내려올 때, 나귀를 버리고 그를 업고 있었다. 베드로는 다리의 고통을 참고 광장 앞에 막 나오는 죄인들을 보기 위해 목을 길게 내보였다. 거기에는

여러 죄수가 포승줄로 묶인 처참한 몸으로 서 있었다. 주님의 머리털은 길게 늘어진 채로 언뜻 보이는 얼굴에는 퍼런 피멍이 확연하게 드러나 보이고 발걸음도 질질 끌면서도 자세만은 꿋꿋하게 곧추세웠다. 그분이 바로 주님이었다.

나는 그 모습에 혐오감을 떨칠 수 없었다.

정오의 인간들의 민낯이 ――― 명암과 색채 속의 먼지와 빛깔 등이 깃털처럼 허공 속에 나부끼고 있었다. 그들의 웃음 속에는 찬 미소와 조소뿐이었지만 나도 그런 군중들 속에서 악의에 찬 미소와 더러운 공기 속에 웃고 있었으니 말이다. 여기 모인 모든 군중 등의 웃음 속에는 미소뿐만 아니고 조소라는 다중의 속뜻이 숨어 있는지 모른다. 그 모든 사람 중에는 장님도 있고 시장에서 빵을 구워 파는 아낙네도 있으며, 나도 안드레도 그 시장 입구에 서 있었다. 우리는 무엇인가 따지는 듯이 다투고 있었다.

다중의 인간들 안에는 억지 미소와 외침 소리들 그리고 짐승 냄새들의 더러운 공기 속에서 그 모든 것을 토해내듯이 나는 지금부터 이 광장에서 벌어지는 일련의 사건과 떨어질 수 없는 사람일 것이다. 적어도 주님의 십자가를 진 모습에서 나는 태양을 향해 두 팔을 벌렸다.

"저분이 누구입니까? 무슨 잘못을 했지요?"

검둥이 상인이 물었다.

나는 그 물음에 답하지 않았다.

나도 어느새 남 얘기처럼 말하고 다른 사람들과 같은 생각을 하게 된다. 일상의 일이란 참으로 엄청난 일이다. 같은 말이 계속 들려오면서 나는 자포자기 상태에서 손을 쳐들고 빌라도 총독을 향하여 손짓했다. 무엇인가 항의하듯 정오의 명암과 색깔처럼 작렬하는 태양을 향해 손을 뒤흔들었다. 나는 과연 그럼 이럴 자격이 있는지 나에게 묻고 싶었다. 죽음의 골고다 언덕을 향해 등을 지고 돌아섰다. 바로 앞에까지 진을 친 군중 등의 외침 소리에 막 잠에 깬 듯 정신이 들었다. 주님의 가족으로써 가장 먼저 사랑을 받았고, 늘 곁에 지키고 있었던 내가 주님의 말씀을 받아 듣고 끊임없이 기록하고 있었지만 내가 주님을 부정하기에 이른다. 다른 제자들은 보이지 않았다.

여기 명암과 미소 그리고 조소뿐인 여기 로마광장 속에서 나는 다시 무거운 십자가를 맨 주님에게 마음의 문을 열었다. 나에게 불행과 행운이 교차하면서 내 눈물 속에서 나의 표정을 읽을 수 있었고, 나는 그 모습에서 통곡하기 시작했다.

남들처럼! 다른 사람인 남보다 더한 인간들처럼. 우리들을 모두 혐오(嫌惡)했던 것이다. 어쨌든, 나는 죄인이다. 너도 죄인이고 우리 모든 제자도 죄인이다. 내일이든 오늘이든 아니, 먼지이든 빛깔이든 난 단지 그것을 말하고 싶었지만 내가 새장에 갇힌 새처럼 퍼떡이고 악을 쓰며 먼 바다로 나간 어린 물고기처럼 태양을 향해 나아갈 것이다. 이건 나에게도 우리, 아니면 우리 제자에게도 정당한 권리일 것이다. 우리는 이미 죄인임을 알고 있었다.

"예수의 제자들도 체포 명령이 내려졌다."

"그 제자들을 잡아라." 하는 소문이 들리고 악소문들이 예루살렘 궁전 성벽에 붙어 있었다.

내가 아침 그 벽보를 직접 확인까지 했다. 나는 다시 한 번 주위를 돌아다보았다. 그리고 앞서서 보이는 곳에는 죄인들이 서 있었다. 모두 무심한 표정으로 앞을 혹은 아래를 내려다보는 죄인 중에 주님도 거기에 있었다. 그중의 한 분이 눈에 들어왔다. 표정은 수심에 찬 미소를 보이며 나를 쳐다보고 있었다.

이런 틈새로 멀리 있는 여러 명의 군중이 "바라바!"라고 외쳤다. 베드로는 그 외침이 바라바를 십자가형으로 처해야 한다고 들었다. 일시적인 착오였지만 나도 그 말을 그렇게 믿고 싶었다. 나는 앞으로 사람을 헤집고 나갔다. 그러자 베드로 형제는 나를 불렀다. 나는 재판 과정을 보고 싶었다. 비록 빌라도 총독이 이미 짝 놓은 재판이지만, 그 재판의 중요성을 그 누구보다 잘 알고 있기 때문이었다. 앞으로 다가가자 그때 빌라도 총독은 무슨 말을 한 다음에 손을 씻었다. 그러자 작은 의자에 앉아 있는 로마 관리는 빌라도의 말과 군중들의 숨소리 하나라도 빠짐없이 써내려 갔다.

다른 관리가 큰 소리로 앞에 나서며 이렇게 외쳤다.

"오늘 재판 과정을 더 공정하게 하기 위해 여기 모인 여러분들은 조용히 하시오."

우선 죄인들의 공소 사실과 왜 그들을 처형해야 하는지에 대해 설명하고 있었다. 그런 사실에서 나는 그들이 이미 처형을 전제로 이 재판을 끌고 간다고 생각했다. 다수의 사람의 아우성과 외침 소리가 넓은 로마광장을 지나 침목 하는 모진 사막으로 울려 퍼졌다. 갈릴리 호수 근처를 배회하는 선지자나 그 옆에서 한가롭게 풀을 뜨는 목자와 양 떼들은 여기 최후 심판을 기다리는 세 명의 죄인들의 표정과는 무심하게 달라 보였다.

그것을 알고 있던 아짐과 동생의 표정은 하얗게 질려 있었다. 그들은 여기 오기 전, 어느 정도는 눈치를 채고 있었다. 여기 오면서 그들이 공회에서 나오면서 미소를 짓고 있었다는 것, 또한 그들이 사주해서 그들의 종 몇몇은 군중들의 사이를 다니면서 예수를 십자가형으로 처해야 한다는 것, 그리고 멋모르고 따라 나온 아낙네들과 촌로는 그 소리를 따라 외쳤다는 것.

"주 예수를 사형에 처해야 합니다!" 하고 외쳤다.

여기 상황 등은 이상하게 끌려갔다. 베드로가 바라고 있던 결기와 시선은 군중들의 함성 소리에 사라지고 만다. 나는 사실 할 말은 많았지만 하지 않았다. 이 종교재판은 왠지 우리에게는 낯선 풍경처럼 보였다. 가야바 대제사장은 종교재판장으로 올라가고 그 단 아래는 백성의 장로가 버티고 서 있었다. 그들 앞 중에 여러 사람 사이에 서기관들 몇 명과 장로들도 서 있었다. 그 앞에는 한 서기관은 백성들 사이를 분주하게 오고 갔다.

"지금 여기서 끝장을 내야 한다. 맘껏 외쳤나!"
하고 한 서기관이 외쳤다.

베드로는 멀거니 그 모습을 쳐다만 보았다. 나는 그런 모습을 보자 무척이나 당황했다. 그러나 나는 그들과 술을 마시면서 그들의 형벌의 죄를 들어야 했다. 베드로가 대화를 시도했지만, 그들은 협상이라는 이야기로 이끌고 갔다. 그러나 나는 덩달아 술에 취해 그들의 이야기들을 듣고만 있었다. 이런 사정의 일들을 우리 사람들에겐 몹시 흥미 있는 일이라고 할 것이다. 여기는 지금 악마가 날뛰고 혹세무민한 군중 등등을 선동하면서 죽임을 부르고 있었다. 우리 제자 모두는 곧 죽임에서 만날 것이다.

사도 요한도 여기 죽임을 당한 망자가 자신을 목을 들고 지하 감옥을 배회하는 것을 보았다. '나는 보는 것만 해도 미칠 것 같은데 그때 베드로의 심정이야 어떨지.' 하고 베드로의 마음을 생각해 보았다. 우리는 말없이 그 자리에 서 있었다. 그러자 이 비정한 시간은 너무도 오랫동안 우리를 괴롭히고 있었다. 다른 로마 군인이 아직 그 자리에 서 있으면서 로마 백부장하고 무엇인가 열심히 이야기를 하고 있었다. 베드로는 그 시각마저 어지러워 비틀거렸다.

정오의 여기 명암과 색체 등의, 군중들 사이에서 어린아이에 표정처럼 민초들은 영문도 모르게 색채를 달리하는 그들 공회에서 조직적으로 사람들이 오고 가면서 주님을 성토하기 시작했다. 정오의 외침이 다른 명암과 미소와 조소처럼 들리면서 나는 신의 저주를 느꼈다.

이건 분명 '인간의 광기'로 인한 사람들을 재앙으로 몰아가는 악마들이었다. 공회에서 조직적으로 몰려나온 종이나 여급 등등이 주님에게 유리한 증언을 하지 않았으며, 거짓이나 무자비한 가설로 외쳤던 것이다. 그러나 우리는 아무것도 준비하지 않았다. 그들은 종교재판 과정에서 배심원들처럼 행사하고 우리보다 수적으로나 조직적이고 맹목적으로 달려들었다. 그러자 우리는 그냥 바라볼 뿐이었다.

이건 지금 죽임부터 부활까지 주 하나님이 인간에게, 최후에 심판처럼 거짓 사람들이 재앙으로 몰아가는 인간의 광기이었다.

어젯밤에도 나는 베드로 형제가 옥으로 들어간 다음 성벽 그늘 속을 걷고 있었다.

그 성벽 그늘 속에 한 그림자가 등을 지고 서 있었다. 백성의 장로였다. 붉은 호랑나비와 목을 든 죽음의 망자들이 거리를 헤매고 있는 모습을 볼 수 있었다. 그 사이를 붉은 호랑나비가 영원한 깃을 날갯짓하며 죽음의 그림자 사이를 헤매고 있었다. 희미한 미소 속에는 백성의 장로의 웃음소리도 들렸다.

이것이 진정 '하나님의 정의'인지 우리는 짐작도 할 수 없었다. 그런 것이 우리와 그들의 차이었다. 그들은 소리 높여 외쳤고 우리는 조용히 지켜본 것뿐이다. 그것도 너무도 조용히 지켜보는, 그 차이뿐이었다.

"아, 이것은 신의 장난이다!" 하고 외쳤다.

그 무엇인가 나를 뒤쫓고 있고 그 종들과 공회의 서기관이나 장로들의 여급 등이 내 뒤를 뒤지고 있었다. 나를 따라 다니는 듯했고, 베드로의 눈빛을 의식하기 시작한 것도 이때부터였다.

나는 백성의 장로 꼬임에 빠져 술집에서 여급과 술에 취해 있었다. 사실 그들과 같이 앉아서 그런 음모들을 묵인한 것은 아니지?

오늘 유월절 특별 사면을 주 예수로 결정한다는 대제사장의 약속들을 생각했다.

누군가 군중 사이에서 손을 높이 들었다. 어느 한 종이 앞으로 나가면서 손을 들고 빌라도 총독을 소리 높여 외쳤다.

"오늘 유월절 특별사면은 바라바로 결정해 주십시오. 그것이 우리 백성들이 원하는 바입니다!"

하고 모든 세상 사람들을 향하여 소리 높여 외쳤다.

빌라도 총독은 자신의 판단을 내리 전, 우리의 소리를 들어야 했다. 그것은 로마의 통치권으로도 합당한 원칙이라고 했다. 그는 백성이 원하는 바를 듣고 결정하기를 원했다. 왜냐하면, 그가 생각했던 사실들과 여러 가지 불일치하는 경우도 있기 때문이었다.

로마 제국의 통치자로서 그는 로마 황제의 위임을 받았기 때문이었다. 그는 그것은 신성한 의무라고 여겼다.

"말해 보시오. 나는 위대한 로마제국의 통치자인 황제에게 위임을 받은 신성한 권리로 백성의 소리를 듣고 결정하는 것이 원칙이라고 생각합니다!"라고 했다.

"오늘 유월절 특별사면은 바라바로 결정해 주십시오."

"그러면 그것은 무슨 특별한 이유가 있나!"

하고 빌라도 총독은 그 사람에게 물었다.

"저 선지자는 거짓과 유대인들의 미풍양식을 해친 자이므로 용서받을 수 없습니다. 그리고 그는 위대한 로마제국 황제의 권위를 더럽힌 자입니다."

그자가 그렇게 답하자 군중 속에 숨어 있던 한 서기관과 장로 한 사람은 사람들 틈에 끼어 "우, 우!"하며 독려하고 있었다. 그 틈새에는 많은 다수가 그들 종뿐만 아니고 어젯밤 대제사장 집에 있었던 동네 사람들이었다. 그들을 이렇게 합창하듯 외쳤던 것이다. 나는 그 외침에 숨이 막히면서 정오의 폭염이 쏟아져 내렸다.

"우, 우!"

"아아악!"

빌라도 총독은 그 사람의 소리에 반응을 들으면서 그는 그 말에 반대하는 사람이 있냐고 물었다. 물론, 그 관리는 형식적인 절차로 군중들에게 묻는 것이었다. 어느 노인이 앞으로 나섰다. 생김새는 비록 신분이 낮아 보이지만, 우리에게 오늘 그 죄인을 심판하는 과정에서 큰 힘이 될 것이라고 생각했다. 왜냐하면, 그를 사형에 처하는 것은 어쩌면 명분이 약하다는 의견을 들었다. 한편에서는 서기관이 종들과 여급 등을 대동하고 사람들 사이를 들고 나면서 여유와 조소를 보내고 있었다. 이것은 그들의 음모이며 흉계이었다.

"당신 손에 피를 묻힌다면 그들만 좋게 하는 꼴이 될 것이다."

빌라도 총독 부인은 이렇게 말했다. 그래서 빌라도 총독은 그 어떤 명분을 찾고 있었다.

"그들이 나를 이용해서 자신들이 미워하는 세력들을 제거한다. 모든 비난은 내가 받는다!" 하고 빌라도 총독은 염려했다. 그는 다른 로마인들에게도 자문을 구했다.

"그건 여간 어려운 문제가 아니다? 지금 헤롯왕에게도 권력이 있다. 유대인들의 생사여탈은 로마 총독에게 있지만, 그런 법에도 통속적으로 피지배 나라에서는 예외적으로 사용되는 것이 통례이다? 이 나라에서는 여기 나름대로 통속적인 사정이 있고 하니 가능하면 이곳에 전통을 따르는 것이 옳다!"

로마 귀족들도 말했다. 그런 소란한 틈을 이용해서 그 관리는 적당하게 그 노인에게 변명을 듣고 끝내려고 했다. 그러나 빌라도 총독은 그 관리의 말을 막았다.

"여기 재판은 오늘 모든 사람의 의견을 반영해서 결정하겠다." 하고 했다.

그 노인은 이렇게 변론했다.

"비록 그 선지자가 각 지방에 다니며 요란한 말과 외설로 군중 등을 선동한 죄는 조금 있다. 하지만 그것만을 가지고 단죄 하다면 우리 모두가 죄인이다. 나도 로마 당국을 비판하고 세금이 많다 하며 백성들 앞에서 떠든 적이 있다. 다 이렇게 불평불만을 한 사람들을 다 처형한다면 그 누가 남을 것인가?"
하고 말했다.

그러나 대제사장의 측근인 한 서기관도 올라왔다. 그는 손까지 쳐들고 강하게 외쳤다.

"그 노인의 말에 이의가 있습니다. 그가 하나님의 아들이라고 외설들을 늘어놓은 적도 있지만, 꼭 그것만이 문제가 있는 것은 아닙니다. 그가 유대의 왕이라고 했다. 위대하신 빌라도 총독님이 직접 물어 보십시오."

한 서기관이 총독에게 연실 고개를 숙이며 말했다. 총독은 주님에게 말하자 듣지 못한다. 그때, 대제사장은 단상 위에서 소리 높여 외쳤다. 그 관리는 즉시 그 대제사장을 소개하며 발언권을 주었다.

"여러 제자가 나에게 말하기를 '그 선지자의 죄를 인정하고 그 대가로 앞으로 그들이 걷는 헌금이나 십일조를 우리 공회에서 같이 공유하기로 한다'고 했다. 저 선지자가 자신의 죄를 인정하고 그 제자들도 같이 죄를 인정한 것이다. 그리고 저 노인의 말 또한 군중들을 선동하는 말입니다."
하고 대제사장이 말했다.

그는 자신의 측근인 서기관을 불렀다. 그 서기관은 여러 가지 명명백백한 증거와 그 주 예수가 각지에서 저주스럽게 선동한 말을 적은 서류들을 가지고 올라왔다.

"우리는 그가 이야기 한 여러 가지 증거 등과 그가 각 지역에서 선동한 말을 가지고 있다. 그리고 가장 중요한 것은 저기 죄인의 제자들이 '그들 스승의 죄를 인정했다'는 것입니다."

하고 대제사장이 여러 가지 이의를 제기하면서 강하게 외쳤다.

"저 선지자의 제자들이 죄를 인정했다. 하고 하는 말을 무슨 뜻인가?"

빌라도 총독은 대제사장에게 다시 물었다.

"그들이 자신의 스승인 저 선지자의 죄를 인정했다. 이후로는 모든 강론이나 종교 행위를 자진해서 하지 않겠다고 했습니다."

대제사장은 나를 쳐다보며 그렇게 떠들어 댔다. 단상 위에서는 무엇인가 찾고 있었다.

"그건 그들의 제자들의 명백한 행위로 자신이 직접 우리에게 각서까지 써 주면서 '저 선지자의 죄를 인정'한다고 했다."

대제사장이 친한 친구처럼 빌라도 총독과 이야기하고 있었다.

"나 '사도 요한'은 내 이름을 지금 부르고 있다는 것을 느꼈다. 시간이 5분 정도 흐르면서 나는 그들이 우리 제자들을 찾고 있다고 생각한다. 그들의 눈빛이 나를 향했다. 물론 확실한 것은 아니지만. 그러나 나는 침묵했다. 많은 군중의 외침 소리에 모든 것이 침묵 속에 둘러싸인다. 그러나 대제사장과 그 서기관은 나를 찾고 있었다. 옆에는 술꾼들도 있었지만, 오히려 나는 오히려 변명을 늘어놓고 있었던 것이었다.

또한, 아기에게 젖을 먹이는 아주머니도 앞에 있었다. 그들 손에 하얀 종이를 쳐들고 외쳤다. 그리고 사방을 두리번거리며 나를 찾는 듯했다. 안드레가 가까이 왔다. 나에게 손을 꼭 잡고 무엇인가 묻고 있었다.

나는 허공을 향해 손을 흔들었다. 그러나 빌라도 총독을 나를 향해 그 뭔가를 물었고, 대제사장은 위에서 나에게 손짓을 해 대며 외쳤다.

나는 그를 향해 "기다리시오!" 하고 외쳤다.

"그건 내가 아니고 다른 사람일 것이요."

하고 다시 허공을 향해 외쳤다.

"사도 요한, 네가 주님의 죄를 인정한다고 각서까지 대제사장에게 써 준 것이 사실인가?"

안드레가 나에게 외쳤다.

그 이야기에 나는 당황했다. 사지가 찢기는 마음의 증오를 느끼고 군중들의 외침 소리에 잘 들리지 않았지만, 그 찰나의 시간에 나는 하늘이 무너지고 천지가 개벽하는 느낌을 받았다. 나는 "아니야!" 하고 소리 높여 외쳤다. 그러나 아무것도 들리지 않았다. 사방은 사람들로 꽉 들어차 있고, 정오 종탑소리를 들렸는데 거기에는 성난 짐승 소리와 이성을 잃은 목을 든 죽임의 망자 등도 서 있었다. 그러므로 여기 로마광장은 점차 정오의 폭염으로 숨이 막혔다.

"아! 아니네, 무슨 말을 잘못 들은 것이 틀림이 없네. 무슨 이야기인가?"

그는 나의 마지막 이야기를 듣지 않고 뒤를 향해 달려갔다. 꽉 들어찬 인파 속에 더위와 인간 짐승 떼의 냄새로 숨이 막힐 지경이었다. 많은 군중을 헤치며 안드레가 간 곳으로 달려갔다. 그는 베드로 옆에 서 있었다. 나는 그 옆으로 뛰어가다 군중들에 발에 걸려 넘어졌다. 내 우측에 서 있었던 사람이 내 손을 잡아 일으켰다. 그러나 나는 그의 손을 뿌리쳤다. 태양은 우리를 향해 내리쬐었다. 하늘에는 검은 먹구름이 마치 인간들을 시기하듯 서쪽에서 몰아치고, 다른 한쪽에서 하얀 뭉게구름이 여기 슬픔과 기쁨을 달리하듯 사람들이 들끓는 로마광장 위로 피어올랐다.

　정오의 빛 아래, 여기 로마광장 앞에서 나는 그 모든 조소와 웃음소리를 들어야 했다.

　나는 죄인임과 죽임을 보았다.

　정오의 햇빛과 모든 사람의 시선이 나를 향해 쏟아졌다.

3장

해골 언덕

　그는 태양을 향해 서 있었다.

　꽉 들어찬 인간 짐승 떼처럼 그리고 사람들의 흥분과 성남 등이 죽음의 골고다 언덕으로 모든 인간이 몰리기 시작했다.

　그 중심에서 나는 관장 한가운데 홀로 서서 군중 등의 외침 소리와 베드로의 마음에 소리를 들을 수 없었다. 여기서 공허와 군중 등의 외침 소리만이 내 영혼 속에 들릴 뿐이었다. 우측에 서 있었던 사람은 마태였다. 그는 나에게 무슨 말을 외쳤지만, 들리지 않았다. 멀리서 내 형님도 군중 속에 속해 있었다. 나는 앞으로 다가갔다. 군중들의 외침 소리, 사람들의 아우성, 내 마음의 혐오 소리 등등이 내 귀 전을 울리고 내 영혼이 산산이 찢겨 나갔다. 그러면서 고통의 냄새, 군중 등의 짐승 냄새, 그리고 아우성치는 인간들의 고뇌의 소리가 바람을 타고 들리기 시작했다. 종탑에서는 정오를 알리는 소리와 함께 모든 인간 짐승들이 골고다 언덕 위로 몰리기 시작했다.

순간, 나는 의연한 시각으로 바라보았다.

여기 최후의 심판을 맞이하는 인간들의 우스운 모습들과 그런 짐승처럼 외치는 인간들 그리고 그 새벽 부르는 인간의 냄새에서 나는 하늘을 향하여 두 팔을 벌렸다. 이것은 여기 유대 땅속에 원한을 품은 죽임의 망자 등에 외침이고, 여기 모인 군중들의 아우성이었다. 그러나 나 자신의 한 행동을 아직 인지하지 못했다.

나 '사도 요한'은 베드로의 원망과 유다의 실망으로 무척 염오(厭惡) 속에 빠져 있었다.

인간 짐승처럼 사람이 사람을 나무 위에 목을 박는 행위를 상상만 해도 몸서리는 치는 것이다. 그 장면을 보기 위해 산처럼 사람처럼 모인 사람들을 나 '사도 요한'도 그들을 인간 짐승으로 여겼다. 그리고 나는 처음으로 여기서 최고의 죄인임을 느낄 수 있었다. 그것은 안드레 형제의 눈초리를 알고 있었기 때문이다.

그러나 우리 인간 역사에서 이런 짓은 흔하게 행에 졌다. 세상 곳곳은 전쟁의 참화로 사람들은 불귀의 격이 되었다.

온 백성들은 전쟁과 역병으로 수많은 사람이 죽으면서 신을 찾았다.

"신은 죽었다!"

어디서 이런 외마디 소리가 터져 나왔다.

그러나 빌라도 총독의 목소리만 찬 바람소리처럼 어디서 들려왔다.

"여러분 나는 지혜로운 로마 총독으로서 로마 황제의 명으로 주 예수를 십자가형에 처한다! 이것은 유대인들의 대다수의 의견이고 통상적으로 유월절 특별사면도 그들이 원하는 대로 강도인 바라바를 사면해 줄 것이다. 로마 병사들은 즉시 그를 풀어 주어라!"

빌라도 총독은 군중들을 향하여 외쳤다. 이구동성으로 모든 군중이 모두 만세를 부르자 영문도 모르고 하늘만을 지켜본 안드레는 앞으로 나서며 이렇게 외쳤다.

"형님, 이 모든 것이 그들의 흉계입니다. 우리는 그들에게 결국은 기만당한 것입니다! 바리새인들은 우리에게 돈을 원하는 것처럼 우리를 안심시키고 나서 주 예수를 죽음으로 이끈 것입니다. 그들이 원하는 협상은 처음부터 기만책으로 우리를 이용하려고 만든 술책입니다."

안드레는 앉아서 울기 시작했다. 그 외침은 주님을 십자가형으로 처한다고 말했기 때문이다.

겨우 아짐의 등에서 안절부절하는 베드로는 영 지금의 상황들을 이해할 수 없었다. 군중들의 외침 소리와 노인들의 아우성들과 그리고 아낙네들의 울부짖는 소리에 베드로는 숨이 막혀왔다. 다만, 동생의 울부짖는 것과 아짐이 묵묵히 서서 눈물을 글썽이는 모습에서 그 어떤 감을 잡을 수 있었다. 혈압이 오르면서 태양은 머리 정수리 위에 내리쬐고 하나의 빈틈도 없이 꽉 들어찬 사람들의 모습은 짐승 이리 떼처럼 그렇게 보였다. 이것은 진정 아니었다. 베드로는 그런 사실들을 주시했다. 여기 로마광장에서 보이는 골고다 언덕까지 펼쳐진 인간의 잔인한 행렬 위에 그도 그냥 하늘을 우러러 보았다.

그는 이 모든 것이 그가 처음 우려했던 대로 그렇게 되어 가고 있었다. 예루살렘 광장에는 바람이 불어오고 그 바람을 따라 인간 짐 승들은 흩어져다 모이면서 골고다 언덕으로 모두가 향했다. 우리가 정확하게 알고 있었던 것은, 그들이 처음부터 이런 예상을 가정해 서 이렇게 일들을 꾸민 것이다. 처음은 돈이면 되는 거처럼 사전에 꾸민 것이다. 우선은 우리를 안심시키려고 애썼다. 그것은 여러 정 황상에도 나타났다.

"선지자라는 자는 어린 백성들을 혹세무민하는 자이다."
하고 대제사장도 어젯밤, 베드로가 지하 감옥에서 나온 이후 만나 서 이렇게 말했다.

"당신들도 알고 있듯 무지한 백성들을 부추겨서 '이웃을 사랑해 라! 원수를 사랑하고 너희들을 박해한 자들을 위해 기도하라.'라고 하는 말은 자신을 속이는 말이다. 그가 죽음의 지하 감옥에서도 그 는 자신을 항변하지 않았다. '원수를 사랑해라.'란 말은 누구를 지칭 하는 말인가? 되레 그에게 우리가 묻고 싶은 말이다." 하고 그들은 덧붙였다.

베드로는 이 무지하고 황당한 상황 등을 그냥 지켜볼 뿐이었다. 그가 지금까지 생각했던 것이 다 억지스럽고 부자연스러웠던 것인 지 모른다고 여겼다.

지금까지 주 예수를 따르던 그 모든 사람이 사탄에 저주를 받은 거처럼 보여 다는 것에 내 눈을 의심했다. 아니면 우리 내제된 더러 운 속성인 '죽임에 대한 고뇌'를 숨기면서 내가 잘못 생각할 수도 있 고, 잘못 볼 수도 있다. 여기가 천국이 아니고 지옥으로 내려가는 중간지대인 연옥일지라도 나는 슬퍼하지 않을 것이다. 멀리 서 있는 그 부인은 빌라도 총독 부인이었다.

그 부인도 지금 여기 죄인의 언덕 위에서 주님의 최후에 심판을 관전하는 것이.

이 모든 것이 나를 슬프게 했다. 내가 그들에게 각서를 써 줬다는 것에 나는 다시 오열하기 시작했다. 혹시, 모르지 내가 그들과 많은 시간을 할애해서 술을 마시고 있었으니? 어젯밤, 그 대제사장 집에서 본 종들과 여급이 내 앞을 지나면서 삿대질을 하며 비웃고 있었다. 나는 멍하니 정오를 가리키는 종탑소리를 들으며 나 자신을 보았다. 하늘에는 강하게 태양 빛이 내리쬐었다. 내가 지금 왜 그런 생각을 하고 있는지 정확한 것은 아니지만, 그 부인도 우리 군중 속에 있고 군중 등이 점차 흥분하기 시작하자. 그 부인도 덩달아 여기 죽음의 현장에서 흥미를 갖는 것은 다른 사람과 같았다. 그러나 어느 때는 홀로 나와서 주님을 따르는 백성 등의 사이로 들어가 그 부인은 강론을 듣곤 했다.

이 죽음의 행렬로 이어진 길 위에 늘어서 군중들과 인간들의 근심 어린 초라한 모습들과 이민족 그리고 로마인들도 모두 골고다 언덕을 향해 외치는 것처럼.

"나도 이제 죄인임을 알았다. 곧 주님을 따라 죽임을 당할 것이다."

나도 따라서 이렇게 외쳤다.

그는 결코 그런 이야기를 하고 싶지는 않았지만, 하긴 나도 그 부인을 보자 흥분하기 시작했다. 실상 필자도 이런 혼란을 틈을 타 베드로와 사도 요한의 존재조차 희미하게 느낀다. 우린 그런 존재조차 이야기하는 것을 부정할 것이다. 우리 제자들은 그 어느 곳에서도 존재조차 하지 않았다. 거대하고 두터운 인간적인 외로움의 슬픔과 기쁨 희로애락 속에서 우리는 여급들과 여러 종 사이에 둘러싸여 그들과 즉 바리새인들, 로마 귀족, 예루살렘 궁전 안에 헤롯왕 그리고 그 귀족들이 주 그리스도의 최후 심판을 논하고 있었던 것을 나는 알고 있었다. 오! 조물주요? 주 하나님 우리 제자들은 무엇입니까?

베드로 형제요?

우리 제자들이요!

그 누군들 무엇이 문제인가?

내가 베드로인지 사도 요한인지 종잡을 수 없는 혼돈 속에 이 글을 써 내려 가기 시작했다. 다 같은 제자이긴 마찬가지이었다. 인간들도 최후 심판을 바라본 그들 자신도 언제 어떤 방식으로든 그런 노예 상태이든 아니든 죽임을 당할 수 있다는 것. 결국은 잊고 말리라는 것. 주님이! 우리 제자들이나 여기 인간 군중 떼들을 위해 목숨을 걸고 있다는 것. 그들이나 로마 위정자들을 위해 죽임을 허용했다는 것을 잊고 있었다. 우리 모두가!

그리고 다른 생각을 하면서도 같은 흥미를 느끼는 것에 나와 안드레도 다를 바가 없었다. 멀리 선 그 동생도 열렬하게 그 주위를 오고 갔다. 그리고 우리 주위에서 서성거리던 야고보는 이내 자취를 감췄다. 그랬다. 마치 이곳은 지옥을 방불케 했다. 사탄이 악마처럼 날뛰고 모든 귀신이 덩달아 춤을 추는 듯했다. 저기 뒤편으로 보이는 골고다 언덕으로 로마 군인들이 일렬로 서 있고, 서서히 군중 등의 움직임이 그곳을 향했다. 나의 마음속에 혼란과 굴종은 결코 나 자신 속에 숨은 방임에서 자유롭지 않을 것이고, 나의 방종은 결국은 내 영혼의 두터운 두려움 때문인지 알 수 없는 어둠의 침묵과 마음속의 격동은 쉽게 지워지지 않을 것이다.

여기 로마 광장에서 외치는 악마들의 아우성과 놀란 눈동자로 하늘을 원망하는 어느 촌로의 눈물 속에서 나는 인간의 원죄인 그 근원을 보았다. 우리가 그럼에도 불구하고 하나님에게 외쳤던 외침도 한낱 구호에 불과했던 것이었다.

나는 골고다 언덕을 밀리다시피 오르자 거기에는 성모 마리아가 있었다.

빛바랜 표정을 한 막달라 마리아까지 그 골고다 힘들게 오르고 있었다. 인산인해의 사람들에 틈을 비집고 오르는 군중 등 모두가 흥분된 눈으로 외치고 있었다. 그곳에 모인 모든 사람 중에는 사막에서 온 이민족들과 다른 부족들의 사람들도 섞여 있었다. 로마인들도 개중에 있었다.

혹은 다른 사람들은 재미있는 표정으로 보고, 또한 별난 사람 중에는 "아, 이것은 신의 저주이다." 하고 걱정 섞인 말로 하늘을 우러러보며 한탄했다.

"오, 어머님. 이것이 신의 뜻입니까?"

하고 물었다. 그러나 듣지 못했다.

그렇다!

밀리고 밀치는 아우성 속에서도 굳은 입술을 감추고 있는 막달라 마리아는 나에게 이렇게 외쳤다.

"이것이 진정 인간의 뜻입니까, 신의 뜻입니까?"

그러자 어머님은 "더 이상 신을 빗대지 말라. 이것은 신의 뜻이다."라고 하면서 그 어머님의 마지막 성찬을 준비하는 모습을 떠올리기 시작했다. 그것은 결코 최후의 성찬이 되었지만, 그날 밤 아들로서의 마지막 말을 기억했다.

"어머님, 이 모든 것이 나의 뜻이고 주 하나님의 뜻입니다."
하고 하신 말을 옆얼굴로 똑똑히 들었다.

나는 그 밤 별빛이 빛나는 밤을 쳐다보며 우리가 태어나서 그 속에 있는 하늘의 찬란하게 빛났던 별빛과 달빛 속에 무너진 해골 언덕 위에서 내 영혼과 상처받은 몸이 더럽혀지면서 지금 여기 태양이 빛나는 이 대지에서 저 하늘 최후의 심판인 가차 없는 응징이 어디까지 미칠지 지켜볼 것이다. 우리는 그들과 작은 재화를 가지고 싸웠다. 작은 재화들을 가지고 서로 헐뜯고 다투면서 건널 수 없는 곳까지 갔다.

그것은 하나님의 정의보다 심판을 앞세운 것이다. 여기에는 그 어떤 정의도 존재하지 않았다. 종교재판으로 하나님의 정의를 말살한 이 정의는 우리에게 무엇이란 말인가? 이 순간부터 우리는 주님의 최후에 심판을 제3자의 입장에서 죽임을 봐야 하는 이 비정한 메커니즘 속에 속해 있다는 것이, 이 어찌 안타깝고 한심스럽지 않니 한가? 한편으로는 외설스럽고 다른 입장에서는 진부하기까지 하니 이제 진정으로 우리는 '죽어야 사는 것임.'

숨을 헐떡이고 심장이 갈기갈기 찢기는 고통의 늪에서 나는 내 영혼에 고통 소리를 들을 수 없었고, 죽을 수도 없었다.

언덕 귀퉁이까지 오른 베드로는 더 오르지 못했다. 허름한 흙벽돌로 만든 담벼락 모서리에 기댄 채 그는 너무도 초라한 모습으로 서 있었다. 그나마 얼굴은 붉게 변했고, 무표정한 얼굴로 하늘을 우러러보았다. 미풍이 그의 얼굴 위로 스쳐 지나갔다. 무심한 하늘은 오늘따라 자랑스럽게 새들이 떼를 지어 울고 있었다. 베드로는 그 모습에서 가슴이 무너지고 심장은 쥐어뜯기면서 로마광장과 해골 언덕 여기가 최후 심판의 날이 가까워지는 것을 온몸으로 느꼈다.

그 뒤편에 서 있는 여인도 있었다. 그 부인이었다. 그 부인은 나를 알아보고는 얼굴을 손으로 감쌌다.

이 모든 것이 인간의 광기처럼 주님은 그 무거운 십자가 무게조차 감당하지 못했다. 로마 군인들은 그 십자가를 건장한 청년에게 대신 십자가 짐을 지었다. 나는 이 골고다 언덕을 올라가면서 '다음 차례는 내가 아닌가?' 자문했다. 어머니와 또 다른 어머니 등등은 거친 숨을 몰아쉬며 거의 사람들로 가득 찬 좁은 길목을 오르고 언덕을 기어오르던 그 모습에서! 나는 인간 등의 비정하고 무자비한 전율을 느꼈다.

거의 정상 무렵에는 군인들이 사람들을 통제하고 있었다.

오르자마자 '땅' 하는 망치 소리와 함께 주님에게 가하는 타격은 나의 심장을 궤 뚫는 소리와 사지가 찢게 나가는 고통의 소리가 났다. 결국은 그들의 흉계는 정치적 살인행위였다. 곧 이것은 하나님의 정의가 아니다. 나는 소리 없이 다가오는 외침 소리를 똑똑히 기억했다. 그날 밤의 음모? 그리고 주 예수님의 죽임을 확실하게 지켜보았다.

우리는 언제 가는 죽음을 맞이해야 한다는 것.

그날 밤!

달무리 없는 골고다 언덕에 더럽혀진 죽음의 영혼.

유다가 서 있었다.

우리는 무슨 짓을 했는가?

이상과 현실을 뛰어넘는 신기루 속으로 들어가는 죽음과 부활!

사도 요한은 이 해골 언덕 위에서 무너진 영혼과 상처받은 몸.

우러러보며. 몸부림치고 있었다.

내가 목이 마르다. 다 이루셨다. 하며 돌아가신 주님은.

빛바랜 거리에는 군중 등의 외침 소리와 아우성.

그 골고다 언덕 위 회색빛과 붉은 피의 나무 십자가.

'꿍'하며 무거운 형벌을 내려치는 망치질.

그는 인간인가?

베드로도 사도 요한도 그냥 지켜볼 뿐이고,

성난 백성들의 외침이 들리면서 그 사람들의 고뇌와 고독이 시작되고

지하 감옥의 죽임에 망자들이 주 예수를 찾으며.

울부짖는 백성 등의 통곡 소리.

우뚝 솟은 나무 십자가 밑으로 흐른 언약의 피가 그 어머니의 손에 묻히고.

다시 주님의 언약에 몸과 피가 우리 앞에

우리는 무슨 짓을 한 것인가?

나는 진정 악마와 거래를.

나의 정죄를!

우리는 그 시간을 잊고 망각하면서 나는 인간의 정죄인 '빛바랜 회색빛 나무 십자가에서 흘러내린 언약 피를 마시면서' 악마와 거래를 했던 것이다. 그날 밤, 새벽이 움트고 아침이 융기하면서부터 나는 술에 취해서 기도 하듯 백성의 장로와 함께 베드로의 형제에게 흉을 보며 욕을 했던 것이다.

베드로는 이것을 지켜보았다.

나 '사도 요한'도 이 지켜 온 징벌에서 벗어날 수 없었다.

백성의 장로가 외치고 떠들던 그것은 그들의 기만이고 공허한 외침이었다. 그리고 결국은 '좁은 문'이란 말씀을 이해하기 시작하면서 베드로는 그가 아직 죽을 때가 아니라는 것에 동의했다.

그 '좁은 문'은 결코 죽음과 부활의 삶이다.

아무에게도 말하지 않고 나와 베드로는 말없이 예루살렘 거리를 방황했다. 주님이 우리에게 "나를 따라오려거든 자기를 부인하고 자기 십자가를 지고 나를 따르라."라고 하신 말씀을 귀에 못이 박히도록 들었다. 그간 그들에게 당한 서러움과 앞으로 닥칠 그의 숙명이? 그것은 주님이 지금 실천하고자 하는 죽음과 부활이었다. 결코 주님은 죽음을 피하지 않을 것이고, 부활로써 하나님의 진리의 말씀을 증명하고 그런 주 예수님의 정의를 우리와 모든 사람에게 보여줄 것이다.

베드로는 속속들이 그들에게 속내를 드러냈다. 더 이상 그들도 베드로가 필요 없었다. 그 생각을 하니 자신이 지금까지 억제한 분노와 통제할 수 굴욕에 더 이상 참을 수 없었다. 그는 사방을 둘러보았다. 망루 사이로 별빛들이 두껍게 대지 위로 흘러내렸다. 그날도 그 별빛들이 그를 보고 있었던 것이다?

베드로는 사방을 둘러보았다.

지금 그가 그들과 대화를 나누면서 '형벌'이니 '신성모독'이니 '죽음'이니 '종교재판'이니 하는 말을 가지고 그들과 같이 열띤 토론을 했던 것이다.

그들의 기만이 그의 모든 것을 앗아갔다. 그가 그렇게 외쳤던 그의 명분이나 아집까지 송두리째 버린 지금 유다의 죽음에 눈빛을 보았을 때, 흡사 그 자신의 분노는 조절할 수 없는 적개심, 냉소적인 빈정거림, 그리고 끊임없이 그들과의 커다란 아귀다툼 속에서도 그들과 자연스럽게 그곳에 앉아서 주님의 죄를 성토하고 그는 거짓 언약을 그들과 같이 앉아 동의했던 것이다. 우리는 대제사장 집 앞 뜰에서 따뜻한 불을 쬐며 주님의 죄를 일부 동의하며 그들과 같이 변명을 늘어놓기 시작했던 것이다. 그는 그들과 같이 세 번이나 죄를 부인했다. 베드로는 그 자리에 앉아서 자신의 두려움 때문에 그들과 같이 죄를 동조하며, 이제 망루를 등지고 우뚝 솟은 나무 십자가 밑으로 흐른 언약의 피가 성모 마리아의 손에 묻히는 장면을 연상했는지 모른다.

모든 별빛이 흘러내리는 것을 마냥 지켜보며 그들과 같이 농담과 아귀다툼 그리고 제자가 아니라며 변명까지 늘어놓았다.

때론, 이런 것이 사람들에게는 관심사에 하나라는 죽음에 대한 최후의 심판, 그 누구도 그런 일에 흥미를 갖고 별생각 없이 따라 하는 것이 사람이기 때문에 하기야! 베드로도 다른 사람들이나 종들과도 다를 바 없이 지금은 그들 중의 한 사람일 다름이었다. 이럴 때는 막연하고 알 수 없는 두려움 속에서 그는 이제 자신이 누구인지조차 알 수 없는 밤? 그 밤은 깊고 사막에서 추운 바람이 불어오면서 여기 대제사장 그 집! 그 집 모닥불까지 핀 정원과 발 디딜 틈도 없는 곳에는 많은 사람과 그리고 찬바람이 저 깊고 넓은 사막의 밤에 세계에서 몰려오고, 짙은 적막에서 피바람이 저 지옥의 영구 속에서 비정하게 불어오고 있는 그 골고다 언덕! 그는 점점 보이지 않는 미궁의 수렁 속으로 빠져드는 느낌이 들면서부터 '사도 요한의 사견의 목록 등을 들으려 하지 않으면서' 짙은 어둠이 내려오던 예루살렘 거리, 깊고 넓은 사막 위에서 나는 '으르렁'거리는 모래 소리, 로마제국에 시름하는 인간들의 통곡 소리가 그치지 않고 나는 여기 예루살렘에 로마광장! 그리고 최후의 심판을 준비하고 종교재판이 곧 열리는 예루살렘에 로마광장에서 나는 군중들에 함성 소리와 주님의 십자가형이?

지금 공회에서 이미 주 예수를 단죄하기 위해 십자가형을 결정했는지도 모를 —그들과 백성의 장로는 주 예수를 죽음에 처하기 위해 이미 오래전부터 무서운 흉계를 꾸미고 있었는지 모를— 그럴 상황에서 베드로는 2천 년 동안의 고독과 고뇌, 죽음과 부활, 공허와 번민, 사랑·용서와 화해, 그리고 인간들의 평등·박애 정신 등등이 적혀 있는 사도 요한이 기록한 목록을 무시하고부터 저 로마제국주의자들은 백성 등의 흥겨운 음악 소리와 주님의 복음도 그들에게 항거하는 소리로 억압하기 시작했고, 그런 모든 것이 착각으로 변형되면서 모진 박해와 십자가형이 처해졌던 것이다.

진리가 우리의 삶이나 죽음, 또한 부활이라는 천지창조의 이론들을 증거로 보이고, 그 증거 위에서 시간이라는 것.

그 시간이, 우리 인간에게 조물주처럼 간섭하고 조정하며 우리에게 굴종까지 강요했던 것은 우주 철학의 중심에서 강력한 힘이 사람들을 옥쇄처럼 짐이나 형벌을 주었던 것.

사람이, 육체적인 욕구는 이성적이지 않고 충동적이며 적극적인 관계로 인해, 이성이나 감성보다 항상 앞서 생기는 습성으로 인해 그런 죽음이 큰 장애인 약점으로 작용했다고 나는 말했다.

베드로는 묵묵히 지켜보면서 그 당시를 기억하기 시작했다. 그런 생각을 하면서 베드로는 주 예수님의 죽음에 대한 생각을 알게 되었다. 이것은 우리 제자들 모두에게 한 말씀이었다. 우리는 제자일 뿐이다! 이제 모든 것을 떨치고 일어나 세상 속으로 떠날 것이다. 주님께서 말씀한 '너희들은 세상을 떨치고 내 말을 만인에게 전해라!'라고 한.

우리 제자들은 이런 생각들을 추상했다.

이런 죽음이!

그가 살았던 삶이나 주님이 죽음이라고 외쳤던 죽음도 결국은 그 어둠의 시간을 거슬러 오는 거대한 바람을 막지는 못했다. 그것은 주님도 오늘 느낀 어둠의 세력들과 그가 본 지옥은 또 다른 세상으로 달려가는 영혼의 시간에서. 이 터질 것은 비정한 분노와 영혼의 고통이 곧 그 시간을 거슬러 오르는 시공간의 일그러지는 마지막 시간이 착각하기를 바라는 우리는 이 더러운 죽음에서 지키려 했던 모든 사람의 광기는 환상 속의 죽음으로 윤회되는 것. 인간의 더러운 원죄나 사악한 욕정에 시달린 우리이나 베드로가 그때 인식한 것은 바로 그것이었다.

그 바람은 2천 동안의 고뇌와 고독 속에서 자유와 진리를 외치고 있었던 것이다.

그 주 예수님의 죽임에서!

인간의 더러운 원죄나 그 어둠의 두터운 시간이 바로 그에게 덮는 죽음의 광기이었다.

'그 죽음을 초월하거나 극복하려면 시간이 필요한 것처럼 그 시간은 특수성 때문에 우리들을 옥죄어 오는 것이 죽음 때문이다.'라는 것이 상반된 시각이었다.

이 얼마나 아이러니한 죽음인가?

결국은 이 모든 것을 이해하기란 베드로에게는 태부족이었다. 그것이 인간의 심판이라고 외치던 백성의 장로에 그 목소리가 그날 밤 이후, 그 공허한 하루가 시작되고 새벽이 오는 그런 길목에서 생명의 빛과 밤의 어둠에 침묵으로 인해 우리는 아무것도 인식할 수 없었다. 베드로는 그것을 알고자 했다. 모종의 위기에 시간이 다가왔다. 그것은 사도 요한이 유월절 돌아오던 그 날 자정 무렵쯤, 그가 지금까지 적어 놓은 목록들을 가지고 들어왔다.

공회에서 나오는 여러 가지 소문들과 서기관이나 장로들을 추적했던 목록은 대략 이러했다.

'오래전부터 시작해서 이즈음에 그들의 동향이 분주하게 움직이고, 특히 백성의 장로는 사막으로 나가 여행을 했다는 증거가 있고, 또한 유다 형제를 여러 번 시장에서 만난 적이 있다. 그리고 대제사장인 측근이 그 당시 로마 총독부를 찾아가 거기 관료들과 모종의 극비사항을 의논했다는 것이다. 그러나 그 측근이 무슨 일로 관료들과 만난 것인지는 극비사항이라 확인할 수 없었고, 특히 눈에 띄는 것은 대제사장이 로마 총독을 면담했다는 것이다. 내 사견으로는 백성의 장로 부인이 최근 예루살렘 궁전 안에서 중요한 일을 맡았다는 정보가 있다. 그 정보는 아짐에게 들었다. 그러나 베드로는 그런 정보를 무시했다. 우리는 서로 간의 소통을 원하지 않았다. 베드로는 그런 것을 인위적이고 모략적으로 판단했다. 혹여, 베드로가 사도 요한의 충고를 받아들이지 않아서 더 그런 일들이 꼬여다 해도 그는 그것을 신의 뜻으로 받들였다. 아마, 베드로도 죽음을 원하지 않았다. 지금 여기서 벌어지는 시간에서 모든 것을 결말 지기를 원했다. 죽임을 당하든 죽든 그것의 문제는 정의 문제지.'

그랬다.

그것은 우리에게 보이지 않는 숲속의 밤에 취해 예루살렘 거리를 방황하고 뭇사람들이 허우적거리며 방황하는 그 비정하게 밤이 덮이는 모습에. 나는 모든 인간의 더러운 속성들과 밤의 침대에서 그 색정을 밝히고 술집에서 같은 여급들과 희로애락을 논하고. 아직도 불빛이 빛나는 공회 안에서 서기관이나 장로 등의 그 행패와 어둠의 세력들의 그 짓은? 이 형벌의 죽음이 가벼운 것. 그 죽음이 앞으로 살아가는 모든 사람의 길처럼 인간에게는 신분이 따로 있다는 것! 로마 제국주의는 영원하다는 것. 지금까지 인간들의 예속 된 채로 영원하고 주 그리스도가 예언한 죽음이 여기 로마광장에서 최후의 심판이 열리리라는 것.

이것은 최후의 심판처럼 주 예수님의 목숨을 아사 가는 광기이었다. 신의 정의이든, 인간의 정의이든 그 무엇이 문제인가? 인간이 인간의 입에 막고 죽음으로 몰아가는 이 비정한 역학과 인간의 광기. 그것은 분명 사람들 속에 있는 탐욕과 오만에서 나오는 광기이고, 이것으로부터 시작되는 인간의 역학은 그다음 이후, 시작에서부터 끝까지 지속되고 우리 인간들은 끊임없는 전쟁과 약탈로 인간의 탈을 쓴 악마로 거듭 태어나기 시작했다. 우리는 스스로가 위대한 존재라는 말을 증명하기 위해서 다른 사람들을 노예나 종으로 취급했던 것이며, 결코 그 인간들은 자신의 죄를 인정하지 않았다. 결국에는 그들과 같이 자신의 탈을 숨기고 위대한 정복자처럼 다른 사람들을 짐승처럼 여겼던 것이다.

그들 자신의 위선을 위해?

그 어둠의 시간을 위해!

나는 하늘을 보고 물었다. 그러나 그들 모두는 그렇게 하는 것이 옳다고 했다.

주 예수는 마지막으로 숨을 거두시며 이렇게 말했다.

"주 하나님, 어찌하여 나를 버리셨나이까?"

라고 하며 "목이 마르다." 하자 나는 신 포도주를 적신 것을 해면에 매어 입에 대니 "다 이루었다."라고 하시며 돌아가셨다.

이미 어머니와 다른 여인들은 내려가고 나는 홀로 여기서 하늘을 우러러보았다. 모든 별빛과 햇빛이 여기 골고다 언덕으로 쏟아져 내린 여기는 오르지 쓸쓸한 바람과 죽음의 향기가 나는 죽음의 언덕이었다. 나는 오랫동안 묵묵히 그냥 앉아 있었다.

로마 군인들이 주님을 몸을 끌어내린 시체를 나와 요셉이 받았다.

"빨리 가지고 가시요? 우리도 밑으로 내려가야 하니."

준비한 흰 모직포를 감싸고 여러 명이 들것으로 모시고 내려왔다. 유대인 장례처럼 깨끗한 흰 세마포와 함께 싸서 돌무덤 안에 편히 눕게 하였다.

밖에는 군인들이 지켜보니 빨리 나왔다. 밖에는 천둥 벼락이 치고 거친 바람이 불어왔다.

아직 오후인데, 광대한 바람이 불어오고 몰아치면서 낮이 어두워지고 밤으로 변화면서 나는 불안해했다. 요셉과 헤어지고 길게 뻗어 있는 길은 어둠과 적막만이 내가 가는 길을 비추고, 이제는 내가 주 예수의 가장 사랑을 받던 나 '사도 요한'이 혼자 여기 남아 있었다. 나는 무작정 걷기 시작했다. 어둠과 별빛의 침묵만이 덮인 이 예루살렘 거리와 거친 사막으로 발길을 옮기고 있었다.

별빛만이 우리에게 그 진리를 전해 줄 것이다.

그리고 그것이 결국은 그 '좁은 문'을 이해하기 시작했다. 그 '좁은 문'은 결코 죽음과 부활의 삶이었다. 그것에 진리가 통하고 우리 인간들에게 삶의 표적이 된 것이었다.

발길을 옮기며 지금 여기 별빛이 흘러내리고 달빛이 베드로의 머리 정수리에 내리쬐는 밤! 이 밤은 결코 다시 찾아오지 않을 것이며 그리고 그 밤의 세계에서 그 그림자인 사탄의 유혹을 결코 받아들이지 않을 것이며, 주님의 언약인 십자가의 정죄를 위해 우리는 우리의 한 몸을 이 세상 속에 받치겠다. 내가 죽어 혹시, 몸짓은 모진 바람에 휘날리고 내 영혼이 갈기갈기 찢어져 천공 속에 헤맨다 해도 나는 슬퍼하지 않을 것이고, 그 죽임조차도 거부하지 않을 것.

별빛이 흘러내리는 그 날 밤! 그 예루살렘 성벽 그늘에 바람이 몰아치고 불러오면서 그 외로운 우리 제자들의 그림자만이 홀로 예루살렘 성벽 지하 감옥으로 들어가는 문 앞에 서성거리며 우리의 원죄를 상상하기 시작했던 것이다.

나와 베드로는 그 당시 주 예수님의 죽임을 믿었다. 그리고 부활을 또한 믿었다.

천지창조가 아무리 위대하다 해도 여기 죽음을 부르는 지하 감옥, 골고다 언덕 위에서 집행된 십자가형은 2천 년 동안의 고뇌를 이기고 요람에서부터 무덤까지 우리에게 안락함 삶을 보호하고 위로해 줄 것이다. 그것은 단지 그날 밤, 별이 빛나는 밤과 달빛 속에 검은 그림자가 사라진 다 해도. 그 영원한 '좁은 문'만이 자유와 진리를 부르고 있었던 것이다. 하긴 나는 이제, 그 어떤 것에도 놀라지 않고 두려워하지도 않을 것이다. 그것은 어쩌면 인간의 불투명성 때문에 베드로가 "나 자신을 믿을 수 있을까?" 하고 외쳤던 소리가 문득 떠올랐다.

그런 영원할 것 같은 '좁은 문'에 대해 생각하면서 우리도 해골 언덕으로 십자가를 짊어진 모습을 다시 볼 수 있을까?

하고 나는 생각해 보았다.

우리 인간 등의 별난 역학이 우리 사람에게 그 무엇인지 확신할 수는 없겠지만, 분명한 것은 죽임과 부활의 불가역적이고 불가항력적인 요소가 있다는 것!

4장

부 활

안식 날은 쉬고 나서, 해가 돋으며 일어나 가는 길에 아침 햇살이 빛났다.

막달라 마리아는 무덤에서 놀라운 광경을 본다. 예수님의 묻혀 있던 무덤은 열려 있고, 주님은 거기 없었다. 마리아는 당황한 나머지 집으로 달려갔다.

베드로와 다른 제자들은 만난다.

"주 예수님이 사라졌어요? 거기에 누워 계신 주 예수님의 사체가 사라졌다는 것."

마리아는 입만 벌리고 말을 맺지 못했다. 안드레는 당황한 베드로를 업고 무덤으로 달려갔다. 무덤 문이 열려 있었다. 무덤 안에는 아무것도 없었다.

"천사들을 만났는데, 천사들에게 물었지만 웃음으로만 대답하고 떠났습니다."

"밖에는 천사들이 안 보이니 물어볼 수도 없고. 베드로 형제여, 어떻게 된 것입니까?"

하고 마리아가 물었다.

베드로도 그 이상은 아는 것이 없었다. 우리 모두 밖으로 나가 좌우로 살펴보았다. 어스름한 땅거미가 멀리서부터 찾아왔다. 다른 제자들은 집으로 들어가고, 마리아는 그 천사들의 웃는 미소의 의미를 찾으려 애썼다. 막달라 마리아는 그 자신의 가슴과 배를 만져보았다. 골고다 언덕까지 걸어서 나온 그녀의 두 뺨에 하염없이 눈물이 흘러내렸다. 그녀는 그간 말씀하신 그 뜻들을 생각하고 있었다. 들판을 끼고 지나 바위산으로 들어가 밤새도록 기도를 드리며 잠시 잠이 들었다.

찬 이슬에 잠에서 깬 마리아에게 황금빛 여명이 다가왔다. 멀리 요단 강 너머로 붉은 기운이 찾아오기 시작했다. 먼동이 뜨며 어스름한 달빛이 지고 멀리서부터 바위산과 나무들의 윤곽이 드러났다. 마리아가 울고 있을 때, 두 천사와 주 예수님이 나타나셨다.

"주여, 우리에게 다시 온 것입니까?"

하고 나서 막달라 마리아가 가까이 다가가자 예수님은 그녀에게 이렇게 말했다.

"마리아야, 나에게 가까이 다가오지 말라. 내가 내 아버지인 하나님의 나라로 곧 올라갈 것이니, 너는 슬퍼하지 말라."

주 예수님은 그 말을 남기시고 두 천사와 함께 승천하셨다.

태양이 뜨며 아름다운 햇살이 가는 길 위에 놓여 있었다. 새벽이슬이 길 위에 놓여 있고, 그녀는 찬송가를 흥얼거리면서 아침을 맞이한다. 가슴 속에는 그 무엇인가 살아 움직임을 다시 느낀다. 마리아는 큰 기쁨과 어둠으로 걸음을 재촉하여 제자들이 있는 하숙집으로 달려갔다. 모든 제자가 마리아의 환한 표정에 놀라움을 보인다.

"부활하신 주 예수님을 만나셨나요?"

안드레가 물었다.

"예, 잠깐 만났지만 나에게 하늘나라로 올라가야 하니 가까이 다가오지 말라 하셨습니다."

막달라 마리아가 말했다.

지친 하루가 저물기 시작할 때쯤, 주 예수님의 우리 앞에 나타나셨다. 손등에는 구멍이 난 것을 보여주면서 "너희에게 평강이 있으라." 하고 나서 모든 제자를 둘러보며 눈시울 적신다.

주 예수님은 우는 나에게 다가서서 "사도 요한아, 울지 말라. 나는 죽음에서 부활이며 진리이며 생명이니, 내 아버지의 나라로 갈 것이니 무엇이 부족할 수 있느냐? 내 말들을 잊지 말고 기록하고 그 뜻을 만인에게 전해라!"라는 말하고 나서 주 예수님은 천사들과 천장에는 구멍이 환하게 뚫린 곳으로 승천을 하고 있었다.

"주여, 어디로 가시나이까?"

베드로는 아픈 다리를 겨우 딛고 일어났다. 자신이 아픈 발을 딛고 땅에 서 있는 것을 알게 되었다. 모든 제자는 갑자기 찾아온 부활의 빛을 바라보았다. 이것이 곧 부활의 빛이었다.

"그래도 나는 아직 이 부활의 빛을 믿지 못합니다."

늦게 나타난 도마가 말했다.

예수님의 말씀 중에는 "죽은 자 가운데서 다시 살아나야 하리라!"

하고 말씀하셨다. 그러나 나는 아직 그 뜻을 알지 못한다고 했다.

자신의 형인 베드로가 서 있는 모습을 보고 나서 안드레는 주 예수님이 다녀갔다는 것을 믿었다. 모두를 밖으로 나왔다. 칠흑 같은 나날들이 지나고 하늘은 여러 개의 별빛이 붉은빛과 무지갯빛을 내며 대지 위를 펼쳐지기 시작하면서 베드로가 죽음의 사막여행에서 길을 인도하던 그 별빛이 저 먼 우주 암흑 에너지 속에서 빛을 내기 시작했다. 모든 제자가 한자리에 모인 것은 최후의 성찬 이후 처음이었다. 부활을 목격한 이후로도 우리는 그 모든 것을 끝내지 못했다.

그 시간은 찰나이고 순간이며, 그것은 구주 하나님의 정의의 시간이었다. 그 위대한 로마의 시간은 그 구주 하나님의 시간에 비하면 아무것도 아니다. 내 아들은 그것을 알고 있었던 것이다. 그가 인간이기 때문에 그 어떤 한계점을 알고 있었던 것이다. 인간의 힘이란 결국은 부족하고 미약하며 작게 보이고 보잘것없는 힘의 한계라는 것을 그는 조금씩 알기 시작했다.

모든 제자는 앉아서 사도 요한의 골고다 언덕에서 죽임을 당하는 주 예수님의 이야기를 들으면서 끓어오르는 마음을 진정시킬 수도 없었다. 옆에서 듣고 있던 성모 마리아는 손을 뻗어 기도를 하였다.

그는 다시 한 번 진정한 주 예수님을 생각하게 된다.

이 모든 것이 성경으로 우리 사람들에게 연결되면서 우리 인간들에게 널리 인식되고 배우면서 기도할 것이다. 단지 베드로는 가난한 백성들과 강론을 듣기 위해 모인 군중들에게 같이 앉아 저 하늘에 별빛들을 노래할 것이다. 그는 주 예수님의 말씀을 전달하는 다리에 불구하고 그 무슨 역할을 해야 한다고 결심한다.

모든 제자는 "우리는 이제 결코 죽임 뒤에 숨지 않을 것이다." 하고 소리 높여 외쳤다. 그러나 우리 제자들은 다시 진정한 '부활'을 앞에 두고 다투기 시작했다. 우선 백성의 장로의 문제가 부각되고 '좁은 문'에 대해 열띤 논쟁을 다시 시작했다.

　그 모든 것이 제자들에게는 황망할 따름이었다. 주님의 죽임과 부활은 그들에게 다시 한 번 시험에 노출시키고 있었다.

　'시험에 들지 않게 기도하라.'라고 하신 말을 믿으며 자신들의 앞날을 걱정하기 시작했다. 내가 처음 '진리가 너희들을 자유롭게 하리라.' 하신 말씀에 의문을 가지고 제자들과 토론을 했다. 마가는 '자유'라는 말은 우리 사회 어디에도 존재하지 않는다. 말뿐이다. 하자 도마도 주 예수님의 가르침인 '좁은 문'에 대해서도 의심하기 시작했다. "그 '좁은 문'에 진정한 뜻은 무엇이냐?" 하고 나에게 물었다.

　베드로가 이렇게 말했다. "'좁은 문'은 우리 스스로가 깨우쳐야 하는 길이다." 당시 도마와 빌립이 옆에서 졸고 있을 때, 유다는 "우리에게 가난을 얘기하는 것이 아니냐?' 하고 말했다.

　그러면서 다른 제자들은 '백성의 장로'의 문제를 가지고 힐난하기 시작했다. 당황한 야고보는 손을 쳐들고 자신의 행위를 정당화하기 시작했다.

　"그는 공회에서 그 누구보다 실질적인 인물로 이후 그 책임을 누가 감당할 것인가?"
하고 루가가 따져 물었다.

　우리 제자들의 서로 간의 갈등과 시기가 도를 넘어가자 그 어머니는 심히 우리를 염려해 주었다.

"우리가 그날 그런 일이 일어날 것이라고 상상했던 적이 있었나?"

그날 밤 이후, 베드로는 나에게 물었다.

"그건 그 부인이 후원금을 전달한다고 나에게 말했죠? 그러나 그건 나에게도 문제가 있었습니다. 하지만 전에 제가 했던 가장 큰 상상력은 그 부인과 이야기를 나누는 꿈같은 이야기들이었죠? 그리고 혹시 그 부인의 머리칼이 바람에 흩어진 모습을 다시 한 번 보는 것인지도 모르지만."

나는 그렇게 말했다.

그러자 베드로 형제는 그런 이야기가 아니고 '로마 광장에서 대제사장이 말한' 그런 이야기를 말하는 것이다.

가량 그들과 '악마의 거래'를 이야기했지만 나는 정색을 하면서 다른 말로 대화를 돌려서 말했다.

"그런 악마의 거래를 나는 하지 않았다. 동생인 안드레가 잘못 들을 수 있는데도. 그 당시 무척 곤란한 상황을 겪으면서 나도 정황이 없었다. 그런 말은 절대 하지 않았다."

하고 나는 외쳤다.

그러자 베드로는 그의 입을 틀어막았다.

"입으로 하는 거짓은 화를 부른다. 너는 어리고 많은 가족의 틈바귀에서 홀로 거친 일을 도맡아 하는 것이 내가 몹시 마음이 불편했다."

베드로 형제가 나에게 욕설을 퍼 부면서 소리 높여 이야기하며 외쳤다.

"나는 약간은 내성적인 성격 때문에 입을 닫고 귀로는 듣지 않고 눈으로 보지 않았다. 형님은 겉으로 돌고 우리 제자들은 각기 살길만 찾고 있었다."

하고 나는 길게 한숨을 몰아쉬었다.

나도 여기 죽임을 당한 망자가 자신을 목을 들고 지하 감옥의 배회하는 것을 보았다. 그러나 우리는 말없이 그 자리에 서 있었다. 그러자 이 비정한 시간은 너무도 오랫동안 우리를 괴롭히며 다가왔다. 다른 죽음의 망자가 아직 거기에 서 있으며 자신의 목을 든 망자와 그 무엇인가 열심히 이야기를 하고 있었다. 베드로는 그 시각마저 어지러워 비틀거렸다.

그러나 베드로는 다시 정신을 차리고 곧바로 정색을 하며 이렇게 말했다.

"지금 그를 그들에게 넘겨서는 절대 안 된다."

나는 아무 말 없이 고개를 끄덕였다. 모든 문제가 해결된 거처럼 그저 표정은 평온했다. 곧바로 야고보가 소리치며 악을 썼다. 다른 제자들도 의견이 분분했다. 서로 생각들이 달랐던 것이다.

'골고다 언덕에서도 표정 하나 변치 않았던, 그 어머니는 끝내 울음을 터트렸다.'

부활을 앞에 두고 제자들의 다툼에 그 어머니는 오랫동안 허탈해했고, 어처구니없는 표정이었다. 우리는 백성의 장로 문제와 '부활'에 대해 서로 의견을 달리하며 다퉜다. 그 이후도 서로 멱살잡이를 하고 있을 때, 마태와 루가가 말렸다.

성모 마리아는 여러 제자를 불러 여러 가지 이야기를 하면서 타일렀다. 모든 제자에게 부활 이후로 올 그런 것에 대해 진정 이런 이야기를 하였다.

"나는 너희 제자들에게 그 어떤 말도 할 수 없었다. 마음이 찢어지고 고통이 영혼 속으로 들어오는 그런 혼돈을 겪고 있었다. 내 구주 예수가 죽임을 당하는 것은 무엇인가 형언할 수 없는 것이고, 말로 표현하기에 불가항력적인 요소들이다. 최후의 만찬 자리에서 그는 지나가면서 나의 손을 마지막 잡았다. 따뜻한 피가 내 영혼 안으로 전해오고. 그것이 마지막 이별이었다. 절대로 지울 수 없는 영혼의 고백과 그 죽음과 부활에서 나는 인간들의 처절함을 보았다. 이 얼마나 기막힌 숙명인가? 내 아들은 군중들에게 말씀을 전한 죄밖에 없다. 말하는 것도 죄가 된다면 그 어느 누군가 죄를 탓하랴. 나에게 심히 몰려오는 번민은 그 누구도 어머니의 심정을 알 수 없을 것이고, 그런 어머니의 증오와 애증을 그 누가 감당할 수 있을까? 오르지 부활만이 전부일 것이다."

그것은 옥으로 들어가는 문 앞에는 죽은 영혼들이 춤을 추며 우리를 기다리고 있는 것처럼 보였다. 성모 마리아는 무릎을 꿇고 제자들에게 영으로 신음하면 끙끙거리기 시작했다. 끝끝내 참았던 눈물을 쏟고 나서 그 어머니는 이런 이야기들을 제자들에게 했다.

"내가 가난한 사람과 결혼을 해서 많은 자식을 키우고 모진 파도를 헤치면 여기까지 살아온 나날이 엊그제 같은데 벌써 이 나이가 되었다. 우리는 젊은 시절 각별한 우정으로 결혼을 해서 하나님이 보내주신 독생자인 아기 예수를 키우고 다른 자식들을 키우면서 서로 이해하면서도 여러 가지 다툼이 있었다. 그러나 그때마다 서로를 신뢰하고 믿으며 기도했던 것이다."

　내가 너희들에게 당부하는 말은 오래전에 내 어머니가 나에게 이런 말을 했다. 사람은 소리 없이 변해가는 것이므로 우리는 시간이 없다. 젊을 때 그 무엇이든 노력해서 그 무엇에 대한 삶의 역경을 헤쳐 나아가면, 여러 가지 잡음과 가난도 서로를 믿고 이해하면 부부가 멀어지는 것이 아니고 서로를 끌어당기는 힘이 생기는 것이므로 각자 믿음을 가지고 노력해야 한다. 서로들을 업신여기고 하찮게 생각하면 우리 제자들의 관계가 처음부터 믿음조차 없게 되는 것이고. 이런 관계에서는 아무것도 우리가 얻을 수 없다는 것을 알아야 한다.

　나는 그런 여러 가지 이유를 생각하면서 어머니에게 도움을 요청했다.

　성모 마리아가 오면서 여기 생긴 불상사는 정리되었다.

　그 어머니는 영으로 신음하면서 끙끙거렸다. 그 이후로 쉽지 않은 결정을 했다.

　백성의 장로를 풀어 주었다. 그러나 어찌 된 일인지 그는 집에 들어가지 못했다. 이것은 결국은 베드로의 판단 착오이었다. 세상은 선한 자만이 사는 곳은 아니었다. 과격한 테러분자들이 호시탐탐 백성의 장로를 노리고 있었다. 그 백성의 장로는 죽으면서 '나는 죽어서도 천당으로 갈 것이다.' 하고 죽었다는 소문이 한때 돌았다.

　부활을 앞에 두고 이제 우리는 모두 떠날 때를 알고 있었다. 그러나 지금 주님이 죽임을 당한 마당에 그 제자들에게는 큰 위기임을 알게 된다.

그는 엎드려 기도를 시작했다.

"주 하나님, 우리는 그 뜻을 알지 못했습니다. 나는 주 예수님의 숭고한 뜻을 왜곡하고 나서 그들과 대화를 시작했던 것입니다. 이미 그들이 짜 놓은 각본대로 춤을 추고 그들과는 따뜻한 불을 쬐며 예수님의 죄를 시인했던 것입니다. 그들이 말하는 주님의 죄를 동의하고 나서 그들과 같이 주님이 당하는 혹독한 징벌 때문에, 나는 주님의 죄를 인정하고 나서 그 죄의 대가로 금화를 그들에게 준 것입니다. 나는 어리석은 자입니다."

베드로는 자신의 죄를 고백하며 땅을 치며 통곡했다. 하늘에서 이런 말이 들려왔다.

"베드로야, 회개하고 기도하라, 내 뜻을 있는 그대로 믿고 따르라! 어떤 자들은 내 말을 왜곡하고 자신의 의도대로 해석하려는 경향이 있다. 항상 이 말을 명심해라!"

제자들은 그날 십자가형을 기억하기 시작했다.

하늘에서 천둥 벼락이 치며 경고음이 울렸지만 우리는 아직도 믿지 못했다. 도마는 더욱 눈으로 확인한 부활을 믿지 못했다. 겨우 정신을 차린 베드로는 일어나서 안으로 들어갔다. 유대인을 피한 야고보가 안에 들어와 있었고, 우리 제자들은 그냥 주님을 받들고 있었는지 생각해야 했다. 나는 그 의문 속에 내 형님을 돌아보았다. 저녁때쯤, 밖에는 어둠이 열리고 옅은 붉은 빛이 여기 우리 제자들이 모여 있는 하숙집 안에 물들어 있었고.

저편 멀리 바닷속의 용트림을 몰고 온 붉은 황혼이 찢어진 창문을 통해서 들어오고 찬송가 소리만이 여기가 주님의 안식처라는 것을 느끼기 시작했다. 온방 안을 수놓은 찬송가 소리의 색감들까지 본 제자들은 강한 의구심을 떨칠 수 없었다. 그것은 주님의 죽임에 서부터 부활까지 그 비정한 역사를 믿지 않으려 몸부림치는 것이었다. 그들이 지금까지 자유와 방종에 대해서 혼란을 겪고 구주 예수님이 '내가 그들에게 죽임을 당할 것이다.'라고 한 다음부터 그 제자들은 더욱더 혼란을 겪기 시작했다. 그래서 부활이 있고 난 이후, 계속 움직이며 새벽기도를 드렸다.

모두 모여 앉은 가운데 야고보는 "예수님이 부활하셨다니 무슨 말이요?"라고 했다.

모든 제자 중, 야고보만 주 예수님의 부활을 보지 못했다. 도마도 늦게 와 보지 못했다. 나는 예수님의 죽음을 먼저 이야기하기 시작했다.

"부활은 숭고한 죽음이 있기 때문에 가능한 것입니다! 주님은 거의 숨을 멈출 때까지도 그들에게는 '주 하나님, 그들은 그들이 한 짓을 알지 못합니다.' 하고 말씀하신 이후, 숨을 거두셨다."
하고 내가 말했다.

이구동성 다른 제자들은 요한의 말하는 주 예수님의 마지막 죽음을 알기 위해 애썼다. 그 제자들은 예수님이 골고다 언덕을 십자가를 매고 오르자 모두 도망쳤다. 이미 성문 안에는 예수의 제자들도 체포 명령이 떨어지고 야고보는 적색 경계자로 이미 유대인들과 로마 병사들이 찾고 있었다.

"사실 나는 죄가 없다." 하고 야고보가 외치자 베드로는 강하게 제지했다. 사실, 그 죄에 대해서는 그들이 생각하는 것은 당신의 판단이 아니라 증거 등을 가지고 얘기하는 것이다. 당신의 '자유'와 그 로마인들의 자유는 본질적으로 다르다. 그래서 우리 모두는 참아야 한다고 베드로는 소리쳐 외쳤다.

"동생아, 나의 주님이 너에게 그 어떤 당부를 하더냐?"
하고 야고보는 동생인 요한에게 물었다.

"여러분, 나는 비록 유대인들이 두려웠는데, 용기를 내서 성모 마리아를 모시고 직접 주님의 임종 모습을 지켜보았습니다. 표정은 고통스럽지만 '사도 요한아, 두려워하지 말라.'라고 했습니다. 주님이 우리의 땅에서 영원히 떠날 때는 편안한 모습이었습니다."

모두들 두려운 눈빛으로 나의 말과 동작을 따라가며 하나둘 동작을 살펴보았다. 더욱 의심해서 야고보는 이렇게 외쳤다.

"또, 다른 말씀은 없었나?" 하고 물었다.

"저들은 자기들의 하는 것을 알지 못합니다."
하고 막달라 마리아가 말했다.

모두들 자기에게 한 말씀으로 받아들였지만, 한편으로는 또다시 의심하기 시작했다. 제자 중의 한 사람인 빌립은 믿지 못하는 듯 중얼거렸다.

"이 세상은 모든 것이 이상하게 돌아가니 예수님의 부활을 받아들여도 되는지?"

그러나 야고보는 처음부터 여자인 막달라 마리아를 제자로 믿지 않았다. 처음부터 무시했다. 그러나 그녀는 예수님 옆에서 모든 일을 처리했다. 그것을 잘 알고 있던 야고보는 이런 사실에 대해서 부정하는 것이다.

"사실이지만 지금은 여성이 나설 일이 아니죠? 베드로, 어떻게 된 것이요? 주 예수님이 살아서 우리 앞에 나타났다니 그런 말을 믿으라는 말이요? 나는 허무맹랑한 사실에 대해서는 거부할 것이고? 우리는 오직 투쟁만이 우리의 진의를 그들에게 전해주는 길입니다! 백성의 장로를 보십시오. 어떻습니까! 우리가 할 수 있는 일이 진정으로 이런 것이라고 나는 강조하는 것입니다."

야고보의 말은 단호했다. 지금 막 들어온 도마도 따라서 동조했다.

"무엇을 가지고 우리 식구는 살아야 합니까? 맨입으로 전도하고 강론하면 가난한 백성들이 우리들을 따르겠습니까? 우리 제자들은 지금 죽음의 고통에서 미쳐가는 중이고. 어딜 가려고 해도 무슨 일을 할 때도 그들에게 감시를 받고 있기 때문에 먹고 살 수 있는 일들이 막혀 있다는 것임. 베드로 형제는 능력도 있으니 무슨 계획이라도 있습니까?"

하고 도마가 말했다.

"그렇습니다!"

하고 다른 제자들도 동의했다.

조용한 목소리로 베드로는 제자들을 설득하기 시작했다.

"야고보는 지금 쫓기는 신세이지만 베드로는 종에게 상처를 입히고도 어떻게 수시로 다니는지 우리는 알 수 없다는 것. 거기에는 특별한 의미가 있는 것입니까? 나도 귀가 있고, 눈도 열려 있습니다."

하고 빌립이 강하게 덧붙였다.

베드로는 참을 수 없었지만, 그는 이건 아니라고 여겼다! 지금 예수님이 십자가형을 당하고 부활했지만, 우리 제자들에게 달라진 것은 아무것도 없었다. 우리가 다시 모여 긴 하루를 무력하게 서로들을 헐뜯고 의심한다면 무엇이 있어 우리를 더 이상 그들에게 빌미를 주는 것과 다를 바 없다고 여겼다. 베드로는 다른 것은 몰라도 그들을 잘 알고 있었다. 단언하지만 그들은 우리 제자들을 포기한 것이 아니고 잠시 숨을 돌릴 뿐이라고 생각했다.

"형제들이여, 우리는 여기서 주저앉으면 모든 것을 포기하는 것과 마찬가지요? 주 예수님이 하늘나라로 부활하면서 나에게 말한 것이 있습니다. '너희 모두는 만인에게 내 말을 전하라!' 하고 특별하게 말씀하셨습니다."

하고 베드로는 제자들에게 말했다.

"베드로 말은 맞는 말이지만, 우리에게 그럴 힘도 없습니다. 우리 수중에는 돈이나 그 무엇도 없다는 것입니다. 무엇을 가지고 주님의 말씀을 만인에게 전할 것이며, 무슨 돈이 있어 여행을 하며 진리를 만인들에게 전하겠습니까?"

야고보는 극도로 자제하며 신중하게 말했다.

그러자 사도 요한은 거의 참지 못하고 말했다. "우리는 더 이상 우리들과 다투는 일은 없어야 한다고 했다. 주님이 나에게 당부했다. 우리도 보았듯 해가 빛을 잃고 온 대지는 어둠과 지옥으로 잠들때, 예수께서는 십자가 위에서 나를 불러 '아버지 내 영혼을 아버지 손에 부탁하나이다.' 하고 말씀하신 이후, 주님은 죽었다. 이것으로 보아, 우리에게 말하는 것은 우리가 힘을 모아 다툼 없이 살아갈 것을 당부하는 것이다."

그러자 야고보는,

"척박한 우리에 땅은 로마제국의 로마인에게 악랄하게 수탈되고 영혼까지 그들에게 빼앗기고 말았다. 여기보다 더 지옥 같은 땅은 없을 것이고, 우리에 영혼까지 짓밟힌 그들을 어찌해야 하나!"

내 이야기를 듣고 난 야고보는 이렇게 하늘을 쳐다보며 외쳤다. 그건 사실이었다. 로마제국이 이 땅을 침략하자 여기 영혼의 땅, 이곳에는 가뭄과 흉년이 들고 비가 오지 않아 풀도 매 마르고 산야는 황폐해지고 농사나 채소들의 양도 줄면서 사람들의 영혼은 매마르고 주민들은 영양실조로 죽음을 맞이하고, 양들은 풀조차 없는 황야에서 울부짖고 있었다.

'이것은 주님의 말씀이고 표적이다.'

나는 설득하고 형님에게 기도하자고 말하면서 권했다.

그때, 어머니인 성모 마리아가 안으로 들어오신 다음 "아들들아, 사도 요한의 말이 진실이니라. 왜 주 예수께서 우리를 대신해서 죽음을 택한 것에 대해 의심하지 말라! 부활은 우리 모두 본 바와 같이, 그 부활에는 죽음이라는 것이 그 누구도 외에 없이 피해갈 수 없다는 것이다. 나는 내 아들의 피맺힌 죽음에서 부활을 본 것이다. 너희도 의심치 말고 있는 그대로 믿기 바란다!" 하고 말했다.

두터운 어둠이 내린 대지 위에 우리는 유대인을 피해 계속 움직였다.

그날 밤 우리는 유대인을 피해 이 마을 저 마을 지나면서 주 그리스도의 두려운 눈빛을 보았다.

옆으로 누운 에브라임 마을로 가는 길은 온통 잡목 숲으로 덮인 그곳엔 아직도 주님에 두렵고 두터운 눈빛을 생각나게 했다. 그믐

밤이 지나고 달빛 아래에서 나귀와 작은 마차를 의지해 긴 숲을 지나서 야자수와 길고 곧게 뻗은 늘어진 고갯길 위에 서서 밑을 내려다보았다. 울창한 숲 속, 꽃잎과 나뭇잎에 향이 진하게 나는 숲 가운데에 모여 우리는 저녁을 먹기 위해 모두 모여 앉아 굳은 구운 빵과 포도주를 마시며 허기진 배를 채웠다. 우리는 부활을 목격하면서도 자신들의 비관과 다툼으로 상처받은 마음들을 추스르기에 바빴다.

막달라 마리아의 몸이 불편하기 때문에 이모는 그녀의 손을 붙잡고 있었는데, 여기 울창한 숲에 땅거미가 뒤덮기 시작하자 막달라 마리아의 드러난 몸은 보이지 않았다. 곧게 뻗은 야자수 나무 밑엔 올리브 나무와 종려나무들이 하늘을 막고 어둠이 줄지어 서 있었다. 그 어머니는 작은 모습이지만, 굳은 입술을 깨물고 우리가 모두 모여 있는 사이로 들어와서 비가 내렸는지 찬 공기인 산들바람이 스쳐 지나가고 꽃향기 진하게 나는 이곳에 자리를 잡고 앉아 어머니의 주관 아래 부활에 대한 말씀과 기도를 시작했다.

그 모습을 본 베드로는 먼저 기도하며 이렇게 말했다.

"주 하나님, 우리는 너무 미약해서 어찌할 바를 모르겠습니다. 우리의 갈 길을 알려 주시기 바랍니다."

라고 했다.

다른 제자들도 같이 무릎을 꿇고 기도를 시작했다. 우리 제자들은 유대인을 피해 다시 빈 들을 지나가 비스듬히 누운 에브라임 마을로 들어갔다. 어둠이 덮인 비스듬히 누워 있는 에브라임 마을의 밤, 하늘은 높고 그 사이로 구름이 얕게 흩어지기 시작했다. 우리는 어머님의 주관으로 하나님의 말씀과 기도로 부활을 찬양했다. 늦게 저녁 식사를 마친 성모 마리아는 막달라 마리아가 모시고 움막으로 나가자 다시 주 예수님이 천사들과 같이 우리 제자들 앞에 나타났다.

"너희에게 평강이 있으라. 나를 의심하지 말고 나는 언제든 너희 옆에 있을 것이니, 구하라 그러면 주실 것이요 찾으라 하면 찾아낼 것이며 문을 두드리라 그러면 문이 열릴 것이다!"

그러면서 주 예수께서는 땅으로 내려와 옆구리 난 상처와 손바닥을 보여주며 "빌립과 도마야 이래도 나의 부활을 믿지 못할 것이냐? 의심하지 말고 내가 너희에게 지금까지 보여 준 내 말에 언약을 만인에게 전하라."라고 했다.

도마는 "나의 주님이고 나의 하나님이다." 하고 외쳤다.

도마의 외침에 나도 '나의 주님이고 나의 하나님이다.' 하고 소리 높여 외쳤다. 야고보 형님도 덩달아 외치기 시작했다. 나의 목소리에 주님은 동정의 눈빛으로 쳐다보았다. 천사들의 노랫소리는 수없이 퍼지고, 하늘 위로 오르는 그 주위는 환하게 빛났다. 주 예수님은 천사들과 하늘나라로 승천하고 있었다.

도마와 다른 제자들은 유월절이 다가오면서 주님이 예루살렘에 들어가는 것과 나사로에게 가는 문제들을 가지고 갑론을박 다투는 우리들의 모습에서 주 그리스도는 울분을 참지 못했다.

그리고 슬픔에 젖은 주님의 모습을 떠올렸다. 그날 이후, 모든 제자는 더 할 바를 찾지 못했다. 그랬다. 나는 항상 아들처럼 제자들과 함께 늘 성모 마리아의 곁을 지켰다. 그러나 주 예수님이 없는 세상은 공허함으로 가득 차 있었다.

처음 그들이 주 예수님을 죽이려 모의하였다. 대제사장인 가야바는 바리새인들이 모여 있는 공회에서 "그 선지자가 많은 표적을 행하니 우리가 어떻게 해야 하나."라고 했다.

"만일 이대로 두면 모든 사람이 그를 믿을 것이고 그리고 로마인들이 와서 우리 땅과 민족을 빼앗아 가리라." 하고 대제사장이 외쳤다.

난 여러 제자가 그 당시, 즉 우리가 지금처럼 서로를 책망하는 여러 가지를 가지고 추상했고, 도마는 "우리도 주와 함께 죽으러 가자!"라고 한 이야기를 하면서 서로 얼굴을 보며 쓴웃음을 지었다. 어디서 짐승이 짓는 소리가 들린다. 내가 그렇게 말하자 옆에서 웃는 묘한 모습이 보였다. 옆에는 마태, 마가, 도마 그리고 안드레가 그믐밤의 향연의 소음을 듣고 있었다. 우리는 대화를 했지만, 먼 허공의 목소리처럼 들어야 했다.

나는 사실 백성의 장로와 대제사장의 모의를 어느 정도 간파하고 있었다. 그것은 백성의 장로와 매일 술에 취해 있었지만, 나는 꼭 술을 먹기 위해 술에 취해 있었던 것은 아니다. 주 그리스도가 나에게 항상 '그때가 다가올 것이니.'라고 한 말씀들이 생각났다. 그래서 내 죄에 대해 생각해 보았다.

나는 그때에 주 그리스도의 당부의 말씀이 생각났다. 막 유월절에 다가오고 우리는 그들의 음모를 일부 알고 있었다. 주 그리스도의 얼굴빛은 낯빛으로 변하고 고통을 못이게 끙끙거리며 영으로 신음하며 기도하는 모습을 보았다. 베드로의 얼굴빛이 낯빛으로 변하면서 난, 무엇부터 참 고백을 해야 하나? 우리는 어디로 향하고 있나?

'그때가 다가올 것이니' 하고 하신 말씀이 지금이라는 생각에서 난, 잠 못 드는 그믐밤을 보내야 했고 곧 우리에게 새벽이 다가왔다.

　나나 베드로도 '지금이 그때'라는 것을 희미하게나마 알게 된 거다.

　그날 밤,

　'사도 요한은 어디 있지?'

　"동생아, 사도 요한은 아직 오지 않았느냐? 내가 죽음의 꿈속에서 사도 요한을 보았지. 그가 있다면 내 꿈을 해석할 수가 있어 좋아! 그것을 일종에 놀이와 같은 것인지 몰라! 우리는 서로 간의 알력이나 우리 제자들의 다툼으로 많은 대화를 나누고 있었지만, 결국에는 아무것도 남기지 못했지."

　나는 베드로 형제가 예루살렘 성벽 그늘 밑에서 울부짖는 무자비한 목소리를 들어야 했다. 난, 집에 가서 어머니에게 말씀을 드리고 다시 대제사장 집으로 달려갔다. 나는 대제사장에서 일어나는 일들을 뒤에 숨어 지켜볼 작정이었다. 베드로 형제가 '주님의 제자가 아니다.' 하고 부인하는 모습을 훔쳐본 것이었다. 난, 어둠의 빛으로 덮은 대제사장의 돌담 뒤에 숨어서 그 모습을 지켜보았다.

　"아아!

　난, 주 그리스도의 제자가 아니다?

　그러나 나는 죄가 없다.

　나는 무엇인가?"

하고 나는 땅을 치며 그 자리에 앉아 엉엉 울기 시작했다.

　우리는 유월절이 되기 엿새 전, 주님과 함께 제자 모두가 나사로가 있는 베다니로 갔다. 마리아는 주님을 환영하며 비싼 향유를 가지고 와 예수님의 발에 붓고 자기 머리털로 그의 발을 닦으니 향유 냄새가 집 안에 가득하였다.

그러자 유다는 정색하며 "왜, 비싼 향유를 팔아 가난한 자들에게 주지 않느냐?" 하고 말했다. 그것은 유다가 가난한 자를 위하여 한 말이 아니고 유다 자신이 도둑이라 돈궤를 맡고 있다가 그것을 훔쳐 가려는 욕심이 있었던 것이다.

유다의 이야기를 하자 주 예수님은 "나의 장례의 날을 위하여 간직하게 하라." 하고 말씀하신다.

처음 나는 그 뜻을 몰랐다. 베드로는 그 이야기를 듣지 못했다. 그날 이후, 유대인들이 산처럼 들처럼 모여들었다. 죽은 나사로를 보기 위함이었다. 그는 사흘 만에 살아났다.

백성의 장로 하인 중에 가장 덩치가 큰 종 하나가 항상 우리 제자들의 모습을 주시하고 있었다. 처음 나는 그 종을 인식하지 못했다. 그것은 백성의 장로를 납치하고 나서 그 종에 대한 사실들을 조금은 알게 된 것이었다. 베드로가 사막 여행 때, 모든 행동이 시장에 소문으로 나도는 것을 여러 번 우려했다. 그래서 나는 그것을 지금까지 추적해 왔다.

그날도 그곳에 그 종이 거기에 있었다. 그래서 내가 그를 자세히 살펴보았다. 그 종은 덩치가 유난히 독보여 내가 백성의 장로와 며칠 전에도 사막의 술집에서 술을 먹고 있을 때에도 그곳에 있었다. 얼굴을 두건으로 가렸지만, 나는 그 몸짓으로 짐작할 수 있었다. 여러 가지 증후들이 있었는데, 그 종은 오래전부터 우리 제자들의 집

중 감시하고 있었다. 거기에는 검둥이 상인도 같이 있었다.

당시 베다니 마을에서 검둥이 상인이 나를 찾았다. 지금 생각해 보면 그 시간은 치욕의 순간들이었다.

그 순간들을 생각해 보면 그때, 백성의 장로는 주 그리스도의 예루살렘 입성을 막고자 했다.

'간통이니 불륜이니' 하면서 나를 위협하기 시작했다. 내가 그 당시의 느낌은 두려움과 아늑함이었다. 나도 주 그리스도의 예루살렘 입성을 원하지 않았다. 모든 제자도 반대를 했다. 베드로 형제도 예루살렘 궁정이나 로마관청에서 들리는 소리가 예삿일이 아니라고 생각했다.

그런데, 주 그리스도의 확고한 믿음과 예루살렘 성도들의 외침 등. 그리고 그날 밤, 그들이 예루살렘 성벽 그늘 속에서 그를 유혹했던 모든 것들에 대한 애착이거나 애증이거나 사랑이거나 협박이거나 등등이 다시 한 번 베드로를 괴롭혔다. 유대인이나 군중들 사이에 낀 우리 제자들의 난처한 입장이 있었는데, 그런 여러 가지 상황에서 우리는 우리 모습을 뒤돌아본 거울 양면 사이에서 본 거처럼. 주 그리스도가 없는 이 세상을 우리 제자들도 나도 그도 여러 가지 일에서 자괴감이 얼굴에 확연하고 극명하게 드러났다. 우리가 없는 거처럼 예루살렘 거리를 황량하고 침울해 보였다. 우리는 그 어떤 음모에서 드러난 그것에 대해서 생각할 수도 없었습니다. 그런 생각 자체를 생각할 수 없었습니다.

그러면서 베드로의 얼굴에는 검은 검버섯이 확연히 드러나 보였다. 베드로는 홀로 일어나 밤새도록 들에 나가 기도를 드렸다.

그래서 나는 떠나기로 마음을 먹었지만, 베드로의 충고를 듣고 며칠 말미를 갖고 생각하기로 했다. 야고보는 새벽 일찍 떠났다. 아침밥을 먹은 도마와 모든 제자가 그 자리를 떠났다. 텅 빈 그곳에서 베드로는 아침 일찍이 일어나 기도를 드리기 시작했다. 그렇게 우리 모두는 아직 제 갈 길을 찾지 못했다.

지금은 이 모든 것이 그에게 부질없는 환상의 세계와 같았다. 꿈인지 생인지 모를?

혹여, 내가 지금 편집증 환자라고 해도 틀린 말은 아니라는 것. 밤에는 낮을 찾았고, 그 긴 밤의 침묵 속에서 낮의 전율을 보았다. 멀리 오아시스가 잡힐 듯 보이고 잡히지 않는 공간엔 언제부터인가 하나의 별빛과 날개에 은하수를 묶음으로 세고 있었다. 내가 그런 유와 무를 찾는 동안 내가 아닌 그런 현실 세계에서부터 이상의 세계로 전이되는 느낌이었다.

이제는 빈 허기에 환상까지 보이는 이 공허감으로 윤회된 우리의 자신을 다시 보았다. 그리고 주님의 죽임을 목격하였는데. 아무것도 없이 텅 빔. 그런 이 사막 한가운데에 미로 안에 갇힌 우리를 보았고. 이런 헛된 생애와 텅 빈 공허와 다투는 그런 시공간 속에 우리들의 모습에서!

부활의 시간이 여드레가 지나면서 다시 집 안에 있을 때쯤 해서 주 그리스도가 우리 앞에 나서며 '너희에게 평강이 있을지어다.'라고 하자 도마가 의심한 자신을 책망하는 그 당시를 떠올렸다. 그때를 추상하면, 당시와 너무도 닮은 빈 들이 있고 유대인을 피해 에브라임 마을에서 하룻밤을 머무르고 기도하는 모습에서, 우리가 우리에게 의심하고 술에 취해 떨어져 있는 나를 측은한 눈빛으로 베드로 형제가 보고 있었다. 하루가 지나고 내일이 지나면서도 같은 하늘 아래 우리는 아직 그 진정한 부활의 의미들을 깨닫지 못하고 있었다.

단, 하루라도 아니, 매일 다가오는 시간이 비록 영원한 주님의 시간이라도 우리는 주 그리스도의 죽음에 뜻을 기억하고 이해하려고 애쓰고 있었다. 우리 인간의 운명은 다람쥐 쳇바퀴 돌 듯이 도는 우리의 질곡에 운명 같은 처절함을 보았다.

'그래, 그것은 생각만 해도 웃음이 절로 나온다. 웃기는 것은, 그와 그들의 종이 우리를 뒤지고 있다는 사실. 실상은 백성의 장로와 그들 모두는 왜 베드로와 우리 제자들에게 그렇게 꽂혀 있는지 알수도 없고 알고 싶지도 않았지만, 작금의 상황에서 그 검둥이 상인으로부터 그 키 큰 종까지, 정말로 확실한 것은 오래전부터 공회에 있는 장로와 서기관까지 모두 똑같이 우리 주님이나 우리를 노리면서 그 무엇을 찾고 있었고 흉계 등을 꾸미고 있었던 거야!'

난, 2월에 그믐밤을 향해 뚫어지게 지켜보았던 그때를 회상하였다.

베드로 형제가 주구처럼 백성의 장로를 만날 때, 즉 그날을 말하자면 칠흑같이 어둡고 칙칙한 그믐달을 사이에 두고, 그는 돌산 계곡으로 와서 그 좁은 협곡까지 끌려 들어갔다. 돌산은 온통 울퉁불퉁한 자갈길이고, 작은 외길로 된 길로 뒤돌아 나오는 길은 없었다. 그 뒤로는 퇴로가 막힌 절벽이었다. 베드로는 그곳을 잘 알고 있었다. 주 그리스도가 가끔 그곳에 와서 기도를 드린 것이다. 백성의 장로도 유다도 그곳을 알고 있었다. 그런 곳에서 백성의 장로는 그믐밤을 이용해서 그를 아래로 내려다보며 온갖 이야기들을 쏟아냈다.

그리고 며칠이 지나 다시 만났는데 백성의 장로는 비정하게 내리쬐는 태양빛 아래에서 '너희에게 이르오니 이후에 인자가 권능의 우편의 앉아 있는 것과 하늘 구름을 타고 오는 것을 보리라.'라고 한 말을 취소해야 한다고 다그쳤다. 그는 눈을 지그시 감고 그 죽음의 망자처럼 웃는 백성의 장로의 모습을 보아야 했다. 베드로 형제의 얼굴빛은 검게 그을린 낯빛으로 변하고 입술을 어금니로 굳게 깨물어 피가 날 정도이었다.

'우리는 오래전부터 염려를 했고, 베드로 형제는 등한시 했고, 야고보 형님은 다른 것에 정신이 팔려 있었지.' 난, 그런 생각을 추상하면서 여러 마을을 돌아보았다.

"2월에 그믐달을 뚫어지게 지켜보았던."하고 한 그 당시에 장소까지 돌아본 나는 비열하고 공허하게 막힌 절벽 끝까지 가서 여러 가지를 생각할 수 있었다. 그리고 옆에는 나사로는 모질고 허무한 공허 속에 숨어 있었다. 베다니에는 거친 바람이 불어오고 종려나무 가지에는 얼음꽃이 피었다. 죽은 자에서 산 나사로, 그의 영혼 기도 소리가 나를 하루 종일 묶어 놓았다. 시간이 지나면서 초가을 초입에 들어섰다. 새벽 서릿발처럼 눈발이 휘날렸다. 베드로 그런 상황에 어리둥절했다. 아침 잠깐 잠든 사이에 구주 그리스가 다녀 가셨다. 정오가 지나면서 무지개색 꽃들이 하늘 위에 제 몸을 뽐낸다.

하여튼 오후는 고요하고 아름다웠다. 가루 누워 하늘에 핀 무지개색 꽃들을 본다. 구름 한 점 없는 천공에 어찌 이다지도 아늑하고 조용할 수 있을까? 구주 그리스도를 추상하면서 먼 미래를 보기 시작한다. 나의 마음속으로 불어오는 영혼의 바람이 나를 일깨우고 있었다. 그래도 지금 우리는 부활의 깨우침이 무엇인지 알지 못한다. 뿌옇게 안개구름이 베다니 마을을 뒤덮고 있는 곳을 지나면서 난, 막달라 마리아가 나에게 외친 '이것이 신의 뜻이냐 인간의 뜻이냐?' 하고 물었던 그 당시를 회고해 보았다.

나사로가 나에게 이렇게 물었기 때문이다.

"이것이 신의 뜻입니까 당신의 뜻입니까?"

하고 물었다.

다음 날 새벽 술에 취해 떨어져 있는 나를 베드로 형제가 측은한 표정으로 돌아본다. 나사로가 몰래 베다니로 들어와 나와 밤새도록 포도주를 마시며 베다니 마을을 피해 에브라임에 있었던 일을 이야기하며 보냈다.

"친구여, 당신은 그 누구보다 우리에게는 소중한 사람입니다. 부활한 신 주 그리스도가 살리신 분입니다. 당신은 혼자 몸이 아닙니다."

나는 간곡히 이야기를 했다. 그 이후 베드로의 눈빛에는 반짝이는 듯 잠에 일어났다. 베드로는 그 검은 눈빛에서 어젯밤의 꿈에서 주님을 만난 거처럼 중얼거렸다.

"아, 그래 주님이 나를 이끌고 맑은 물이 흐르는 물가로 인도했지! 주 예수님의 손에는 구멍이 나 있고 그 물가에 흐르는 물 위에 붉은 피가 흥건하게 흐르고 있었지? 그래, 예수님은 곧바로 현실에서처럼 '나의 하나님, 나의 하나님 어찌하여 나를 버리셨나이까?' 하고 말씀하신 다음 홀연히 하늘 위로 사라졌다."

베드로는 이렇게 중얼거렸다.

"그리고 지금 주 그리스도가 '병든 문둥병 환자와 앉은뱅이 여자들에게도 다가가서 저 위의 하나님에 가르침을 전하려고 했던 것'은 그 주 그리스도는 이제부터 모든 사람에게나 우리에게는 '이 세상에 메시아로서' 온 것이다."

하고 소리 높여 외쳤다.

"우리는 지평선이 맞닿 비스듬히 누운 에브라임 마을에서 여러 가지 일들을 당했다. 먼저 유월절이 다가오는 동안에도 그곳에서 지나쳤지만, 지금은 그때와 다른 상황이다. 당신은 우리에게 귀중한 사람이다."

하고 베드로는 다시 나사로 손을 잡고 베다니 마을에서 조금 떨어진 숲 속에서 새벽이 올 때까지 간곡히 만류했다. 나사로가 다시 주님을 길을 따르겠다는 말을 베드로는 뿌리쳤다. 일주일 전에도 백성의 장로의 종이 하루 종일 에브라임 마을 입구 술집에서 눈빛을 부라리며 우리들을 감시하고 있다. 검둥이 상인도 터번을 깊이 쓴 자와 술집 반대편 빛바랜 초록색 지붕을 한 이층집에서 눈초리를 붉히며 밤새도록 우리가 있는 쪽을 감시하고 있다. 했다. 에브라임 마을에서 이미 베다니로 가기 전, 우리는 마가와 루가를 보내 미리 베다니 마을 살펴보았다.

어머니는 깊게 걱정을 하고 막달라 마리아는 점점 몸이 불편해

왔다.

그리고 나는 에브라임 마을에서 새벽 때쯤, 미리 나왔다. 그러자 검둥이 상인이 길을 막고 앞으로 나섰다.

"사도 요한 친구요, 이 밤중에 어딜 가나? 난, 당신이 어릴 때 친구로 지냈지? 지금은 거의 12년이 지났고 우리는 이미 어른이 되어 그 당시 모습은 찾을 수 없겠지만, 나는 당신이 내 돈을 꾸고 여인들과 이중 살림으로 가산을 탕진하고 그날 밤에 도망친 사실들을 알고 있지? 어떤가? 사도 요한 친구야! 우리 술 한잔하면서 긴 이야기를 나누자."

하고 검둥이 상인이 나에게 말했다.

나는 무척 당황했다. 그때는 검둥이 상인이 이상하고 요란한 옷을 입고 있었다. 머리에는 울긋불긋한 색의 터번을 쓰고 옷도 여러 가지 빛깔이 나는 옷으로 치장하고 연붉은색인 망토를 두르고 입었다. 그래서 그때가 생각나기 시작했다. 유월절 당시에도 이런 이야기를 검둥이 상인이 나에게 말을 했지만 그때는 별로 심각하게 받아드리지 못했다. 그 전에도 그와 비슷한 말을 유다에게 전해 들었다.

"그러면 이것이 다 나를 옥죄기 위한 수단이었나?"

"맞아, 유월절 그 전에 백성의 장로와 술이 마시면서 그는 내 어깨에 부드럽게 손을 얹고 나서 이상야릇한 이야기로 나를 현혹했다. 사도 요한 형제요? 당신이 어릴 때 요단강 서쪽 지방에서 난잡한 여성들과 이중생활을 했다는 것을 우리는 잘 알고 있지? 그러나 우리가 남자라는 점을 알기 때문에 우리는 비밀로 하고 있네?"

난, 당시에 등골이 저리고 현기증 때문에 수긍할 수밖에 없었다.

그 이후로 나사로는 다른 지방으로 갖고 어머니와 막달라 마리아는 몸이 불편함 때문에 일찍이 예루살렘으로 들어갔다. 나와 베드로 형제 그리고 마태, 마가, 루가가 계속 순례 여행을 다녔다. 아짐은 다시 이곳으로 왔다. 귀한 약제들을 가지고 왔다.

그때서야, 나는 비로소 베드로 형제의 마음을 읽을 수 있었다. 악랄한 백성의 장로의 흉계와 멀쑥해진 유다의 농간에 놀아난 베드로는 그래도 그의 표정은 검은 검버섯이 피어났지만, 마음만은 환하게 빛났다.

"이 약을 성모 마리아에게 주시오? 그 약은 멀리 동방에서 온 약으로 마음의 병을 치료하는 데 특히 효험이 있다고 합니다. 그들 형제께서는 곧 뵙고 말씀을 드리겠다고 하셨습니다."
하고 아짐이 말했다.

약을 받아 든 베드로는 지금 어색한 장면에서 당황했다. 그의 이끌 거리는 눈동자를 다시 보았다. 무슨 결기가 보이는 것 같았다. 그 모습에 베드로는 자신을 되돌아보았다. 지금 초라하고 더욱 거울에 빛 춘 늙은 모습에서 자신이 무엇을 할 수 있을지 모른다. 그리고 꿈속에서 예수님을 본 것을 기억했다. 창으로 찔린 가슴의 모습과 손바닥에는 목 자극까지 선명하게 드러나 보였다. 그리고 홀연히 사라진 하늘 위를 멍하니 쳐다보았다. 베드로는 약봉지와 술탄의 간단한 편지를 읽고 나서 다시 예루살렘으로 갈 것을 결정한다.

나는 그 모습을 지켜보고 따라가면서 왜 주 예수께서 예루살렘으로 돌아갔는지 알게 된 것이다.

5장
성모 마리아의 고뇌

 나도, 베드로도 그 부활을 믿지 못하는 것은 마찬가지였지만. 우리는 성모 마리아의 말씀과 기도로 인해 어느 정도 안정을 찾아가기 시작했다.

 그 서기관이나 로마인에게는 충분하지 아는 것은 주님의 죽음이었다. 특히, 로마인은 시중에 떠도는 부활이란 말 자체를 믿지 않았다. 그것을 믿거나 받아들이는 무리가 있다면 같은 처분과 십자가형이라는 응징이 기다리고 있었다. 그리고 그 뒤에는 대제사장이 또 있었다. 결국은 그도 주님의 부활을 믿지는 않았지만, 그 자신이 겪어야 할 부활이라는 논제에 대해 또다시 혼란을 겪는 것은 우리와 마찬가지였다.

 그래서 그 서기관은 여러 가지 이야기들을 예를 들면서 나를 폄하하고 있었다. 그건 주 예수님의 사체가 사라진 이후 여기 유대인들과 다른 민족 사람들이 겪는 그 주님의 부활에 대해서 다른 느낌으로 받아들이기 시작했다. 그러나 역병인지는 확실하게 밝혀진 것은 아니지만, 예루살렘 안팎으로 사람들이 죽어 나갔다. 그러자 로마 군인들은 성문을 통제했다.

여기 로마 광장이나 예루살렘 거리를 지나는 이민족인 아랍인들과 로마인들도 그 부활, 부활이라는 원론적인 문제를 가지고 수군거리자 그것 마저 문제로 삼는 지금에 로마 귀족들이나 그들 공회에서 대제사장이 그 죽음 그들은 공회에서 한동안 그 문제를 가지고 논의를 시작했고, 그 죽음에서부터 부활까지 공회에서는 그런 토론 주제마저 숨기자 여러 사람이 혼란을 겪고 있었다. 내부의 동요를 어떻게 숨기는 그 부활에 관한 설명까지 해야 하는 대제사장과 서기관 등은 그 죽임 속에서도 충분하지 않은 것은 주 예수님의 부활이었다.

그들 속에서 흉흉하게 내는 악소문 중에는 부활은 예루살렘 거리에서 그들의 속내를 알 수 있었다.

며칠 전, 순례 여행을 마치고 예루살렘으로 우리는 다시 돌아왔다. 마침 주 그리스도의 어머님은 나사렛으로 가셨다.

유대인이나 로마인들은 그 소문을 부활에서 찾지 않았고, 로마 당국에서 성문 벽에 붙인 벽보에는 '그 죽은 자의 시체를 찾는 자와 아는 자'에게 그만큼의 상금을 준다는 것과 다른 벽 쪽에는 거친 욕설로 대제사장에게 경고를 하는 벽보가 붙어 있었다. 다른 한쪽에는 청동 상인 우상과 빌라도 총독의 관청에 비정한 형태나 대리석 바닥 그리고 오만한 정 팔각형의 원형에 가까운 예루살렘 궁전 모습처럼 그들 모두의 탐욕이! 여기 예루살렘 궁정 안에서의 암투와 각 가정이나 거리 그리고 시장 내에서 벌어지는 죽임과 인간의 광기는 지금부터 2천 년 동안 우리 인간사에서 보여 준 열정과 숭고한 죽음 속에서도 사람들은 그 주님의 말씀을 지금까지 고뇌하고 읽고 있었던 것이다. 나는 지금까지 비정한 마음으로 그 성경을 읽으며 이런 이야기들을 상상하면서 '내일이나 글피'라고 한 베드로의 말을 생각해 보곤 했다.

지금 여기 수만 년의 인간사의 오점이 되는 죽음과 부활 속에서 충분하지 않은 주님의 죽음에서 찾으려는 그들의 오만과 독선이 눈에 띄었다.

로마 귀족들은 이렇게 말했다.

그 제자들이 그의 시체를 감춘 것이다. 틀림없다! 돌무덤이 여러 힘이 있는 군인들이 겨우 움직일 수 있는 문이기 때문에 홀로 걸어 나올 수는 없다고 했다. 그런 당부에 화가 치민 빌라도 총독은 부인에게 앙갚음해도 시원치 않았지만, 그는 그렇게 하지 않고 네루 호민관을 불러 그 시체를 찾으라고 지시했다. 그러 인해 온통 예루살렘 궁전 안팎으로 전쟁이 일어난 거처럼 경계령이 떨어진 거리와 시장의 상점 등은 문을 닫고 철시하였다. 예루살렘 거리와 온통 어둠으로 덮인 시가지 분위기조차 뒤숭숭해 지면서 사람들은 또한, 질병이라는 것에 불안한 밤을 보내야 했다.

나는 새벽 일찍이 나사로를 만나고 집으로 돌아왔다. 툇마루를 지나 방 안으로 들어가니 장지문 연한 곳에서 베드로는 가루 누워 비스듬히 자고 있었다. 텅 빈 집 안에서 홀로 고독과 다투고 있었다. 그는 갈릴리 호수 한가운데 누운 모습이고, 결코 그도 그 모든 것에 승복하는 모습이었다. 그런 툇마루 옆에는 아침이 내려와 있었다. 조용한 아침이었다. 베드로에게 오랜만에 맞는 조용한 아침을 깨어서 여러 가지 일에 대해 나하고 의논을 하려고 할 때, 로마 군인들이 몰려 들어왔다.

찬바람이 방 안으로 들어오고 로마 군인의 장교와 항상 보는 백부장이 앞섰다. 그 몸짓이 큰 군인 장교가 앞에 나선다.

"나는 네루 호민관입니다?"

"당신이 베드로 선지자라는 그 주님의 제자입니까?"

하고 물었다.

"그 선지자의 시체가 사라졌다. 당신이 그 부인에게 부탁해서 그의 시체를 인도해 간 다음 그 무덤 안에서 사라졌다. 손 쓸 틈도 없이 사라진 것에 대해 당신은 알 것 같다."

베드로는 잠시 생각하며 어리둥절했다.

"그 무덤은 분명 로마 군인들이 지키고 있었다. 왜, 우리에게 그런 책임을 돌리느냐?"

나는 약간 신경질적인 반응을 보였다.

"우리가 지키고 있었던 것은 분명하지만, 한밤중에 그들이 자고 있었고, 그 사이에 무덤이 열리고 사체가 사라졌다는 것. 선지자는 분명 그런 사실에 대해 답해야 할 의무가 있다. 빌라도 총독은 그 답을 듣고 오라고 나를 보냈다."

백부장은 베드로가 악수를 하려고 했지만 그를 오늘 심문해야 한다는 것을 상기했다. 그러면서 그는 호민관을 쳐다보다가 팔을 쓰다듬으며 이렇게 말했다. 베드로는 결심을 했는지 일어나서 말하기 시작했다.

"우리 주님은 무덤에 걸어 나와 부활을 하셨다. 사체는 지금 여기 이승에 없고, 하늘나라로 부활하셨다."

그 호민관은 그 백부장에게 "'부활'이란 것이 무엇이냐?" 하고 물었다. 한동안 망설이던 그는 '부활'이라는 것은 그들의 종교적인 의미에서 그 선지자가 살아서 하늘나라로 올라갔다는 말이다.

백부장은 스스럼없이 말했다.

"그럼 그자가 하늘나라로 살아서 올라갔다는 말인가?"

호민관이 다시 베드로를 쳐다보면 물었다. 나는 이런 문제는 처음부터 일어날 것이란 것을 알았다. 그러나 이건 참 곤란한 문제였다. 그들에게 이것을 알아듣게 설명하기란 불가능하기 때문이다. 이것은 삶의 문제가 아니고 종교적인 문제이기 때문에 우리 종교를 이해하지 못하는 군인에게 어떤 설명도 필요가 없다. 그러나 그는 이해시키려고 애썼다. 나는 그들을 쳐다만 보았다. 우선 백부장은 베드로에 발목이 난 것을 의아해했다. 그래서 한동안 그 발목을 쳐다보고 있었다.

"어이, 백부장은 이런 경우를 어떻게 설명해야 하나? 분명 들어가면 빌라도 총독이 시체는 어디 있으며, 부활은 무엇인가를 명확하게 밝혀야 하는데 큰일 아닌가?"

"저도 큰일입니다. 내가 여기 선지자의 부탁으로 그 부인에게 사체를 그들에게 내주라고 했습니다만?"

백부장은 무척 곤혹스러운 표정으로 말했다.

"부활은 우리의 종교 이전에 특별한 의미가 있다. 태고적부터 유래되는 부활은 죽은 자 가운데 살아나는 것이 부활이지만, 그것을 많은 사람이 의심하고 있다?"

내가 이렇게 말을 하자 그 호민관은 앉아 있던 의자를 당겨서 앉았다. 그는 '죽은 자 가운데 살아난 사람' 하고 한 말에 관심을 갖기 시작했다.

"그럼, 그 선지가 십자가형을 당하고 난 다음 그 무덤에서 살아나왔다는 말인가? 아니면 죽어서 걸어 올라갔다는 말인가?"
하고 네루 호민관이 무척 놀라는 표정으로 말했다.

"그렇습니다. 우리는 부활을 이해하기 위해 우리가 보는 성경책을 읽고 봐야 합니다."

"내가 지금 집에서 그 성경책을 읽고 있는 중이죠?"

베드로는 그 호민관이 성경책을 본다는 말에 경의를 표했다. 그러자 그 호민관은 일어나 나의 손을 잡고 이렇게 말했다.

"그럼 당신이라도 같이 가시다."

나는 별안간에 그 군인들에게 끌려나갔다. 너무 급하게 이루어진 것이라 베드로는 손 쓸 틈도 없었다. 그 서기관이나 호민관에게 반복적인 설득도 효과가 없었다. 나는 죄인처럼 여러 날 동안 그들에게 잡혀 있었다.

그 이후 여러 번 그 호민관을 찾아가서 읍소했다.

"그는 아무 잘못이 없다. 잘못이라면 내 잘못이다."
하고 베드로가 말했다.

"그 사람은 아무 잘못도 없고 무슨 오해가 생긴 것입니다."

그러나 허사이었다. 베드로 다시 찾아가서 온갖 것을 근거로 설명을 했지만 허사이었다.

"어쩌면, 그럴 수도 있다."

하고 그는 능청스럽게 말하면서도 끝내 말끝을 흘렸다.

그는 몹시 흥분해 있었고, 자제력까지 상실해 있었다. 나중에 안 사실이지만, 그 호민관은 총독에게 불려가서 여러 번 혼쭐이 난 것으로 알려지면서 제자들의 불안 심리는 극에 달했다. 그 호민관은 나에게 그날 밤에 내가 그곳에 있었냐고 물었다. 난, 아니라고 말했다. 우리 제자들은 다시 모두 몸을 피했다.

마침 검은 먹구름이 예루살렘 궁전을 지나 갈릴리 호수인 우리의 정착촌을 몰아치는 거친 찬바람 속에서 우리는 긴 어둠 속에서 더 길고 두터운 고통의 시간을 보내야 했다. 내가 감옥 안에서 혹독한 고문을 받고 있다는 소문이 돌았다. 호민관이 백성의 장로의 죽음에 대해 나에게 여러 가지 혐의를 두고 있었다.

베드로는 당황했다.

백성의 장로의 종이 며칠 전 어둠은 밤에 예루살렘 성벽 쪽에 같이 있었다고 진술했다. 잠시 자리를 뜨고 나서 다시 그곳으로 왔을 때, 백성의 장로는 없었다고 진술했다. 대제사장은 그런 여러 가지 근거들을 가지고 호민관을 괴롭혔다. 그러나 역병은 통제하기 힘들 정도로 퍼져 나갔다. 예루살렘 궁전이나 관청으로 들어가는 문은 모두 통제되었다.

나는 잠시 시간이 지나면 지나갈 것으로 추측했다.

망각이란 말은 흔한 말은 아니지만 우리는 '생각하기 싫은 것은 잊고 사는 것이 편하다.' 하고 생각한다. 나부터 그런 습관이 있고,

그 어머니도 골치 아픈 일이나 로마 군인들이 찾아오는 것을 옛날부터 그토록 싫어했다. 그래서 조용히 지켜보기로 했다. 그리고 역병이 우리 곁으로 다가왔다. 역병이 점차로 심해지면서 예루살렘 궁전 안까지 널리 퍼졌다. 나는 풀려났다. 역병이 심해지면서 중죄인이 아닌 사람은 모두 풀려났다.

나는 즉시 성모 마리아가 기거하는 나사렛으로 갔다. 어머니는 나를 보자 울기 시작했다.

"나를 그 예루살렘으로 보내다오."

내가 대답하지 않자 그 어머니는 "내가 여기서 죽는 꼴을 보아야 하느냐?"라고 했다. 나는 당황해서 베드로 형제에게 편지를 섰다.

베드로 형님, 지금 저는 늘 걱정이지만 다른 뜻은 없습니다.

성모 마리아께서 마음의 병을 오랫동안 앓고 있어서 몸 상태가 점점 악화되고 그리고 우리는 아무 책임 없이 지내고 있었습니다. 어머님의 마음에 병은 그 전에도 가끔 보였던 병이지만, 우리는 그 병에 대한 아무 지식도 없습니다. 우리는 옆에서 보는 것만 해도 고통입니다. 그리고 막달라 마리아님도 몸이 점점 불편해지고 있어 더 걱정입니다.

베드로 형님, 지금 우리가 고민하는 것은 성모 마리아는 그곳 예루살렘으로 가기를 원하는 것입니다. 급히 연락을 바랍니다.

_요한 동생

베드로는 이 편지를 앞에 두고 홀로 많은 시간을 보냈다.

마음의 병에 대해서는 아짐에게 들어 조금 이해하고 있었다. 그것은 예수님의 죽음에서부터 생긴 병이다. 그러나 예루살렘 궁전 안부터 역병이 유행하면서 차질이 생긴 것이다. 예루살렘 궁전 안팎으로 경계령이 내리고 백성들을 통제하기 시작했다. 들리는 소문으로는 헤롯왕도 병으로 앓아누워 있다는 소문들이 파다했다. 그 왕은 밤마다 잠을 자는 병에 걸렸다는 말에 베드로는 야고보를 의심하기 시작했다. 그리고 로마 병사들은 아직도 도처에서 경계령을 풀지 않고 주님의 사체를 찾는 명목으로 가가호호마다 수색을 계속했다. 베드로는 지금은 사막의 안가에서 기도를 하고 있었다. 다시 내가 그곳까지 찾아갔다.

"베드로 형님, 지금 성모 마리아는 간절히 바라고 있습니다. 내가 여기까지 찾아온 것에서 알 수 있는 ----?"

"하지만 지금은 여러 가지 걸리는 일과 지금 예루살렘 안팎으로 역병이 창궐하고 있는데, 나한테 더 어떻게 하라는 말이냐!"

베드로는 긴 한숨을 몰아쉬며 말했다.

"하지만, 말입니다? 매일 예루살렘을 쳐다보면 기도를 드리는 것."

나는 힘없이 발길을 돌렸다. 또다시 며칠이 지났다. 기도를 드리면서 무슨 해답을 찾기 위함이 아니었다. 베드로가 생각했던 세상과 너무도 다른 세상 속에서 살아가는 그에게는 모험이나 스릴 등이 거의 금기시된 것으로 오르지 율법으로 살아가는 나날들이!

어느새 지겹고 힘겨운 일상이 되고 난 다음은 그것이 생각나는 것은 인간이기에 어쩔 수 없는 추상이고 불륜이며, 그 '정사'는 부끄러움과 상처로 남아 매일 회개하며 기도하면서 끊임없이 반복되는 시간이었다. 그날 밤의 폭염은 사막에서 불어오는 후덥지근한 더위에 화적 떼들에게 당한 상처가 덧나기 시작했다. 그 부인은 그 열기 속에서 체온이 치솟고 떨어지면서 그는 할 수 없이 그의 체온으로 그 부인과 사막 한가운데서 천막을 치고 누워 있었다. 그 부인은 오한으로 앓는 소리가 사막의 밤을 수놓았다. 그는 병 치료와 그 부인의 몸까지 만지면서 떨어지는 체온을 유지하기 위해 온 밤을 보내고 있었다. 온통 하늘에는 별빛들이 잔인하게 비추고 있었다. 그는 부인에 열이 불덩이처럼 치솟는 그 날 밤을 하얗게 보낸다. 어느새 떨어진 잠은 기척에 일어나자 그 부인의 희미한 손길이 느끼면서 다가오고 그 부인이 손을 잡았다.

그녀의 오한은 어느 정도는 떨어진 것으로 보이고 그녀의 눈빛에서 그것을 알 수 있었다.

숨 가쁜 호흡과 손길이 느끼면서 두 사람은 한몸이 된다. 온 밤에 별빛들이 쏟아지는 여기 사막이 열리면서 어스름한 채색 빛 열기는 이 사막의 새벽을 부르고 있었다. 아무도 없는 여기 사막 한가운데에서 천당과 지옥을 오르내리며 온갖 것을 보고 만끽하면서부터 그는 치욕스러운 경험으로 지금껏 눈물로 회개하며 기도하고 있었다. 그러나 오늘 밤은 유난히 그 밤과 같이 별빛이 쏟아져 내렸기 때문이다. 우수에 젖어 오는 손길과 추상이 오늘따라 아련히 느껴지면서 그 부인을 생각하고 있었다. 그 자신도 알 수 없는 미지의 세계로 달려가는 추상과 먼지 그리고 그림들이 생각났다. 한낱 겨울을 알리는 그의 기억은 고스란히 잠든 그의 추상 속에 그림이었다.

그리고 허공 위에는 하얀 이슬과 침묵뿐이었다.

이렇게 베드로는 홀로 중얼거린다.

그 자리에 앉아 그런 기억과 추상의 세계를 꿈꾸었다. 아짐이 들어와서 무슨 이야기를 하고 갔지만, 그것조차 기억해 내지 못했다. 지금 술탄 형제를 만나야 하지만 그 형제들은 동방으로 떠났다고 했다. 그 말에 베드로는 당황했다. 아직도 기억이 몽롱하고 며칠 전에 만난 기억조차 생각나지 않았다. 그 형제는 뜻도 알 수 없는 말을 남기고 떠났다. 그 말을 기억하면, 그 전 베드로가 사막 여행 중의 죽음에 직면할 때, 그는 술탄 형제에게 무엇인가 이상한 고백을 했다.

지금 술탄 형제는 나에게 그 질문을 하고 있는지 모른다.

그 죽음 속에 다른 죽음까지 말이다. 아마, 베드로는 거의 죽을 고비에서 악몽을 꾼 것이었다. 예수님의 십자가형을 말하는 것이다. 베드로는 그 죽음 앞에서 피할 수 없는 모멸감을 막 본 것이다. 그는 다시 이렇게 중얼거린다. 죽음이라면 다른 죽음까지? 나는 그것을 예비해야 한다. 확신할 수 있는 것은 다름 아닌 믿음과 약속이었다.

태양이 뜨는 나라를 지금 보고 싶다. 나는 지금 감당할 수 없는 변명과 흉측한 계획 속에서 고뇌하고 있는 것이다. 그 동쪽에 나라에서는 인과응보가 보편적으로 이루어지고 있다고 했다.

그러나 이런 꿈같은 그 계획은 계획으로 남아 있었다. 그날 몹시 취했고, 그 형제가 여행을 떠난다는 말에 조금은 흥분해 있었다. 베드로는 자신의 변명 때문에 생각했던 그 계획들을 술에 취한 채로 술탄 형제에게 모든 것을 털어놓았다. 그 형제가 여행을 떠난 이후로 모든 것을 잊고 있었다. 그러자 어느 날인가, 술에 취해 헤매고 있을 때 아짐은 베드로에게 이렇게 말했다.

"모든 계획은 준비가 되었습니다. 적을 죽이는 것을 아무것도 아니다. 우리나라에서는 이런 죽임은 흔한 일이다."

하고 그는 평상시처럼 이야기를 쏟아냈다.

그는 충직한 신하였다. 사람이 사람을 죽인다. 적을 내가 살해한다! 인과응보이다!

베드로는 술에 취해 이렇게 자신에게 되묻다. 주 예수께서 말씀하신 가치인 '원수를 사랑해라!'고 하신 말씀을 정면으로 부인하는 것. 내가 예수님의 죽음 앞에서도 세 번이나 그분을 부인한 것과 같은 이치일까? 설령, 그가 그 계획을 세워다 해도 그 일을 내가 해낼 수 있는지조차 모른다.

"어딘가, 이 냉혹한 어둠의 밤이 지나가고 새벽을 알리는 교회 종소리가 울리면서 그것이 나에게는 결코 마지막이라고 생각하는 죽임에 관한 결정. 백성의 장로의 범죄적인 형태는 편집적이고 정신분열적인 심리 상태에서 벌어지는 흉계이고 음모이었다. 그것은 도덕적이고, 윤리적이며, 인간적이고 부도덕한 살인이라도 그 합리성이 결여되는 죽음은 결코 살인을 행하는 행동이라고 할 수 있다. 나도 죽음과 부활의 역학관계에 대해서 나 스스로에게 물었다. 그것은 흡사 우리가 사막에서 이민족들과 소통에서 나누던 이야기이며, 한 편의 드라마였다. 무능력과 무관심으로만 보여주려고 했던 나는 그 문제를 오랫동안 숙고하고 성찰하면서 그 모든 것의 추상에서 죽음을 생각하게 됨. 그들이 말하는 저 넓은 세상과 그 드넓은 사막의 모래보다 많다는 인간 등의 살아 있는 모습과 행동들을 직접 대하고 마주하면서 소통하는 그것이 ---."

하고 베드로는 허공을 향하여 외쳤다.

베드로의 말과 행동에서 느끼는 혼란은, 나도 마찬가지이다. 결국은 친형제는 아니지만, 이심전심으로 서로가 소통하고 있었던 것이다. 쓰다 보면 나와 베드로가 한 가지 말씀을 가지고 이야기하고 있다는 것이다. 주님의 말씀 말이다.

하지만 주님의 죽음은 결코 그런 사소한 죽음은 아니다! 우리 인간사에서 보여준 열정과 숭고한 죽음 속에서 사람들은 그 말씀을 지금까지 고뇌하고 읽고 있었던 것이다. 나는 지금까지 비정한 마음으로 그 성경을 읽고 있으면서 이런 이야기들을 쏟아 낼 수 있었던 것은 아닌지!

다시 문제가 발생했다. 더위가 가기 전, 갈릴리 호수에서 백성의 장로 시체가 떠올랐다. 스스로가 내 발목을 잡고 더 곤혹스러운 처지가 되었다. 특히, 바리새인들의 공회 안에서는 나와 베드로 형제를 의심하기 시작했다. 이런 소란한 틈에서, 모든 일이나 여기 상황 등이 우려할 만큼은 아니지만 결국은 내 발목도 잡히고 말았다.

떠나려 준비를 하자 베드로가 처음으로 잡았다.

"지금 너까지 여기 없다면 그들이 너를 의심할 것이다. 너는 젊고 아직 할 일과 앞으로 갈 길도 넓고 깊다." 하고 성모 마리아가 말했다.

이 민족인 그들 형제는 그런 편지를 보내왔다.

아랍 이 민족이나 예루살렘 궁전 안에서도 그런 궁중 암투는 언제든 일어날 것입니다. 지금 예루살렘 궁전 안에서도 헤롯 왕들의 다툼으로 그들 왕 중에는 누군가가 먼저 죽임을 당할 것입니다. 인간의 원죄인 인과응보는 태고 때부터 내려오는 법칙입니다. 그러나 내가 처음 선지자에게 듣고 있던 '원수를 사랑해라'라고 하신 말씀을 지금은 깊이 성찰하고 있습니다. 너무 고민하지 마시고 평안하게 삶을 살아가기 바랍니다.

베드로는 이런 물음에 고뇌했다.

매일 이런 고민으로 고통을 받았다. 지금은 역병으로 움직일 수 없었다. 그러나 사도 요한의 편지가 도착했다. 어머니인 성모 마리아를 모시고 예루살렘 궁전 밖에 와 있다고 했다. 베드로는 놀라서 당황했다. 그는 예루살렘 궁전 안쪽이 그나마 역병에 안전하다는 것을 알고 있었다. 급히 아짐을 찾았다. 그는 행정 업무로 예루살렘 궁전 밖으로 나가 있었다.

베드로는 몇 자 적어서 인편으로 아짐에게 편지를 보냈다.

"형제요, 지금 우리 어머니인 성모 마리아께서 예루살렘 성문 밖에 와있다는 전갈입니다. 들어오는 길에 성모 마리아 일행을 모시고 오시면 감사하겠습니다!"

저녁이 되고 하늘에는 모든 별빛이 빛났다.

그때, 이모님과 성모 마리아를 모시고 안으로 들어왔다. 성모 마리아는 베드로 앞에 다가가 머리에 손을 얹고 기도를 시작했다.

"주 하나님, 내 아들들에게 용기와 희망을 주십시오. 우리는 주 예수를 하나님에게 바치게 나이다! 더 우리가 무엇을 회개해야 하나요? 내 아드님도 부족하다는 말인가요? 주 하나님!"

"내 어머님, 나를 용서하여 주십시오. 나는 너무도 어리석은 자이었다. 바보이고 백치입니다. 나는 철저하게 그들에게 농락을 당하고 버림을 받았습니다. 그러나 그들이 왜, 주님을 벌하는 그 이유를 알지 못합니다. 그 누구도 그 이유가 무엇인지 알지 못할 것."

베드로가 말했다.

"내 아들이시오! 이것은 오르지 하늘에 계신 주 하나님만이 결정할 것입니다."

하고 성모 마리아가 말했다.

"나는 진정 악마와 거래를 했고 나의 정죄를! 여기서 살아나 간 죄인이 없다. 여기서는 곧 죽임뿐이다."

하고 나는 엎드려 기도하듯 말했다.

그러면서 베드로에게 축복해 주었다. 별빛과 달빛 사이에서 그려진 그림자가 하늘 위에 새기며 그분, 성모 마리아의 표정은 그런대로 편하게 보였다. 그날 밤 이후, 나는 죽임의 골고다 언덕에서 본 성모 마리아의 표정이 문득 떠올랐다.

"저는 무척 걱정을 했습니다! 어머님께서 여기를 오시기를 무척 바라고 있다는 것도 알고 있었습니다. 그러나 여기 상황 등이 여의치 못해 감회 말씀드리지 못했습니다."

베드로가 말했다.

"아들아! 무서워 말라. 내가 너를 알고 있고, 너도 주 예수가 부활하는 모습을 보지 않았느냐? 주님의 말씀을 믿고 따르면 그 무엇이 두렵겠느냐? 그 무엇을 두렵게 생각하면 할수록 더 두렵게 될 것이다. 이제는 우리 모두가 떠날 때가 가까이 다가온 것을 느끼지 못하겠느냐? 이보다 더 나은 생명의 빛이 어디 있겠느냐!"

하고 그 어머니 외쳤다.

베드로는 엎드려 기도하는 모습으로 그분을 찬양했다. 성모 마리아의 손에 이끌려 일어난 베드로는 그 어머니 주위에서 천사 모습을 보았다.

새로운 일에 적응하면서 베드로는 사도 요한이 떠난다는 것을 알고 있었다. 그러나 그 어머님도 여기 예루살렘에 있고, 베드로가 먼저 떠날 생각을 했다. 그런데 역병이 점차로 심해지면서 성문을 나가는 것도 원활하지 못했다. 만약 성문을 통과하려면 다시 통행증이 있어야 가능했다. 세월은 그 어떤 것에도 끊임없이 초월해 갔다. "세월과 시간은 우리에게 우주 같은 것. 그리고 어머니의 품 같은 것인지?" 하고 내가 베드로 형제에게 물었다.

그러나 베드로는 그 어떤 답을 내놓지 못했다. 그가 죽음의 기도에서 로마인이나 이민족인 술탄 형제와의 대화 속에서 여러 가지 의문 등이 생긴 것은 사실이었다.

그러나 그 원론적인 이유는 이해했지만, 그 근본적인 원인은 찾지 못했다. 다만, 이 우주와 이 세상은 우리가 생각했던 것보다 훨씬 더 큰 영겁에 가까운 진리가 숨어 있다는 것. 그리고 그 세상은 상상할 수 없는 드넓은 대지가 펼쳐져 있어 가는 길은 끝이 없고, 바닷속은 우리 인간이 품을 수 없는 미지의 세계라는 것은 듣고 있었다. 오로지 알 수 있는 답은 그것뿐이었다. 영혼 속의 미지에 세계가 있고, 그 미궁 속에서 우리 인간은 그 진리를 찾아 헤매는 짐승 떼와 같은 짓을 하다가 허망하게 죽음을 맞는다는 것.

결코 그런 일들은 알 수 없는 미지의 세계이며, 저 천공 속에 숨어 있는 그런 죽음의 시간일 것이라는 것!

그 진리 안에는 주 예수님의 말씀이 있다는 것! 부활의 믿음이 있다는 것!

질병으로 많은 사람이 죽어갔다.

그 역병의 환란은 우리 사람들이 만든 상처였다. 그러나 그것 마저 부인하는 것이 늘 인간이다.

질병은 우리 사람들을 죽음의 공포와 병으로서의 질병이 우리 인간들을 괴롭혀 왔다. 사람에게는 얄궂게도 질병이라는 것이 항상 따라다니면서 그 인간들의 정체성을 생각하게 했다. 그 누구도 하물며 로마제국 황제나 헤롯왕도 피할 수 없는 것이 역병이었다.

이 얼마나 절묘한 신의 선물인가? 주 예수님이 강조한 '만인에게 내 말을 전하라!' 하고 하신 그 말과 일맥상통했다. 먼 산에는 진눈깨비 같은 많은 눈이 내렸다는 악소문까지 나돌았다.

베드로는 약초를 구하러 갈릴 호수까지 나갔다. 맞은편 바위산으로 올라갔다.

아짐은 앞장서고 베드로는 뒤를 쫓았다. 겨울이 가는 길목에서 눈이 내렸다. 아짐은 "'신의 저주'이다." 하고 혹평했다. 새벽 안개구름이 피어오르고 겨울나무 가지가지마다 수정처럼 녹아든 얼음 방울이 바람 속에 일렁거리고 있었다. 베드로와 그는 새벽 일찍이 일어나 기도를 드렸다. 기도를 끝내고 일어나 산 밑을 내려다보았다. 산과 산이 이루고 바위산 허리 부분에는 산으로 연결되고 바위산의 허리 능선들이 확연하게 눈에 들어왔다. 바위는 바위대로 나무는 나무대로, 낯선 풍경 속에 설렘과 나뭇가지 위에 붙어 있는 얼음조각 등등이 수정처럼 밝게 빛나기 시작했다.

아침이 지나면서 날씨는 어머니 품처럼 따스하게 변하기 시작했다.

그러면서 베드로는 어머니의 얼굴을 떠올렸다.

그 어머님의 얼굴이 붉게 변했다.

어느 날 저녁때쯤 하늘에는 다른 날과 달리 붉은 기운이 산마루부터 골고다 언덕까지 진하게 펼쳐져 있었다. 골고다 언덕, 아직 모습을 드러내지 않는 비명 소리와 그런 십자가형의 고통에도 편안한 표정을 본 어머니의 모습과 눈빛이 아름답게 빛났다. 저 골고다 정상으로부터 넘쳐흐르던 군중 등의 광기가 아직도 귓전을 때리고, 그런 모습을 기억하는 환상의 그 시간이 지나가기를 기다리는 성모 마리아의 모습을 본 우리는 기도하고 회개하며 노래했던 것이다.

예루살렘의 거리와 예루살렘 궁전까지.

하지만 거리에는 로마 군인들이 그 시체를 찾느냐고 집과 시장 그리고 가게까지 수색을 하며 여기 예루살렘으로 통하는 성문에서 철저한 검사와 사람이 모여 있는 교회와 시장에는 살얼음판을 뒤지듯 뒤지는 로마군인들. 그런 어처구니 없는 기운을 느낄 정도의 모습에서 그 어머니는 웃음을 찾아가기 시작했다. 그것은 그 성모 마리아가 본 부활이라는 천지창조와 같은 준엄함의 경고이었다. 그 이후 새벽이 오기 전, 그 어머니는 골고다 계곡으로 걸어갔다.

먼저 베드로 형제가 성문을 나오면서 주님을 생각하며 자살을 했던 그 계곡을 지나 가난한 백성 등이 역병으로 시름하는 곳을 찾아 나섰다.

거기 여러 군인이 역병으로 고통받는 사람들과 통제된 예루살렘 거리로부터 그곳까지 - 그곳으로부터 떨어진 그 골고다 언덕과 산으로 이루어진 계곡에는 가난한 주민들이 살면서 같은 권리와 정의를 받지 못하는 사각지대이고, 다른 사람들이 버림받은 죽음의 계곡이라고 하는 그곳! 골고다 계곡은 매일 시체가 타는 냄새로 잠을 이루지 못하는 지금, 그곳을 악마의 계곡으로 부르기 시작했다.

그리고 그 계곡으로 지금 운위되는 동안 로마 귀족인 한 사람은 자신의 외아들을 잃고 우상인 로마 황제의 동상 앞에서 통곡을 하며 자신도 밤의 귀신이 잡아갈 수 있다는 공포와 번뇌로 춤을 추고 있으니. 그곳을 지나는 군중들은 그것이 인간들을 심판하는 신의 저주라고 속으로 중얼거렸지만.

성모 마리아는 그 부인을 잡고 기도를 드리고 있었다. 나는 그 앞에서 기다리며 앉아 소리 높여 찬송가를 불렀다. 어머니는 빈자와 병으로 죽음이 기다리는 그곳으로 갔다. 가장 당황한 사람은 베드로였다. 우리가 비록 볼 수 없었던 구석인 죽음의 계곡에서 소리 없이 가난한 백성들이 죽어갔다. 그 어머니의 눈에는 같은 동족이고, 같은 자식들이었다. 그 아들의 숭고한 죽음 앞에서는 그 무엇 하나도 소중하지 않은 것이 없었다.

그런 역병은 그 누구도, 민족도 구별도 상관없이 가혹하고 모질게 우리 인간 등등을 추구해 갔다. 베드로는 주님을 잃었지만, 그 어머니를 지키는 것이 그에 일이었다. 그런 정의 마저 그에게 없다면 그는 죽은 송장에 불과했다. 성모 마리아는 그 죽음의 계곡에서 역병의 환자들을 돌보고 있었다.

처음 며칠은 그 어머니가 매일 왕래를 하면서 병을 치료했다. 그러나 그것도 환자들에게는 번거롭게 한다고 그분이 그곳에서 기거하기까지 했다. 그것에 당황한 것은 베드로이었다. 이미 사도 요한도 그곳에서 기거하면서 환자들을 돌보고 있었다.

베드로는 어머니를 만나기 위해 그곳으로 갔다. 멀리 산 넘어서는 사체를 태우는지 검은 연기가 치솟았다. 격한 냄새도 진동했다. 골고다 계곡 깊은 골짝 기에 곧게 뻗은 길옆으로 수백 개의 천막촌이 눈에 띄고 그 옆으로는 누런 회색빛이 빛나는 낡은 건물 한 채가 눈에 들어왔다. 이모님이 문 쪽에서 로마인들과 이야기를 하고 있었다. 그가 생각했던 것보다 더 많은 환자가 치료를 받고 있으며, 많은 군인과 봉사하는 사람들도 눈에 띄었다. 그중에 로마인 그리고 아랍인들도 있었다.

처음 안내소가 있고, 그곳에서 이모님을 만났다.

"어머, 베드로 형제는 여기는 웬일이시죠?"

"이모님도 여기에 계신지 모르고 있었습니다. 어머님이 걱정되어서 왔습니다."

"그럼, 따라오시지요?"

베드로는 말없이 뒤를 따라갔다. 가다가 마주친 의사처럼 생긴 로마인이 이모님에게 인사했다.

"로마 관청에서 파견된 의사입니다. 참 유능하고 친절한 의사이지요?"

이런 역병에 로마 당국이 이렇게 앞장서서 의사와 많은 사람을 동원해서 치료하는 모습은 처음이었다. 가다가 사도 요한을 만났다. 그는 바쁜지 눈인사를 건네고 다른 천막으로 들어갔다. 모든 사람이 열정을 갖고 치료하는 모습에 베드로는 감명을 받았다. 여기 골고다 계곡은 역병을 치료하는 곳으로 변해 있었다.

"베드로 님, 여기입니다. 잠시 앉아서 기다시기 바랍니다."

10분이 지나도, 30분이 지나도 오지 않았다. 멀리서는 아기 울음소리와 환자들의 악을 쓰는 소리도 들렸다. 다시 10분이 지나자 어머님께서 들어오셨다.

그는 무릎을 꿇었다.

"오 어머님, 이렇게 걱정이 된 것은 처음입니다. 아무래도 여기는 우리가 있을 데니 어머님은 집으로…?"

그러나 어머님은 냉정하게 거절을 하면서 이렇게 말했다.

"다 사람마다 할 일이 따로 있다. 주님은 주님대로, 나는 나대로 너는 너대로 할 일이 있다."

베드로는 그 말이 비수로 다가왔다. 그리고 어머님은 곧바로 방에서 나갔다. 베드로도 그 뒤를 따라갔다. '우리가 할 수 있는 일은 그 어머니를 지키는 일이다.'

하고 베드로는 생각했다.

주 예수님은 비록 죽임을 당했다 해도 그는 그 어머니를 지킬 것을 자신에게 약속했기 때문이다. 밖에 거리는 이미 어둑어둑 땅거미가 산 계곡 밑에서부터 서서히 다가오기 시작했다. 샘터에서 그 이모님이 무엇인가 하고 있었다. 병자들의 의복과 각종 붕대와 수건 등등이 산더미처럼 쌓여 있었다. 몇 사람들과 그것들을 깨끗이 세탁하고 있었다. 베드로는 가까이 다가갔다.

한 사람은 비누칠을 해서 큰 돌 위에 올리고 다시 비누칠을 해서 피 묻은 헝겊 천을 여러 번 문지르고 있었다. 그것이 끝나면 다시 다른 사람이 몇 번 더 물에 적시거나 헹구어 다음으로 넘겼다. 그것은 받은 그 이모님은 몇 번 더 헹구어서 큰 통이 넣었다. 베드로는 엉거주춤 그곳으로 다가가 큰 통에 헝겊들을 하나씩 다시 헹구기 시작했다.

"아니, 베드로 님 그냥 놔두십시오."

하고 이모님이 말했다.

"그냥, 그곳에서 빨래를 하도록 놔두어라!"

그 모습을 본 성모 마리아는 이렇게 외쳤다.

베드로는 그 어머니를 보면서 환하게 웃었다. 나는 멀리서 그 모습을 지켜보았다. 처음 베드로의 웃는 모습을 볼 수 있었다. 멀리서 찬송가 소리가 났다. 나도 입 혀로 휘 바람을 소리 없이 흥얼거렸다. 그 노랫소리는 바람을 타고 어디론가 날아가고 있었다. 그 무언의 침묵이 절망과 사탄에 빠져 있는 여기 환자들에게 조금이나마 도움이 되면 했다.

질병이 그들 하나 남은 자존심까지 아사갔다.

우리는 여기 죽음의 현장에서 느낌인 소통과 믿음, 화해는 사람들의 서로 간에 겹겹이 겹쳐지는 부분을 찾을 수 있다는 것? 그것만으로도 베드로에게나 다른 제자들이 느낀 충격의 현장에서 본 그 어머님의 위대한 여정이었다. 모든 사람이 그 역병으로 죽어갔다.

"신의 저주이다!" 하고 외친 그 광인의 말이 사실이었다.

어느 로마 귀족 부인은 '자기 아들이 역병으로 죽자' 그 광인에게 가서 축복해 달라고 외쳤다. 그러나 공회에 있는 한 서기관도 역병에 걸리자 그 광인에게 헌금까지 했다는 소문이 돌았다. 별 뜻 없이 한 말에 그렇게 많은 백성이 환호하고 뒤를 따르며 헌금까지 했다는 소문이 거리에 나돌았다.

그것조차 의심이 가는 대목이다.

6장

역 병

주님의 사체가 사라졌다.

그러던 중, 헤롯왕이 사망했다는 흉흉한 소문이 예루살렘 거리에 파다하게 퍼지고 역병으로 사람은 수없이 죽어 나갔다.

"신의 저주이다."

하고 베드로는 외쳤다.

인간들이 물질 만능으로 이 자연을 더럽히고 강이 오염되고 공해가 만연하고 사람들은 도시로 몰려들기 시작했다. 그런 사회는 멍들고 한낱 기침만 심해도 역병처럼 사람들은 죽임을 당한 것이다. 그 질병으로 더욱더 많은 백성 등이 희생되는 경우가 있다. 바람이 불면서 폭염과 더위는 한풀 꺾인 기세이지만, 그러나 그 역병은 많은 사람에게 상처를 남겼다. 하룻밤을 자고 일어난 노인은 자신이 아직도 살아 있다는 것에 놀란 표정으로 하늘을 쳐다보면 그 선지자의 십자가형을 눈물로 하늘을 원망하는 눈길을 보내고 나서, 그 노인은 늦가을 잠자리에서 감기 기운이 있고 오후에는 그런대로 따뜻한 햇볕 아래 길게 하품을 하고 있었다.

나는 골고다 계곡을 지나면서 이제 살아 있는 우리나 많은 사람에게 마음의 영혼 속에 신이 자리 잡았다는 것. 그것을 느꼈다. 이미 이곳 골고다 계곡은 아픈 백성들을 구호하는 피난처로 변했다. '살아 있는 사람들의 마음의 영혼 속, 신들이 자리 잡았다.' 하고 나는 생각했다.

성모 마리아와 이모님은 바쁜 하루를 보냈다. 소문을 듣고 찾아온 환자들도 있었다. 그 호민관은 몇 번 찾아온 이후로 간호할 수 있는 사람들과 의사를 다시 보냈다. 정작 그 호민관은 나타나지 않았다. 나는 그가 왜 이곳을 다시 찾아오지 않는 이유를 대강 알고 있었다. 며칠 전에는 베드로 형제와 내가 여러 형제에게 강론을 위해 길을 찾아가자 그곳에는 그가 감시를 하고 있었다. 우리가 알고 있는 그 호민관은 이념적으로 로마 제국주의자로 특별하게 유대 땅으로 온 자였다. 물론, 정확한 정보는 아니지만 여기 척박한 유대 땅에 온 이유가 있다는 것. 그는 빌라도 총독의 측근으로 지금 여기서 번져가는 종교와 세금 증세가 난관에 처하자 그 총독이 특별하게 요청해서 온 것으로 알려졌다.

그런 이야기를 하자 베드로 형제의 생각은 달랐다.

"그런 사람일수록 다른 사람들과 달리 종교를 본 관점이 다르네?"

"베드로 형제요, 무슨 말씀이죠?"

"아직은 내가 말할 수 있는 것은 아니지만, 그는 다른 로마 사람들과 다른 면이 있는 것 같다.”

하고 베드로는 진지한 표정으로 말했다.

“다르다면 특별한 것이 있나요?”

내가 다시 반문하자 그는 하는 일을 멈추지 않고 이렇게 말했다.

“그의 눈빛이 다른 사람들과 다르다는 것이네.”

그때 막 들어온 안드레의 표정도 진지해 보였다. 그는 약제를 구하기 위해 멀리 항구까지 나귀 떼를 몰고 갔다 오는 중이었다. 베드로는 일어나 동생에게 모든 사실을 들었다.

“역병을 더 심하게 지방 쪽으로 번지면서 예루살렘 민심 마저 더더욱 뒤숭숭해졌다.”

동생인 안드레가 말했다.

“주 예수의 죽음으로 해서 신은 죽었다.”

그 광인은 매일 예루살렘 네거리에 나와 소리 높여 외쳤다.

베드로는 그 목소리를 또렷이 듣고 있었다. 거리에는 아직 치워지지 않는 사체와 거의 걷지도 못하는 걸인이 성문 앞에서 구걸을 하고 있었다. 베드로는 그 노인을 데리고 이곳으로 왔다. 그 걸인은 거의 걷지도 못해 뒤따라오던 아짐이 그를 엎고 여기 병사로 데리고 왔다. 그는 그 걸인을 누이고 몸 전제를 살펴보았다.

“이 노인은 역병이 아니고 먹지 못하고 잠자리에 추위까지 찾아와 기관지 염증과 무릎에는 퇴행성관절염을 앓고 있는 것입니다.”

하고 그가 말하자 그 노인은 “당신이 나의 주이다.”라고 했다.

그 모습을 본 성모 마리아는 부드러운 미소로 쳐다보았다. 지금은 환자들을 돌보느냐고 정신이 없었다. 나는 그 모습에서 평온을 다시 찾았다. 일시, 여기 환자들을 돌보는 방에도 평온이 찾아왔다. 그 얼마인지 모를 그런 시간이었다. 시간은 우리에게 무엇인가? 주님이 죽임을 당한 세월의 그 무게만큼이나 시간이 지나갔다. 그 시간이 보이는 만큼이나 세월의 색채를 더하고, 그런 명암이 온 대지와 예루살렘 건너 사막 모래 둔덕에 파도만큼 우리에게도 다시 평온을 갖다 주었다.

로마제국이 이민족인 아랍을 유린한다는 소문이 돌았지만 그때뿐이었다. 혹자들은 역병 때문이라고 이야기했다. 어쨌든 전쟁의 참화는 우리 인간들을 병들게 하는 것이다. 역병이 우리에게 보여주는 거처럼 전쟁 또한 우리에게는 암적인 것. 그 전쟁은 우리 인간들이 기록을 남기면서부터 시작되는 고투는 지금까지 지속되었다고 말할 수 있다. 그 기록에서 보면 그 전쟁의 참화가 우리 인간이 얼마나 잔혹하고 사람들을 짓밟아 버릴 만큼 치욕스러운지 우리 역사에서 대변해 주고 있었다. 인간은 그것을 치적으로 삼고 인간이 인간을 노예로 삼았던 것이다.

그것을 본 주 예수께서는 분연히 일어나 그 뜻을 세우고 말씀하시니 온 천지가 진동하고 세상의 변화에 바람이 몰아쳤다. 로마 황제나 그들이 세속에 물든 자신을 책망하고 하늘의 노기가 화를 부르면서 그들은 그것을 알기 시작했다. 주 예수님이 병든 자를 낫게 하고 장님들을 눈 뜨게 하니 그들 모두는 그 진리의 말씀에 전율을 느끼고, 벌겋게 치솟는 폭염 속에 느끼고 자책하면서 빌라도 총독과 그들은 주님을 죽음으로 몰아갔다.

어스름한 사막 위에 새벽을 알리는 일렁이는 채색 된 적갈색 여명의 빛과 어스름한 아지랑이들이 모래 둔덕 위로 펼쳐지고 있었다.

그날 늦게 로마 군인인 백부장이 베드로를 찾아왔다.

주 예수의 시체를 찾았다는 소문이 퍼지면서 베드로는 더욱 곤혹스러운 처지에 놓였다.

"선지자님, 우리 군인들이 모처에 있는 주 예수의 시체를 찾아 화장을 했습니다. 여기 유골을 가지고 왔습니다."

백부장이 준 유골함을 받았다. 그는 아무 말 없이 돌아갔다. 그다음 우리는 이 일을 어떻게 처리해야 하는지 혼란스러웠다. 우리는 그 유골함을 보면서 그들이나 로마인들의 곤혹스러운 처지를 이해했다. 그러나 이런 상황 등을 성모 마리아에게 말할 수 없었다.

"달리 뾰족한 수가 없습니다. 이 사실은 우리 둘만 아는 것으로 하지요? 어머님에게도 비밀로 합시다."

내가 말했다.

"그런 비밀들이 지켜지겠나! 이미 예루살렘 거리와 상점 거리에도 널리 퍼져 있고, 또한 어머님도 우리가 유골함을 받은 것을 알게 될 것이고."

베드로는 어깨를 으쓱했다.

"그러나 지금은 달리 다른 방법이 없습니다. 나중에 어머님이 알게 되면 내가 알아서 설명을 하겠습니다."

"왜, 그들은 그런 짓을 했을까?" 하고 베드로가 묻자 사도 요한은 "그들에게는 주님의 부활은 단적으로 고민스러운 부분이고, 다른 면에서는 그들이 지배하는 다른 지역에도 악영향을 주니 다른 도리가 없었을 것입니다. 여러 가지 면에서 부활이라 하면 그 이유를 설명해야 하고 아니면 시체를 찾아서 공개를 해야 하는데, 아마 빌라도 총독이나 호민관도 처지가 곤란해서 그런 생각을 해낸 것으로 보입니다."라고 했다.

"그런 궁리까지 한 것으로 보아 빌라도 총독이나 대제사장에게는 큰 고민이 된 것입니다. 그러나 한편에서는 비밀스럽게 민간 복장을 한 군인들이 여전히 찾고 있다는 소문입니다."

베드로는 한동안 입을 닫지 못하고 나를 쳐다보았다.

"그들과 로마인들은 결코 찾는 일을 포기하지 않을 것입니다."

"글쎄, 부활하신 주님의 몸을 어디서 찾겠다는 것인지. 대관절 그들은 무슨 속셈으로 그런 짓을 하는지."

베드로의 얼굴에 검은 검버섯이 확연하게 드러났다.

우리는 그 일로 걱정이 생겼다. 분명 그들이 백성의 장로가 사라진 이후, 아무 일이 없는 거처럼 보였다. 나는 그것이 더욱더 신경이 갔다. 하루는 공회에서 나오는 한 서기관을 만났다. 그는 오래전부터 알고 지낸 사이로 차 한잔하자고 해서 찻집으로 갔다. 그 서기관은 역병에 관해서 물었다. 그것은 여기 골고다 계곡이 처음에는 가난한 사람들이 사는 마을로 지금은 병자들이 찾아오기 때문에 그곳은 병원으로 바뀌지 오래되었다.

"예, 매일 많은 사람이 찾아오고, 그리고 그곳에 오는 환자들은 거의 치료가 되어 집으로 돌아갑니다."

나는 조금은 보탰지만, 그 서기관의 의중을 엿볼 수 있었다.

"그럼, 그 많은 돈이 필요할 덴데 그런 돈은 어디서 마련하지요?"

그 서기관은 이렇게 말하면서 끙끙거렸다.

"많은 후원자와 로마 귀족들도 후원금을 보내고 있습니다."

그는 믿지 못하는 표정으로 나를 다시 쳐다보았다. 그러나 오늘 그 서기관의 눈초리는 예사롭지 않았다. 또 하나의 놀라운 광경은 그들이 후원금을 모으고 있다는 말에 다시 한 번 놀란다. 그런 것이 그에게는 오늘 이 거리를 걸으면서 한 토막의 에피소드 같은 이야기들이 돌았다.

오랜만에 꾸는 꿈이었다.

여름이 가고 뚜렷한 계절 변화를 느끼지 못하던 시기에서 늦겨울로 다가섰다. 그 시간은 멈춰 서 있고, 우리가 느낄 수 있는 계절이 갈음하면서 꽃들의 변화와 인간들의 감정까지 드러나고 변하면서 모든 만물과 기생하는 더러운 인간 감성까지 매말라가고 있었다. 그런 시간 위에서 질병이 모든 사람에게 평등하게 아프면서 그런 역병이 사람이 죽임을 당하게 되고, 그 죽음에 인간들은 그 누구도 예외 없이 두려움에 떨게 된 것이었다. 나는 그것을 주시했다. 그 죽음에서 '모든 인간은 차별이 없다'는 것을 확신했다. 그것이 주 예수께서 말씀하고자 했던 것이다. 그 주님이 그런 말을 할 때 우리는 그 진정한 뜻을 알지 못한 것이다.

공회의 그들이나 로마 귀족들도 같은 역병으로 죽임을 당한 것이다. 이것은 모든 사람이 평등하다는 것! 자유라는 것은 인간이 태어날 때부터 가지고 있던 고유의 권한인 것이었다. 구주 하나님이 준 고유의 권한인 '하나님의 정의'인 것이었다. 그런 믿음을 주 예수님이 보여주기 위해 스스로가 골고다 언덕 위를 오른 것이다.

이것이 진정한 정의이다!

역병은 각 지역으로 흩어져 퍼졌다. 우리가 생각했던 떠나는 여정을 시작도 하기 전에 발이 묶였다. 사람들의 움직임까지 통제하는 로마 당국은 걷잡을 수 없는 역병 때문에 그 통제력까지 상실해 갔다. 로마 당국뿐만 아니고, 헤롯왕의 죽임으로 흉흉한 소문이 난 예루살렘 궁전이나 거리와 시장 안팎으로 뒤숭숭했다.

그러나 시간이 지나면서 아짐은 역병에 대해 이렇게 말했다.

"요번 역병은 이상하다. 보통은 각 지역에 풍토병처럼 보이는 증세로 보면 감기 증세로, 이 증상은 각 사막지방에서 추운 계절성 감기로 흔하게 보이는 것입니다. 열병을 동반하고 목이 부며 급기야는 심한 기침을 하다가 죽는 병입니다. 이 병 또한 호흡기로 통하는 증세로, 옛사람들이 말하는 각 지방의 풍토병으로 오랫동안 인식된 것이 다른 역병과 차이가 있습니다."

그는 이런 증세는 "추운 지방인 유럽 지역이나 동방에 추운 나라에서 보이는 풍토병의 종류이기 때문입니다."라고 말했다. 베드로가 생각했던 세상은 아는 것이 너무 없다는 것. 무지하다는 것. 베드로는 그런 처방을 내리는 아짐을 부러운 눈빛으로 오랫동안 쳐다보았다. '지금 주 예수께서 살아 계신다면 그 어떤 해답을 내놓을까?' 하고 생각해 본다.

처음 주 예수님과 만나 갈릴리 지방을 다닐 때, 이런 병이 돌아다닌 적이 있었다.

그러나 사람들의 일부만 그런 감기 증세와 과도한 열병으로 죽었다. 지금 우리 모두는 선교활동을 중단하고 병 치료를 위해 힘을 보탰다. 우리가 추구하려던 '만인을 위한 전도'는 사실상 중단되고 말

앉다. 골고다 언덕 옆으로 계곡 지역에 사는 백성들은 더 혹한 역병으로 죽어 나갔다. 그 어머니는 매일 그곳에서 간호를 하고 있었다. 계절상 겨울인 예루살렘 일부 지역에도 눈이 내렸다. 이것을 두고 뭇사람들은 신의 징벌이라고 경고했다.

우리는 그보다 더 무거운 걱정거리를 떠안게 되었다. 그는 이 역병이 호흡기로 전염되는 병으로 직접적인 환자 접촉으로 질병을 옮길 수 있다고 경고했다. 그리고 그는 특별하게 환자들을 간호할 때, 흰 면수건 등으로 입을 막을 것을 만들었다. 성모 마리아는 항상 병상에 있었다. 아침 일찍이 일어나 골고다 언덕을 쳐다보며 기도를 들리고 나서 환자들이 모여 있는 환자 방에서 여러 가지 일들을 했다. 기침과 가래를 토해 내는 심한 환자들을 위로하며 아짐이 가지고 온 약들을 하루 종일 손수 먹이고 있었다.

우리는 야고보 때문에 전전긍긍했지만, 늘 아들처럼 성모 마리아를 따르고 있었다.

우선 병의 진단은 대부분은 흑사병이 아닌 풍토병으로 여겼지만, 일반적인 감기보다 환자들의 상태는 여간 심하지 않았다. 많은 환자들은 심한 기침과 가래를 내뻬고 나서 혹독하게 열병으로 시달리고 있었다. 어느 환자는 열이 펄펄 끓고 심하게 몸이 부은 상태에서 죽음을 맞이했다. 그는 이런 상태를 역병이라기보다 감기 증세가 심한 상태에서 간장이 부어 생기는 일시적인 상태라고 했다. 다른 예루살렘 의사들도 같은 생각을 갖고 있던 부류와 다른 생각을 하는 의사들의 의견이 갈려 분분했다.

베드로는 이것 또한 주 예수께서 역사하신 일이라고 받아들였다.

그날 밤늦게 야고보가 나를 찾아왔다. 방 안은 어두컴컴했다. 두 사람은 쪽문 빗장을 열고 방 안으로 들어가자 베드로는 홑이불만 덮고 자고 있었다. 우리들의 인기척에 일어났다. 그가 돈이 필요하다고 했다. 우리가 처한 이 큼직한 상황에서 야고보는 돈을 요구했다.

"형제여, 우리 또한 보다시피 필요한 물건들이나 식량까지 부족해서 이 민족들이나 로마 상인들까지 돈을 부탁을 할 정도요. 여기는 각종 약이나 필요한 것을 다른 지방에서 가지고 와야 합니다. 당신은 또 무슨 일을 저질러서 여기에 온 것입니까?"

베드로가 말했다.

이 모든 것이 우리에게 크나큰 고통이었다. 물론, 아짐이 필요한 물건 등을 필요 이상으로 외부에서 가지고 왔다. 많은 환자가 죽음의 고뇌에서 쓰러져 갔다. 이것이 로마 당국이나 인간들에게 보여주는 징벌이라고 공공연히 떠들고 다니는 혹세무민하는 사람들이 생겨났고, 그것은 질병보다 더 크게 사람들에게 해를 주는 역겨운 소문들이었다. 며칠 전에도 백부장이 와서 많은 돈을 그에게 주고 갔다. 피곤이 몰려왔다. 야고보는 돈을 받고 다시 온다는 말을 남기고 떠났다.

텅 빈 방 한가운데서 베드로는 서 있었는데, 거기에는 어디서 들리는 환자들의 고통의 소리와 멀리 로마 병사들이 죽은 환자들을 계곡 안 깊숙한 곳에서 시체를 태우는 냄새가 진동했다. 베드로는 가슴이 답답하고 어지러웠다. 지금까지 받은 고통은 시작에 불과했다. 환자들은 넘쳐나고 죽음의 공포가 다시 우리를 뒤덮었다. 그러나 네루 호민관의 지시로 가가호호마다 수색은 계속 진행되었다.

그러나 그 어머니는 묵묵히 환자들을 돌보고 있었다. 얼굴에는 붉은빛이 감돌고 있지만, 모습을 날로 수척해 보였다. 잠자리에는 낮은 목소리로 기침까지 심해지고 있었다. 아짐이 약을 구하기 위해 며칠간 여행을 떠났다. 베드로는 그가 없는 사이에 성모 마리아가 병으로 누울까 몹시 염려하고 있었다. 날로 쇠약해지는 모습을 지켜보는 것도 힘든 일이었다.

어젯밤에 잠깐 호민관이 다려 갔다.

"그 선지자의 유골함은 받아서 알겠지만, 그 '부활'의 의미는 진정 종교적인 의미인지 아니면 사실적인 뜻인지 알고 싶습니다."

"우선 그런 사실들을 알기 전에 우리 종교를 알아야 하고 믿어야 합니다."

베드로는 그에게 성경책을 건네주었다.

"네루 호민관님, 가서 이 책을 읽고 보시고 거기에는 부활이라는 말이 자세히 서 있습니다. 읽고 나서 모르는 점이 있으며 물어보십시오."

성경책을 보자 그는 이렇게 말했다.

"그 책은 집에서 보고 있습니다. 별로 도움은 되지 않고 모르는 말만 있어서 말입니다."

"무슨 말이 모르는 말인지 나에게 말해 보시죠."

베드로가 의자 끌고 그에게 가까이 당겨 앉았다.

"그 부활이라는 말이 여러 군데 쓰여 있는데 여전히 이해가 가지 않는 것은 지금이나 언제나 마찬가지입니다."

"무슨 말씀인지는 잘 모르겠지만. 주님은 십자가형을 당했다 해도 그 누구든 원망하지 않았고 슬퍼하지도 않았습니다. 그것은 그분의 말씀이 증오보다 용서와 화해 그리고 자유를 말하기 위함입니다.”

나의 말에 그 호민관은 다시 의자를 가까이 당겨 앉았다.

“증오보다 용서와 화해 그리고 자유.”

그는 무엇인가 의문의 눈빛으로 베드로를 쳐다보았다. 호민관은 베드로의 눈동자를 들여다보고는 “그것이 그 선지자의 말이라는 것에는 일부 동의를 합니다만은 그럼 왜 그분은 홀로 십자가의 짐을 지고 저 세상으로 떠난 것인지 나에게는 의문입니다.”

하고 의문을 표시했다.

그렇다. 그 호민관은 오늘 여기서 그 무엇인가를 찾고 알기 위해서 온 것이라고 하며 그는 ‘좁은 문’에 관해서 물었다.

베드로가 당황하자.

“우리가 좁은 문으로 들어가는 것은 불편한데 왜 좁은 문으로 들어가라 하십니까?”

내가 주 예수님에게 물었다.

“좁은 문으로 들어가라 멸망으로 인도하는 문은 넓고 사랑으로 인도하는 문은 협착하니.”

하고 말씀하십니다.

그리고 그 주님은 우리에게 여러 번 “인자가 대제사장이나 백성의 장로에게 넘겨져 나를 조롱하고 채찍질하며 십자가에 못 박게 할 것이니.” 하고 경고하셨다.

“그러나 우리는 그런 고발을 거부했다. 여러 번 나에게도 고발장을 접수해서 나는 부단히 돌려보냈다."

호민관이 말했다.

그 호민관은 무엇인가 자신이 주님의 십자가형에 대한 죄가 없다는 식으로 변명을 했다. "그 선지자가 '증오보다 사랑과 용서 화해'는 영원하다고 했는데 진정으로 그 말에 뜻은 무엇이죠?"

하고 호민관이 나에게 물었다.

"하나님은 죽은 자의 하나님이 아니고 살아 있는 자의 하나님이다. 그것은 우리의 영혼 속에 늘 신이 있다는 것을 말하며 그들이든 그 누구이든 증오하고 분노하게 되면 자신 속에 있는 영혼이 깨지고 우리 마음에 영원히 신이 존재하지 않을 것이다."

하고 말씀하셨다.

그 호민관은 더욱 눈동자가 빛났다. 그는 이 모든 것에 의문을 갖는다. 그는 다른 로마인과 달랐다. 그 부인이 주님의 이야기를 할 때 본 그런 눈빛이었다. 그는 눈빛이 돌아가면서 무엇을 찾는 듯했다.

"그 선지자의 가르침은 모두 하나하나가 사실 '혁명적'이다."

네루 호민관이 말했다.

"'내 이웃을 사랑하며 너희들을 박해한 자들을 위해 기도하라.' 하고 하신 말씀은 우리 제국주의자들의 입장에서 놀라운 발언이다. 그 선지자가 죽음의 십자가에서도 그 누구도 원망하지 않았고, '원수를 사랑하고 박해한 사람들을 위하여 기도하라.' 이 모든 발언은 옛날 그리스나 로마 신화에서도 나오지 않는 말씀이다. 우리는 거대한 제국을 유지하기 위해서 '용서'라는 개념을 사용하지 않고 인간의 한계를 뛰어넘거나 신에 도전하는 자들에게는 냉정하리만치 엄격하게 법으로 처리한다."

하고 호민관은 덧붙였다.

"나는 그가 골고다 언덕에서 십자가형을 당하는 그 선지자의 눈빛을 보았다. 그는 사람이 아니다. 사람이라면 그렇게까지 할 수는 없다. 우리는 '용서'보다 '명예'를 더 앞세운다."

네루 호민관은 믿지 못하는 표정으로 길게 한숨을 몰아쉬었다

그는 베드로가 준 성경책을 가지고 아무 말 없이 나갔다. 힘없이 걸어가는 몸짓에서 '그가 이제 그 주님의 말씀을 기억하기 시작했다.' 하고 우리는 생각했다.

옆에서 묵묵히 듣고 있던 나는 더 깊은 기억을 하게 된다. 그 호민관이 항상 '발언'이나 '외설'이라고 폄하해서 말했다. 그러나 오늘은 '말씀'이라고 했다. 이제는 아마, 곧 그는 선지자가 아닌 '주 예수님'이라고 할 것이라고 베드로는 그렇게 생각했다.

'능히 혁명적이지요!'

다시 평온이 찾아왔다. 성모 마리아는 날로 몸이 약해졌다. 어젯밤은 몹시 피곤한지 이른 저녁부터 잠자리를 들었다는 전갈을 받았다. 그는 비스듬히 기대어 자신의 창을 통해서 하늘을 올려다보았다. 쏟아지는 별빛들과 대화를 원했다. 그가 아직 풀리지 않은 원한과 주님의 진정한 뜻이 무엇인지에 대해 생각했다. 별빛 속에서 어느덧 잠이 들었다. 마리아가 깨우는 바람에 일어난다.

"무슨 일이죠?"

"잠시 보셔야 할 것 같아서. 어머니가 열이 심해 걱정입니다."

마리아의 말이 떨어지자 무섭게 일어났다.

"그런 이야기라면 좀 더 빨리 이야기해야지!"

베드로는 한걸음으로 달려갔다. 로마 의사가 진찰을 하고 있었다. 아짐은 아직 보이지 않았다. 희미한 등불 아래 그 어머니는 보이지 않았다. 옆에는 이모님이 서 있었고, 베드로는 문 가까이 서 있었다.

한동안 앉아서 환자를 살펴본 의사는 일어났다. 근심 어린 표정에서 그 어머니의 병세를 엿볼 수 있었다. 그는 밖으로 나왔다. 따라 나온 우리는 그가 서 있는 곳으로 가까이 다가갔다. 고개를 숙인 의사는 한동안 말을 잊지 못했다. 우리는 속으로 끙끙 앓았다.

"아직은 상태가 나쁘지 않지만, 문제는 지금부터입니다. 더 이상을 과로하면 큰일을 치를지도 모릅니다."

그 의사는 달리 다른 말을 하지 않았다. 그가 내려가는 모습을 우리는 무심코 쳐다만 보았다. 지금 막 달빛이 우리 위를 스치고 지나 갔다. 베드로 형제나 나나 긴 한숨을 내쉬면서 잠시 방으로 들어갔다. 막 일어난 어머님은 이모가 주는 약을 마시고 있었다. 우리는 밖으로 나왔다.

베드로 형제의 뒤를 따라 안으로 들어갔다. 당장 내일부터라도 무슨 수를 내야 했다. 그러나 특별한 방법이 없는 것이 문제이었다.

"베드로 형님, 이 일을 어찌해야 합니까?"

"글쎄, 나도 그 점을 유의하고 있네. 그러나 별수없다는 것이 문제지만."

두 사람은 속으로 끙끙 앓았다. 겨우 잠이 든 나는 이모가 깨우는 바람에 일어났다.

"큰일입니다. 어머니가 열이 펄펄 납니다."

방 안으로 들어가니 아짐이 보였다.

"모두 나가 주십시오. 병에 감염될 염려가 있으니 말입니다."

다들 말없이 나왔다. 새벽 공기는 차가웠다. 우리는 주님을 잃고 그 어머니까지 잃을 수 없었다. 그것만은 베드로에게 확신이었다. 그것이 없다면 그것은 죽은 자와 마찬가지라고 여겼다. 낮 동안에는 열이 조금 떨어지나 싶더니 밤이 되자 열이 오르고 심하게 기침을 하며 정신까지 혼미한 상태가 되어갔다. 베드로에게는 다시 한 번 역경이 찾아왔다. '이것이 우리 사람의 삶이라면 참기 어려운 난제이다.' 하고 베드로는 생각했다.

그에게 다시 한 번 찾아온 죽음의 시험이면서 주는 경고이었다. 우리 모두 내 손을 잡고 기도했다.

로마 의사는 의사대로 아짐은 그가 가져온 약제대로 처방을 해서 집중적으로 치료를 시작했다. 이 병은 역병이 아니라는데 확신을 갖고 치료하는 것! 그것이 병을 치료하는데 지금의 길이라고 생각하고 있었다. 지금까지 병 치료를 한 환자들의 상태를 기록한 치료 기록을 로마 의사는 다시 한 번 검토하고 그는 동양의 의술인 침과 뜸으로 치료하고 있었다. 그가 오래전부터 본 환자들의 치료 기록을 보면서 그 무엇이 여기 환자들의 병에 맹점인지 찾기 위한 고투가 시작되고 밤에는 고열로 시름하는 그 어머니의 기침 소리에 베드로는 잠 못 이루면서.

이것은 그 베드로의 사투이며, 마지막을 향하는 고행이었다.

그가 사막에서 정사라는 참혹한 결과를 치르는 과정에서 그것이 어쩔 수 없이 생긴 결과이지만. 여기 이 역병도 우리 인간들이 벌이

는 모진 삶에서 생긴 병으로 그것도 역시 우리에게는 공허이고, 무
능력과 무관심에서 생긴 병이었다. 사람들의 탐욕이 극으로 치달으
면서 생긴 곪고 섞은 고름이 덧나는 상처 같은 것인가?

　이것이 그를 위한 신의 계시처럼 생각했다. 베드로는 나에게 뒤를
부탁하고 산으로 올라갔다. 그 어머니가 회복할 것을 확신하고 금
식기도를 시작했다. 베드로는 금식기도라고 하지만, 그것은 죽음의
고행이었다. 성모 마리아의 병이 완치되어야 금식기도를 멈출 것을
선언했다. 그리고 아무에게도 말하지 않고 떠났다. 어느 하루는 바
위 곳으로 들어가 기도를 드렸다.

　"주 하나님, 나의 어머니를 보살펴 주십시오."
하고 베드로는 기도를 했다.

　죽음의 시간은 무엇인가? 죽음 속의 부활하신 진정한 뜻은 무엇
인가? 내가 죽어야 사는 것인지 아니면 진정 죽임을 당해야 사는
것인지 알지 못했다. 그 진정한 답을 찾아 나온 그는 "나의 하나님,
나의 하나님. 어찌 나를 버리셨나이까?" 하고 베드로는 바람 앞에
등불처럼 광야에서 울부짖고 있었다. 끝없는 고행이 진행되었다.
가도 가도 끝없는 길 위에서 그 뭣을 찾을까?

　이 무자비한 사막의 죽임만이 우리가 진정 그런 무언의 뜻을 알고
있을까?

　끝없이 펼쳐진 수평선 너머로 멀리 보이는 신기루와 바위 곳이 돌
출되어 나온 바위산을 향해 걸어갔다. 그가 죽음의 여행에서 붉은
호랑나비 꿈을 꾼 곳이 그곳이었다. 그 당시 베드로는 그곳에서 일
주일간을 아무것도 먹지 않고 버텼다. 붉은 호랑나비가 춤을 추며

허공을 맴돌다가 먼 창공으로 치솟아 올라갔다. 그 꿈을 꾸고 나서 죽음 속에서 그런 환상을 본 것처럼 그는 착각을 했다.

그 바위 곳에서 일주일간을 견디다가 겨우 새벽 기운에 일어나 그곳을 걸어 나왔다.

그러나 그건 꿈이었다. 거의 죽음의 꿈속에서 붉은 호랑나비처럼 춤을 추었다. 그 이후, 그들 형제 일행에게 발견된 것이었다.

내가 예루살렘 성벽에서 본 그 반딧불은 우리에게 무엇을 뜻함인가? 그것은 꿈속에서 본 하나의 영감으로 그가 오랫동안 치부했던 무자비한 간통이나 더러운 속성을 뱉어내는 일종에 연기 같은 것이었나? 그가 죽음에 여행에서 느낀 그런 과오와 역병이 우리에게 그 뭣을 찾아가는 시간이었나? 주 그리스도가 그에게 말한 '너의 작은 소견이 많은 사람에게 보여주어야 할 포용력이 적었다.'라고 한 말씀이 생각났던 것인가? 내가 순수하지 못한 영혼을 가지고 자아실현을 위해서 광야에서 외친 것인가? 난, 사막의 죽임에서도 비탄의 소리를 들었다.

텅 빈 사막과 생애의 번뇌는 한순간이었다.

이 모든 것이 꿈이 아닐지라도 사막 한가운데를 지나가면서 모래 둔덕에서 잠자리에 들곤 했다. 하늘에는 부드러운 햇살을 맞으며 구름 사이로 붉은 적갈색을 띤 구름과 구름 속에 새벽과 땅에는 멀리 붉고 새하얀 아지랑이처럼 피어오르자 천국이 보이기 시작했다. 이런 꿈을 다시 꾸었다.

그가 아는 것은 전부가 아니었다.

그날 밤 유다가 대제사장 집 앞에 나타나 잔뜩 술에 취한 채로 서 있었다.

베드로는 그런 비탄의 소리를 듣고 나서 유다의 얼굴빛을 본 이후에 그 모든 것을 상상할 수 있었고, 그러면서 우리의 운명과 유다는 머리가 벗겨진 채로 욕설을 하는 것을 흘려듣지 못하고 마냥 들을 수밖에 없었던 때를 생각하고 있었다. 유다는 무릎을 꿇고 앉아서 그들 여급이나 종들에게 주님이 모욕을 당하는 모습을 직접 본 이후를 생각했던 것인가? 그는 미친 사람처럼 고래고래 소리를 질렀다. 그리고 그는 하얗게 질린 표정으로 언덕 밑을 내려가는 모습에서 죽음에 그림자를 생각해 냈다.

베드로는 이런 혹독한 경험과 광기를 목격하며 이 모든 것이 꿈이 아닌 현실이라는 것을 주시했다.

그러면서 지금은 이 모든 것이 그에게 부질없는 환상의 세계와 같았다. 꿈인지 생인지 모를 그런 유다의 죽음에 모습이었다. 혹여, 내가 지금 편집증 환자라고 해도 틀린 말은 아니라는 것. 밤에는 낮을 찾았고, 그 긴 밤의 침묵 속에서 낮의 전율을 보았고. 멀리 오아시스가 잡힐 듯 보이고 잡히지 않는 공간엔 언제부터인가 하나의 별과 낱개에 은하수를 묶음으로 세고 있었다. 그가 그런 유와 무를 찾는 동안 자신이 아닌 그런 현실 세계에서부터 이상의 세계로 전이되는 느낌이었다. 이제는 빈 허기에 환상까지 보이는 이 공허감으로 천상에서 윤회된 자신에 더러운 모습을 보았다.

그리고 주 예수님의 죽음을 목격하였는데, 아무것도 없이 텅 빔. 그런 시공간 속엔 그런 진리가 숨어 있었다. 흩뿌리듯 새벽이 다가왔다. 새의 지저귐을 들었다. 그것이 그를 하루 종일 여기에 묶어

놓았다. 그리고 이 사막 한가운데에는 미로 안에 갇힌 우리를 보았고, 주 예수님의 목소리가 들리면서 악몽에서 일어난다.

그 소리는 주 그리스도가 그에게 말하는 "그 로마인이 나에게는 종속관계이라도 편견 없이 보였다면."라고 하는 이야기를 되뇌곤 했다.

다시 꿈에서 일어난다. 그러면서 여기 지금은 우리가 형제처럼 같은 꿈과 같은 생각을 하고 있었다. "거의 보이지 않고 다가오는 그 시간은 우리에게 무엇인가? 거대한 로마제국 권력도 그 주님의 기도시간에 비하면 아무것도 아니었다. 내 아들인 주 예수는 그것을 보았다. 주 예수께서 말씀하신 그런 성경이 우리가 우리에게 연결되면서 2천 년 동안 시작되었고, 지금 그리고 과거가 만나 미래로 통하면서 그것을 읽고 있었던 것이다."
하고 성모 마리아께서 말씀하신다.

'그 찰나적인 시간에서 낮과 밤의 변화를 꿈꾸고 여기 새로운 세계, 놀라운 사회를 뛰어 왔던 우리들, 지금 성모 마리아가 골고다 계곡에서 병 치료, 로마인들이나 그들이 외쳤던 형벌, 우리 인간들이 모두 꿈꾸던 부활의 의미를 찾을 것이다. 모든 인간의 한낱 오만 속에서 그럴 때 우리를 기다리고 있었던 것은 주님의 죽음과 우리 제자들을 옭아매기 위한 일들이었다. 비록 그것이 현실 세계와 이상의 사회로 전이되는 환상일지라도 나는 그것을 받아드릴 수밖에 없었다. 내가 처음 두려움 때문에 주님을 속이고 우리 제자들을 위험에 빠트린 책임을 통감하면서 그런 꿈의 시간을 기다려야 했다. 나는 유다의 자살에 어느 정도 책임을 느낀다. 사도 요한이 그 당시

의 심정도 이해하기로 했다.'

하고 베드로는 생각했다.

"그날 추위와 배고픔에서 거의 죽음의 영혼이 목전에 도달하고 목숨이 경각에 달렸다 해도 그 사막의 어둠의 침묵에서 나는 새소리, 지하 감옥의 나는 죽음의 소리, 누에고치에서 깨고 나오는 우리들의 목소리, 주님의 고통의 소리 그리고 백성들의 통곡 소리에 나는 반사적인 움직임을 보였다. 그것은 밤, 낮의 빛이 변화하면서부터 낮의 고독을 찾아 헤매고 어느 때는 바위 곳에 숨어 밤의 갈음하는 별빛들의 영롱함을 느낄 수 있었다."

하고 베드로는 홀로 중얼거리기 시작했다.

그는 그 위에 누워 쏟아지는 별빛들과 대화를 시도했다. 여기 바위산과 돌산 밑으로 펼쳐진 모래벌판과 산등성이 계곡으로는 바위 능선 등이 너그러우면서 부드러운 곡선으로 아름다움을 더해가고 있었다. 며칠째 밤을 보내고 낮을 기다리며 주님을 그리워하고 있었다. 그 어머니의 질병에서 벗어나 하늘을 향하여 노래하도록 그는 기도하고 있었다.

하늘을 올려다보며 다시 그 길 위에 눕다.

"그의 눈높이까지 치솟는 선인장과 고사목이 천연의 자태를 뽐내며 서 있었고, 어둠이 지나고 새벽이 오는 길목에서 베드로는 아침을 맞이한다. 그 새벽 기암괴석이 받치고 억새풀이 출렁이는 여기 산 아래에서 그는 복숭앗빛 안개구름 위로 걸어나갔다. 이것이 현실이 아닌 꿈의 이상세계라 해도 그러나 결과야 어떻든 나에게 모든 것이 공허와 침묵뿐이었다."

하고 베드로는 소리쳐 울부짖고 있었다.

"그것이 비록 죽음일지라도 내가 스스로가 느끼던 그런 시간이었다. 그 변함에 숨은 나 자신을 발견한다. 그리고 그 이면에 숨은 더러운 속성을 달래기 위해 나 자신을 숨기고 있었던 것인가? 하긴, 나는 벌거벗은 인간의 불구하고 바보 같은 사람일 뿐이다. 그래서 나는 낮과 밤이 오가면서 그런 새벽을 위해 이 모든 것이 기쁨과 어둠으로 변한다 해도 여기에서 나는 통곡할 것이며. 더 이상 무엇이 더 필요할까? 낮과 밤이 변화하는 이곳, 사막에서 내가 어릴 때 꿈꾸어 왔던 삶도 꿈도 바람도 아니면 부활과 죽음일 것이다."

하고 베드로는 소리쳐 기도했다.

성모 마리아의 몸이 좋아지면서 아짐이 돌린 통문이 사막을 지나는 행인들에게 전달되었다.

베드로는 그 소식을 듣고 길 위로 걸어 나왔다. 쇠약해진 몸도 차츰 좋아지기 시작했다. 역병은 차츰 쇠락하지만, 결국은 여기 예루살렘이라고 비켜 가지는 않았다. 많은 로마 귀족과 공회 안에서도 역시 마찬가지이었다.

그날 이후로 처음 마음의 평온을 찾은 핏기 없는 얼굴이지만, 활짝 웃는 얼굴 모습이 간간이 새어 나왔다. 예루살렘 궁전으로 통하는 문을 강력하게 통제했다. 그래서 예루살렘 궁전 외곽이나 골고다 계곡에 사는 마을 사람들은 역병이 극히 심했다. 이 계곡은 특히 빈민촌으로 예루살렘의 관리들이나 종교 지도자들의 구호도 받을 수 없는 외곽 지역이었다. 성모 마리아와 이모는 이곳에서 평범한 구호 활동을 하고 있었다. 이곳 빈민가는 허리가 막 닿을 정도로 집과 집 사이가 경계도 없는 거처럼, 옆집이 어디인지 우리 집의 부엌이 어디쯤인지 구별하기 어려울 정도이었다. 아마, 그런 연유로 더 극심하게 역병이 창궐하고 있는지 하고 아짐은 퉁명스럽게 나에게 말하곤 했다.

처음 베드로는 그 말의 의도를 알지 못했다.

하루해가 이미 산허리에 걸려 있었다. 먼 계곡 자락부터 황혼과 어둠이 짙게 갈려 왔다. 허리를 굽혀 역병 환자들을 간호하는 성모 마리아는 그 시간 속에 사로잡혀 있었다. 성모 마리아는 황혼과 여명이 교차하고 꽃들이 개화하고 시들어 가는 사이에 그분이 죽음을 맞이한 골고다 언덕을 우러러보았다. 허리를 펴고 희미하게나마 보이는 주님을 십자가형을 가한 그 골고다 언덕 말이다.

주 예수님이 부활로 다녀 가신 이후로 생긴 새로운 습관이었다. 멀리서 나는 다른 환자들을 돌봤다. 베드로는 최근 과로와 잠 못 드는 밤을 보낸 이후로 가끔 쓰러질 때도 있었다. 최근 생긴 빈혈이었다. 그러나 지금은 한가하게 그의 빈혈을 걱정할 때가 아니었다. 지금 예루살렘 궁전을 중심으로 도는 역병은 그 어느 때보다 심했다. 그래서 예루살렘 궁전으로 들어가는 물건들이나 사람들의 통행도 중지되어 있었다.

그 역병은 사람들이 열이 심해지면서부터 목이 붓고 설사를 하다가 죽는 병이었다.

그런 이유로 환자들을 치료하는 사람들도 그 역병에 걸릴 수 있기 때문에 베드로에게는 더 문제가 되었다. 우선 성모 마리아의 몸 상태는 극히 안정을 취해야 했지만 그렇지 못했다. 하루에도 여러 사람이 죽음을 맞았다. 로마 총독도 거의 두문불출하고 궁중의 서기관들만 분주하게 오고 갔다. 베드로도 처음 겪는 고통이었다. 사람들은 신의 노여움이라고 했다.

그런 연유로 로마 당국은 신경을 그지없이 쓰면서 역병이 전국으로 퍼지는 것을 막고 있지만, 궁중에서의 헤롯 왕이 다른 중병이 걸린 것도 걸림돌이었다. 그렇기 때문에 사람들의 통행을 금지 시키자 예루살렘으로 들어오는 생식품이 동이 나기 시작했다. 설상가상으로 이집트에서 반란이 일어났다. 로마제국의 지시로 많은 군 병력을 이집트로 집결시키기 때문에 예루살렘은 텅 빈 곳처럼 조용했다. 아짐은 치료 약 때문에 잠시 여행을 떠났다.

그가 역병에 대한 대략적인 치료약을 가지고 올 것을 믿고 있었다. 이런 생각을 하고 있을 때 그의 편지가 도착했다.

선지자님에게

내가 이곳에서 이런 역병에 대한 치료들을 듣고 있었습니다.

그리고 직접적으로 보고 치료하는 것을 보았습니다. 이곳에서는 오래 전부터 내려오는 전통의학으로 치료를 하는 것은 산과 들이나 바다에서 채취한 나뭇가지 뿌리들과 나무 잎사귀 등을 불에 달여 먹는 것입니다. 그러면 몸을 따뜻하게 하면서 치료에 대한 저항력을 높여 사람들이 살아갈 수 있는 확률을 높아질 수 있다는 것입니다. 지금은 급한 마음으로 3

일 밤낮을 말을 타고 달려 도착할 수 있습니다. 조금만 기다리면 좋은 소식을 가지고 그곳에 갈 것입니다. 또한, 성모 마리아께서는 몸 건강한지 궁금합니다.

선지자님에게 이렇게 소식을 전합니다.

_아짐

우리는 다른 것을 생각할 틈이 없었다. 가끔은 지나가는 생각으로 '예수님의 말씀을 여러 사람에게 강론하는 것'을 생각하고 있지만, 지금은 그것 마저 여유가 없었다. 하루가 다르게 더 많은 사람이 역병으로 죽어 나갔다. 계곡 안 깊숙이 들어간 지역은 옛날부터 화장터가 있기 때문에 매일 시체를 태우는 냄새가 여기 마을까지 흘러 나왔다. 시체를 곧바로 태우는 것은 역병을 방지하는 데 지름길이었다. 매일 군인들이 시체를 달구지에 싣고 화장터로 지나갔다. 그 모습을 본 성모 마리아는 점점 더 몸 상태가 악화되는 것을 볼 수 있었다.

이 세상은 '신이 지배하는 나라'라고 생각했다. 우리 인간이 할 수 있는 것은 어느 정도는 한계가 있다. 인간의 힘이란 아무것도 아니고 그것을 지배할 능력도 없고, 간섭할 처지도 안 된다. '우리 인간은 잠시 오고 가는 길 위에 들러 가는 인생인 것인가?'
하고 생각했다.

우리에게 빈곤은 그 뭐인가? 어둑어둑해지는 들녘에서 늦게까지 밭고랑을 파고 허리가 펴지지 않을 정도의 피로는 신의 찬미처럼 여기는 백성 등이 이중의 고역과 또다시 그들이 걷어가는 세금

일 것이다. 씨앗 한 톨도 아낌없이 허리를 굽히고 이삭을 줍는 아낙네도 집에서 아이에게 줄 양식을 걱정하기는 마찬가지이었다. 베드로도 그가 지금까지 호사를 부리며 살았다는 것을 기억하기 시작했다. 그것은 주님이 말하는 '좁은 문'의 대한 경고일 것이다. 그리고 그 주님은 아무 당부도 없이 죽임을 택했다.

우리가 지금부터 찾아야 할 것은 그것이었다.

나는 자신도 알 수 없는 그 시간에서는 어느 한계이지만 특권자로서 생을 살아왔던 것이다. 혹시 주님도 저 삭막한 벌판과 광야를 헤매면서 그런 자신을 발견했는지 모른다. 이 세상에서 풀 수 없는 힘의 한계와 진정으로 주 예수님이 자신의 권력에 힘으로 저 로마제국을 무너트릴 힘을 비교했는지 모른다. 주님도 사도 요한이 말하는 청년 시절부터 산야를 거닐고 사막을 헤매면서 우리 인간이 인간들을 속박하는 그것에 대한 근원적인 물음을 스스로에게 묻고 있는지 모른다.

자유를 부르면서 말이다.

주 예수님의 부활에서부터

7장
정 의

부활! 부활!

베드로 형제가 어젯밤부터 열이 심하고 기침을 하기 시작했다. 호흡곤란 증상까지 겹치면서 증세가 점차로 심해졌다. 아짐은 걱정스러운 표정으로 손목에 맥을 짚고 있었다. 막 로마인인 가이우스 의사가 다녀갔다. 아짐은 이 병을 역병이 아니고 기침을 하는 풍토병으로 진단했다. 가장 역점을 두고 모든 사람이 이 질병을 벗어나기 위해서는 서로 예방을 철저히 해야 했다. 로마 총독부에서 보낸 공문에는 여러 가지 다른 의미에서 증상을 보는 견해도 있었지만, 나는 골고다 언덕 이 지역으로 오는 환자들은 철저하게 여기 지침을 따르게 했다.

하나는 각자 한자의 침구는 다른 곳으로 옮기지 않고 침구는 사용한 다음 높은 열에 삶는 것을 치중했다.

둘은 각자 여기서 의사나 사람들에게 매시간 손을 깨끗이 씻고 하루에 한 번 목욕을 하게 했다.

셋은 먹는 식기나 수저나 젓가락 등도 먹는 즉시 세척하도록 방침을 세웠다.

넷은 기침을 하는 입가를 하얀 천으로 막고 다녔다.

여러 가지 처방으로 여기 골고다 계곡에는 조금씩 환자들이 줄고 있었다. 가장 효과적인 것은 여기서 일하는 사람들이 다시 감염이 되는 환자가 없다는 것이 특이했다. 그러나 그 어머니는 원래 쇠약했고 노령이라 병에 취약했던 것이다.

베드로의 증세가 악화되면서 심한 기침과 열이 치솟았다. 우리는 교대로 그를 돌보았다. 아짐의 표정은 영 말이 아니었다. 그에게 베드로 형제의 증상이 특별한지를 물었다. 그의 말은 영 의외였다.

"열은 높지만, 걱정을 할 정도는 아닙니다." 하고 말했다.

그 말에 모두 밖으로 나왔다. 오늘따라 달빛이 환하게 빛난 골고다 언덕을 어머니는 바라보고 있었다. 달이 보름달처럼 환하게 드러났고 오래전에 그때와 비교해도 별반 달라졌다는 것을 느끼지 못했다.

막달라 마리아 모습을 보며 얼굴은 수척해졌지만 매우 평범한 얼굴이었다. 나날이 좋아지는 성모 마리아의 건강은 그녀의 돌봄 덕분이었다. 최근 제자들은 새로운 생각으로 예수님의 말씀을 전달하기 위한 계획을 세우고 있었다. 요한과 마태, 마가 중심으로 그동안 예수님의 말씀 등을 모아 기록하고 있었다. 베드로는 주 예수님의 말씀을 군중들에게 강론하면 요한은 옆에서 그 말씀을 기록하고 있었다. 우리는 조금씩 예수님의 부활에 의미를 마음속 깊이 느끼고 있었다.

그러나 그런 제자 중에, 특히 야고보는 새로운 계획을 준비하고 있다는 이야기에 베드로는 당황했다. 그가 다시 그 어떤 반란을 일으킬 계획을 세우고 있다는 요한의 걱정 소리를 다른 사람처럼 여기지 못했다. 아직도 바리새인들과 로마 총독은 우리 제자들을 의심하고 있었다. 그런 의심 속에 아짐은 새로운 소식을 전해 주었다. 이집트 지역에서 로마 총독을 곤혹스럽게 만든 대반란이 시작되었다고 했다. 그래서 예루살렘 대부분의 군 병력들이 이집트 지역으로 이동 중에 있었다.

그것은 로마 위정자들의 통제할 수 오만과 탐욕에서 불러올 수 있는 인간들의 원죄인 오만의 극치인 것이었다. 이 모든 것이 비열한 위정자와 로마 제국주의자들의 흉계가 인간 등을 탄압하고 노예로 예속시키려는 정복전쟁 속에 사람들을 몰아 놓고서 무자비한 죽음으로 몰아갔다.

그들은 호화로운 대리석 궁전이나 집에서 살았고, 인간들을 노예나 짐승처럼 취급하면서 결코 인간 등의 근원인 억제할 수 없는 자유, 통제할 수 없는 인간들의 양심의 가치, 이 모든 사람이 이 세상에서 또 같이 누려야 하는 평등, 모든 사람이 주님의 사랑을 받아야 하는 그런 사랑이 억압받고 옥죄면서 처음 우리 인간이 자유로운 상태에서 태어났지만, 그것을 억압받는 노예 상태로 되돌아갔다. 주 예수께서는 그 모든 것을 되찾기 위해서 기도와 말씀으로 그런 죽임 앞에 놓인 것이다.

그 주 예수의 말씀에서 "진리가 너희들을 자유롭게 하리라."라고 하신 말이 그 모든 것을 압도하자 위정자들이 사람 등의 입까지 통제하기 시작했다. 인간 통제만이 전부인 양 취급하는 로마 위정자들의 근성이나 욕정, 오만, 탐욕, 분노, 등등이 밤에는 오르지 인간의 탄성인 오만으로 가득 찬 욕정이 발정되었다. 그런 탐욕은 우리 인간사가 역사적인 기록으로 우리까지 전해 내려온 '긴 역사'는 우리 구주 하나님의 말씀이나 성령에 비하면 아무것도 아닌 거짓이나 허구에 불과할 뿐이었다.

오직 사랑만이 전부인 것이다!

주 예수님이 이 모든 세상 속의 성령에 말씀으로 외쳤다.

주님은 그것에 대한 저항이었다. 그들의 흉계에 죽임을 당하고 제삼 일 만에 다시 부활하시니, 여기 이 척박한 땅에서 살아가는 악귀 등이 분연히 일어나 날뛰기 시작했다.

베드로는 죽음의 눈물 속에서 자신을 보았다. 낮과 밤이 변해가는 기억 속에서도 그는 그날 밤 그들에게 비열하게 속임을 당하고 주 예수를 더욱 곤란하게 십자가형을 당하게 하는 죄를 범했다. 그는 회개함으로써 자신을 돌아보고 있는 것이다. 역병이 창궐하고 예루살렘 거리에는 그들이나 로마 귀족들도 같은 사람들이 역병으로 죽어가면서 결국은 사람들은 모두 또 같은 숙명을 타고났다는 인간들의 근원을 보여 주는 계기가 되었는데, 그날 밤 베드로가 자신이 목격했던 예루살렘 성벽 그늘 속에 확연히 드러낸 그들의 음모가 있고, 여러 개의 그림자가 뒤엉켜 있었다.

지금, 빈 들이 있는 에브라임을 지나서 나사로의 마을인 베다니에 가기 전, 그런 여러 가지 이유로 새벽 기도를 마친 어머니의 청연한 모습과 막달라 마리아의 수척한 표정이 대조를 보이면서, 그날 밤과 에브라임 마을에서 계속적인 순례 여행을 위해 자정쯤 해서 떠날 준비를 할 때. 그러나 베다니에서는 오로지 마을 가까이 다가가면서 루가에 이야기를 전해 들을 말에 뜻과 앞서 떠난 마가가 와서 이야기한 부분이 마음에 걸렸다.

베다니 마을 입구에서 백성의 장로의 종이 우리를 엿보고 있고, 베다니 마을은 어둠 속에 덮여 있었지만, 마을 입구 쪽으로 굳게 뻗은 길 위에 붉은 벽돌 이층집이 있었는데, 그 회색빛 지붕 위에 작은 창문 사이로 많은 사람이 드나들곤 했고 우리 일행을 엿보는 듯했다.

오래전, 나사로 형제가 아플 당시 나는 베다니 마을로 먼저 갔다.

그들이 나를 추적하고 있다는 것을 나중에 안 사실이지만. 그래서 난, 베다니 마을을 피해 다른 마을로 가기 시작하자 백성의 장로의 종이 그곳에서 자정이 될 때까지 계속 감시를 하고 있었다. 그리고 검둥이 상인까지 마을 입구 허름한 이층집에서 감시를 하고 있었고, 2층 방 안에 불쑥 솟아난 덧창문이 열린 상태에서 한 사람은 마을 쪽과 그 반대쪽인 검붉은 회색빛으로 물든 여명의 숲속을 지켜본 사람은 바로 검둥이 상인이었다.

나는 나사로 형제를 보기 위해 위험도 감수했다. 곧바로 나사로가 있는 방 안에 들어가서 그를 보았다.

'감사합니다.'

그 나사로 형제의 소리는 거의 들리지 않았고, 나는 곧바로 영적인 기도를 시작했다.

"주 그리스도가 오시기 전까지 살아나소서!"라고 하며 누렇고 잿빛으로 변한 나사로의 표정에서 난 죽음과 부활을 느끼기 시작했다. 두 자매는 무릎을 꿇고서 기도를 드리고 있었다. 그러나 결국은 나사로가 죽었다. 두 자매의 울부짖는 목소리는 온 천지가 진동하고 나는 우리의 운명이 다람쥐 쳇바퀴처럼 돌고 도는 것을 목격했다. 이런 운명의 쳇바퀴 속에서 주 그리스도가 나사로를 죽음에서 살렸다.

그 이후, 2천 년 동안의 고독과 고뇌는 바람을 타고 예루살렘 거리와 성벽 그늘 속의 그림자를 피해 우리는 지금 여기까지 온 것이었다. 주님이 목숨을 걸고 그 어머님은 노래를 부르고 지금까지 외쳤던 성령이 우리에게 발하고 진동하니 우리 모두는 자유를 갈구하고 그것을 찾았던 것이다. 그 어린 시절 그 청년이 되뇐 그 자유와 속박이 그 얼마나 그의 표적인 된 것을 우리는 두 눈으로 똑똑히 지켜보았다. 그것이 진리의 근본이고 정의였다. 그러면서 그것은 하나님의 정의였다. 우리가 우주만물을 품고 주님의 말씀으로 살면서 아이들을 키우는 것이 지금에서야 행복하다는 것을 느끼며.

그 당시를 기억하기 시작했다.

이런 혼란과 어리석음으로 청년 시절을 보냈다.

어린 시절 주님을 본 나는 그 결기와 망동으로 예루살렘 거리와 사막 길에서 행패와 바보 같은 행동과 어리석으므로 보냈다. 그래서 나쁜 친구의 꼬임에 빠져 집을 나와 모질고 그릇된 여인들과 살림을 차리고 사람들을 등을 치고 살았던 경험이 있고, 오롯하게 장사를 한 적도 있었다. 그러나 삶은 그렇게 호락호락하지 않았다. 거친 타향에서 장사는 뜻대로 되지 않았고, 낯선 곳은 물도 어질고 빵은 거칠고 밤은 외롭고 고독한 어둠의 밤이었다.

인간들은 이용하려고 들고 어린 마음에 다가가면 결국은 그 친구와 여인들에게 배반을 당해 거의 가진 것 없이 탕진 당한 채로 빈손만 남게 되는 것이다.

몇 년 동안의 고독은 슬픔과 사람들의 더러움만 안겨 준 행동이었다.

젊은 시절 이런 빈곤과 방황은, 특히 젊은이에게는 지금의 현실 속에서나 미구에 올지 모를 그런 친구들에게 끝끝내 꼬임과 절망인 인간의 더러움과 친구의 배반, 이간질, 간통 등으로. 결국에는 빈손으로 그곳에서 나와 온갖 곳을 떠돌고 사막에서 홀로 여행하며 얻어먹고 떠돌면서 주님의 청년 시절을 돌아보게 된다.

나는 죽음의 꿈속에서 주님을 보고 일어나 섰다. 눈을 떠 보니 갈릴리 호숫가였다. 내 모습이 호수가 표면에 보이면서 내 추한 모습과 내 안에 오장육부가 쏟아져 이리저리 구르기 시작했다. 나는 하도 창피해서 내 것을 쓸어 담아 다시 고향으로 돌아온다. 그곳에는 세례 요한이 보였다. 나는 그의 제자가 된 것이었다.

나는 이제 아무도 모르는 곳으로 떠나야 한다. 그러나 과연 내가 머물 것이 진정 어디인가? 아니, 주님을 따라서 멀리 거친 광야와 혹독한 사막에서 홀로 주님을 그리워하며 울고 그날 밤 이후, 막연하게 느꼈던 그 견딜 수 없는 고통과 번뇌가 그 어떤 것인지 되짚어 보며, 나는 지금 주 예수님의 창문 앞에서 그 어머니의 통곡 소리를 들을 수 있었다. 어찌 통탄할 일이 아닌가?

그 모든 것의 앞길은 천 길 낭떠러지 계곡이고 지옥 문앞에 어둠의 침묵이 내리고 지옥의 사자가 자신에 목을 든 채로 서 있었다. 여기는 지상에서 지옥으로 내려가는 중간지점인 연옥 속에 갇혀 있는 느낌이라고 해도. 그 지하 계단 층계참에 서서 천장 밑으로 흘러나오는 별빛을 바라보면서 그 백성의 장로에게 당한 그런 고뇌의 여름밤에 달빛 그림자, 아기의 울음소리와 막달라 마리아의 웃음소리, 그 영원할 것 같던 그 예루살렘 거리에서부터 시작해서 골고다 언덕의 비정한 외침 소리, 사막의 우르랑 거리는 모래 소리, 그리고 우리 제자들의 기도 소리까지.

영원히, 우리 인간에게나 나에게 올 그 날 밤의 긴 긴 시간 속에서, 나는 심장에 독화살이 박히고 마음의 영혼이 터질 거 같은 욕망이 치솟는 지금 나는 갈 길을 잃고 헤맨다. 막상 떠나려 하니 갈 곳이 없었다.

주 하나님의 정의와 주님의 말씀을 받들고 새기면서. '나는 누구인가? 왜, 지금 그런 생각을 하고 있나? 우리는 무엇인가? 우리 제자들은 진정 그런 하나님의 정의를 지금까지 찾고 있었나?'

우리 스스로에게 묻고 있는 것이다.

우리는 그 2천 년 동안의 고독인 사랑, 믿음, 용서, 자유, 평등, 박애라는 인간의 정의를 가지고 저 넓은 광야로 나갈 것이다. 우리는 가난하고 외로운 노인과 어린아이들을 만나 기도하면서 주님의 숭고한 죽음과 부활을 설명해야 한다. 자유의 정의가 무엇인지 설명하고 평등이란 모든 사람이 아무 제약 없이 동등하게 살아갈 수 있는 사회와 세상을 만드는 것. 박애 정신으로 사람들을 다스리는 원천은 이 지구상에서 변할 수 없는 것! 낮의 고뇌와 우리 사람들은 밤의 고독이 시간으로 들어오면서부터 그 밤을 욕정으로 불태우고 우리는 형벌이라는 간음의 죄를 지었는데.

그 불평등이 인간의 계급으로 성립되면서부터 인간의 신분사회는 점차로 공공연하게 확립되었다. 주 예수님이 그 밤의 고뇌에서 그것을 보았다. 더욱더 사람들은 그 밤의 사회에서 사악한 욕정으로 시달렸던 것이다. 로마 위정자들이나 공회에서 떠들던 자들도 그 밤의 고독을 비정하리만치 두려워했다. 나조차 그 낮의 고뇌와 밤의 욕정인 고독을 홀로 보내며 기도하고 그 인간의 정죄가 얼마나 혹독하고 참기 힘든 죄악인지 인식하기 시작했다.

인간 등의 발정은 무엇인가? 왜, 주 하나님은 이런 욕정으로 우리를 시험하고 있는 것인가?

그런 물음을 지금까지 저 천공 위에 있는 구주 예수 그리스도에게 묻고 있었다. 그러나 답 대신 욕정이 다시 생기는 것으로 봐서 우리 사람의 발정은 통제할 수 없는 신의 영역으로 생각하게 되는 것. 그것이 나나 베드로도 같은 생각을 하게 된다. 밤의 발정은 우리 인간들을 더욱더 견딜 수 없고 고통스럽게 만든다. 나는 그런 생각을 하고 있다가 왜 주님은 아무 유언 없이 죽임을 택했는지 알 수 없다고 했다.

그 말에 한동안 내 얼굴을 응시했다.

"그것이 주님이 우리에게 바라는 것이다. 우리 스스로가 깨우치고 일어나서 사람들에게 주님의 말씀을 전하고, 주 하나님의 성령이 우리 살아 있는 사람들 영혼 속에 있다는 것을 알리기 위함이다."
라고 했다.

그것은 살아 있는 자만이 성령을 받아들이고 이해하며 기도드리기 때문이다.

다시 '좁은 문'에 대해 다른 제자들과 강론을 벌이자 베드로는 슬그머니 일어나 밖으로 나갔다. 그는 자신의 '불륜'을 좁은 문으로 인식하기 시작하면서 자신의 정사를 몹시 부끄럽게 생각했다. 물론 그 정사를 어쩔 수 없이 우발적으로 생긴 관계이지만, 간음의 죄를 진 그는 나에게 이렇게 고백했다.

"내가 주님의 눈과 귀를 속이고 로마 부인과 정사를 한 것을 주님도 알고 있을 것이다. 그것이 나에게 무척 당황스럽고 부끄러운 일이지만, 지금에서야 그 생각을 하면 그것은 나에게도 사람들의 욕정인 그 근원적인 탐욕에는 어쩔 수 없었다."
하고 베드로가 외쳤다.

그날 일도 나의 장난기가 발동해서 생긴 일이지만, 그런 연장선상에서 사막의 화적 떼들이 앞서서 그 부인을 겁탈하려는 것을 저지하기 위해 생긴 일이다.

하지만 베드로는 자신의 목숨을 걸었다. 사도 요한은 그 화적 떼들이 쳐들어오는 것을 예상할 수 없었다. 그가 죽어가고 그 부인이 보살피는 과정에서 정사를 하게 된 것이었다. 사도 요한은 그날 돌아가다 화적 때의 침입을 멀리서 지켜보아야 했다. 작은 나귀를 타고 들어간 그곳에는 벌써 많은 군인과 종들이 죽임을 당해 있었다. 그 부인도 중상을 당하고 베드로는 홀로 그곳에서 이민족들의 도움으로 치료를 받았다.

그 부인은 곧 정신을 차리고 베드로에게 그 주님의 정의에 관해서 물었다.

"산 자를 위한 성령은 주 하나님의 정의이다. 그리고 주 예수님의 말씀으로 살아가는 것이 진정한 정의이다. 산 자를 위한 기도와 산 자임에 죽음과 삶을 논할 수 있다. 결코 죽음만이 부활을 믿을 수 있다는 것! 그래서 우리 성도들은 '믿음'에서 주 하나님의 성령을 받고 주님을 위해 기도하며 자신들의 죄악을 회개할 수 있다."
하고 베드로는 말했다.

그러나 진정, 인간의 정의는 무엇인가? 베드로는 스스로에게 묻고 있는 것이다. 거기에는 사람의 정의도 포함되어 있나? 동물의 정의까지 말이다. 사람이든 사물이든 그 무엇이 문제인가? 주 하나님께서 모든 만물에게 믿음 사랑과 소망용서 화해의 말씀을 주셨다.

그 어머님의 말씀 중에,

"주 예수께서 어릴 때 스스로가 회당에 나가 종교 지도자들과 토론을 하고 사색을 시작했다. 지금 무에서부터 유를 창조하려던 주님의 생명에 진리는 무엇이고. 지금 그리고 과거와 미래는 또한 무엇인가? 죽임에서부터 찾으려고 했던 주님의 진심 또한 그 무엇이고, 그는 진정 정의를 찾았는가?"

모든 제자가 그 물음을 하고 있었던 것이다.

베드로도 그런 물음에 '주 예수의 말씀에서 믿음과 사랑, 소망, 용서, 화해, 자유, 평등 등등을.' 하고 하신 말씀을 찾고 있었던 것이다.

나는 가끔 자살을 생각한다고 그 부인이 말한다.

　베드로는 당황해서 그 부인의 손을 잡고 기도를 했다.

　스스로 죽는 행위는 그 어떤 것도 정당화할 수 없으며, 말할 수 없으며 선택할 수도 없다. 스스로의 죽임은 아무것도 아니다. 그것은 자신을 지옥으로 이끄는 귀신들이나 하는 행위이다.

　특히 자살은 주님이 준엄하게 그 죄를 꾸짖다. "그것은 그들의 자식들에게도 비정하리만치 크나큰 상처와 대대로 흔적을 남기면서 저기 있는 하늘의 구주 하나님에게도 큰 죄업을 짓는 업보를 보여주는 행위인 것이다. 사람은 정당한 죽임은 죽어 사후에도 용서를 받고 그 이름이 대대손손 전할 수 있지만, 스스로의 자살을 그 자신의 이름을 더럽히고 그 어떤 명분이거나 합리이거나 탐욕이거나 분노라는 등등만 보여주게 될 것이고. 그것은 스스로가 자신의 죽음을 억지 주장처럼 합리화를 시키려는 시도에 불과하다."
하고 말했다.

　베드로가 할 수 있는 말과 소통할 수 있는 한계에 관해서 설명하고 양해를 구했다. 그 부인은 그것이 무엇이든 관계가 없고 다만, 그 부인은 주님의 말을 듣고 싶다고 했다. 베드로는 그 부인에게는 주님이 강론을 펴는 그곳으로 올 것을 권하지 못했다. 그는 자연스럽게 시간을 내서 그 말씀과 부활에 관해서 설명해 주었다. 그 부인이 그렇게 궁금해 하는 그 주님이 어떤 사람이고, 그 무엇에 대한 사상을 가지고 있는지 그리고 그 부활의 의미를 알고 싶어 했다.

　"주님은 우리를 위해서 목숨을 저 하늘나라 하나님에게 바쳤다."
하고 베드로는 강조했다.

내가 나타나자 두 사람의 대화는 중단됐다. 그 부인은 그곳을 떠났다. 베드로는 무언가 할 말을 잃고 저편 하늘 끝을 응시하고 있었다.

"베드로 형제여, 우리도 사람이긴 마찬가지이고 그들처럼 욕정에 그리움쯤은 참을 수 있지만, 인간의 정죄인 발정을 억제하기란 여간 힘든 일이 아니지요?"

하고 내가 덧붙여 말했다.

"하긴, 이것은 사람에게는 인생의 삶 속에서는 업보인 줄을 모르고 지낸다. 그것이 저기 하늘 위에 주 하나님이 우리 인간들에게 시험하기 위함이 아닌지 모르지. 사도 요한, 그렇지 않은가?"

하고 베드로가 나에게 물었다.

"베드로 형제, 그것이 진정 주 예수의 가르침에 정의입니까?"

베드로는 답이 없었지만, 그는 별빛을 응시했다. 나는 하늘 위를 우러러보며 그에게 사과를 했다. "내가 당황해서 당신에게 경우에 없는 실수하게 된 것입니다. 나는 그 부인이 여러 번 부탁을 해서 잠시 만나 담소를 하고 주님의 말씀을 듣게 하기 위함이었습니다. 그러나 어떻게 해서 화적 떼가 나타났는지 알 수 없습니다." 하고 말했다. 그런 말에도 당시는 아무 말이 없었다. 조금은 표정이 굳어보였지만 그 당시는 그냥 지나갔다.

그러면서 나는 지금까지 벌어진 그 모든 것이 백성의 장로의 음모와 내 어린 친구라고 하는 검둥이 상인의 흉계이었다. 검둥이 상인이 나에게 어릴 때에 친구라고 했던 이야기들을 상기했다. 12년 전, 어릴 때쯤 해서 생긴 내 책임과 오해로 해서 그 검둥이 상인은 나를 주구처럼 여긴 것이다.

그들은 나사로 찾기 위해 나를 뒤쫓고 있었는데, 에브라임 마을로 들어가는 입구에서 나를 감시하고 내가 새벽에 나사로 만나기 위해 길을 떠나자 그 검둥이 상인은 내 길을 막아섰다.

"사도 요한 형제, 지금 어딜 가시나?"

"당신은 왜 나를 뒤쫓고 있나? 우리 어릴 때에 일은 오래전 기억들뿐이네. 옳고 그름이 따지기엔 너무도 오랜 기억들뿐이네! 내가 당신에게 잘못이 있었는데 그건 어릴 때에 추억으로 남기면 어떤가?"

"그건 아니지?"

그 검둥이 상인은 내 허리춤을 잡고 한동안 놓지 않고 행패를 부렸다. 우리가 골고다 언덕에서 주 예수께서 죽임을 당하고 난 이후에 우리는 어머니를 모시고 베다니 마을과 빈들을 피해서 에브라임 마을로 가는 숲속에서 마른 빵으로 허기진 배를 채우면서 하늘을 향해 기도를 했다.

그 이후엔 역병이 예루살렘 거리와 광장에 돌고 해서 우리는 전도 여행을 떠나지 못했다. 그러나 그 역병보다 더 우리를 괴롭힌 것은 그들이었다.

"그럼, 그 빌라도 총독 부인과 간통 사건은 베드로인가 당신인가?"

그는 서슴없이 베드로 이야기를 했다. 그래서 난, 몹시 긴장하면서도 안절부절못했던 생각이 났다. 그러나 성모 마리아의 기도와 말씀으로 우리는 한결 부드러운 생각을 하게 된다. 그리고 우리는 골고다 계곡에 역병을 치료하면서 모든 기억을 지울 수가 있었다.

역병으로 많은 사람이 죽고, 헤롯왕이 시름시름 앓아눕고, 그 위대한 로마 귀족들도 그 역병으로 죽임을 당한 것은 우리와 마찬가지이며, 역사이었다. 그들도 우리와 같은 사람들이었다. 주님이 노래한 저기 서 있는 종들이나 여급들도 우리와 같은 인간이고, 같은 하늘 아래서 같은 피를 받고 태어난 것이다. 그러나 어느 틈엔가 서로서로 다투고 싸우면서 우리 사람들은 전쟁의 참화에 몸서리치게 되었다. 그런 가운데, 거대한 제국인 로마인이 이 땅을 지배함으로써 우리 민족들은 노예 신세로 전락하고 만 것이다. 처음 하나님이 천지창조한 다음 불평등이라는 업보의 짐을 지었는데, 그 업보의 짐은 인간들의 재앙이고 그것으로 인해 우리 자신이 붕괴될 수 있다는 것.

그것은 죽음과 삶 사이에서 시간에 의해 조정되고 간섭을 받으며, 이 비정한 사회와 세상을 맞닥뜨리며 주님의 결기와 그 말씀을 모든 군중에게 설교하려고 했던 그 시도 때문에 베드로는 그 사막의 죽음 여행에서도 고뇌와 고독은 자유롭지 않았다.

우리는 거기에서 '자유라는 진리'를 느꼈다.

우리는 자신의 꿈속에서 주님의 말씀인 "진리가 너희들을 자유롭게 하리라."라고 하신 말씀이 바로 그것이었다. 자유라는 진리! 평등과 박애 정신! 그것이 주 예수가 만인에게 전하고자 했던 선언이었다.

우리가 기도할 때 사막의 밤에 외침, 예루살렘의 네거리에서 나는 죽음의 냄새, 해골 언덕에서 주님이 그 빛바랜 나무 십자가의 짐을 지고 오르는 형벌, 그리고 음침한 예루살렘 거리에서 나는 외로운 외침, 속박으로 고통받고 굶주림으로 매일 외치던 백성 등의 아우성, 그가 매일 그들과 만난 지하 옥에서 나는 통곡 소리 등등이 우리 백성들의 고통이라고는 것이 확연하게 드러나 보이면서. 백성의 장로는 그것을 결국은 죽음의 징벌이라는 하나의 결론을 내렸다. 주님을 응징이라는 십자가형을 내리면서 그것을 표적으로 삼아 모든 사람을 짐승처럼 지금까지 옭아맨 것이다.

인간은 태고적부터 자연인으로 태어났다.

하지만 어진 사람들과 어리석은 사람들은 스스로의 속박과 자신의 영혼의 덫인 노예의 신분으로 돌아가고 말았다. 서로서로 해하고 죽임으로써 거기에서 권력을 잡는 것은 그 밤의 세계에서 인간의 더러운 욕정을 탐하기 위함이었다.

결코, 그것은 돈의 문제이지 정의에 문제는 아니었다. 우리는 그런 형벌에 대해 우려하며 기도했다. 역병은 인간들에게는 형벌을 위한 길처럼 보였다. 밤의 고뇌는 삶이고, 낮의 고독은 죽음이다. 베드로가 삶을 윤희라고 외쳤던 그날 밤과 지금은 너무도 흡사해서 우리는 마음대로 순례 여행을 끝마치지 못했다. 그러나 순례 여행을 하면서 그런 어려움이 우리 제자들에겐 부활의 끈을 놓치지 않는 계기가 된 거다.

절대로 우리가 그 무엇을 했던 그 시도에서 본 우리들의 모습에서. 우리에게 보여주려 했던 주 예수님의 뜻함이! 우리에게 그 어떤 뜻함을 준 것인가? 그날 밤 이후, 그 여름날 밤의 냉혹한 무더위 속에 소리 없는 주님의 침묵이 생각났던 것인가? 주님이 그것을 고민했던 것인가?

그 모진 박해에도 자기 뜻을 굽히지 않았던 주 예수님의 그 숭고함 의지 속에 깨달음!

그것이 지금에서야 새삼스럽게 다시 생각나는 것은 어찌 된 영문인가?

내가 내 어머니들에게 다시 그 주님을 생각나게 했던 것인가?

그 누구도 예외 없이 죽음이나 역병이 우리에게 다가오면서 느낀 그런 한탄이라면 스스로가 죽임을 택하신 주 예수님의 숭고한 뜻은 무엇인지 이제 우리가 알 수 있을 것이다.

그것은 우리 제자 모두 스스로가 택한 숙명 또한 저 하늘나라 깊은 곳에서 모든 것을 주관하시는 주 하나님의 거룩한 은혜 속에서.

그런 가운데 과연 그 길이 정의 길인지 내가 어찌 안단 말인가?

슬픈 찬송가 소리만이 외로운 내 마음에 영혼을 일깨우고 있었다.

그 다음 날 아침 부산한 소리에 일어났다.

"왜, 무슨 일이지?"

"나사렛 지방에서 급보가 전해져 왔습니다. 누구의 짓인지 모르겠지만, 그 지역 공회 건물이 불에 타고 여러 명의 장로와 서기관들이 다쳤다는 정보이고, 지금 여기 거리에까지 군인들의 경비가 강화해 지고 있습니다."

사도 요한은 걱정스러운 표정으로 그렇게 말했다. 그는 아무 말 없이 자리에서 일어났다.

"사도 요한, 지금 나가서 무슨 일이 벌어졌는지 정확하게 알고 있게?"

베드로는 아무 말이 없지만 속으로는 부글부글 끓었다. 이런 고통은 인간들에게 늘 있어 왔다.

하루가 다른 하루처럼 사람들의 고통은 매일 반복되면서 우리들은 인간들의 민낯을 보게 된 인간들의 전쟁은 하루아침에 생긴 것이 아니고 우리도 모르게 찾아오고, 우리도 모르게 매일 아니면 그냥 하루의 일과처럼 세상 곳곳에서 전쟁이 일어나고, 이 고투 중에 사람들의 목숨은 파리 목숨처럼 사라져 버린 것이다. 사람들은 악귀가 있는 것처럼 탐욕스러웠다. 그런 탐욕 속에서 인간이 인간들을 해하고 죽임으로써 그 악마의 근성을 숨기고, 어느 혹자는 왕으로서 인간의 탈을 쓴 악마이고, 어느 현자는 백성을 다스림에 있어 자신이 모범을 보이고 그 백성들에게 찬사를 받으며 말년을 보낸 왕도 있을 것이다. 우리 인간들의 원죄인 욕정과 탐욕은 어디서 나온 것인가? 주님은 그 인간들의 원죄를 오래전에 알고 있었다. 그래서 그 주님은 십자가형을 택하고 '그 인간의 원죄'를 씻기를 원했다는 것은 ――――.

원수를 사랑하고 내 몸같이 이웃을 사랑해라.

그리고 용서와 화해 믿음 사랑으로 말하기 시작했다. 주님은 그들의 아픈 곳을 말하는 것이었다. 그런 의미에서 그들과 로마 당국은 주님의 입을 막고 죽임으로써 그들이 원하는 것을 결국에는 얻었지만. 그런 여러 가지 속성들이 발효되고 결코 자유를 원하는 인간들의 자연적인 본성 등등은 영원히 꺾지는 못했던 것이다.

베드로는 새벽 일찍이 일어나 어스름한 붉은 여명이 그의 마음을 흔들었다. 이슬방울 속에 주님의 얼굴과 그 부인의 얼굴을 기억하기 시작했다. 막 떨어지는 이슬방울에서 그 배움의 진리를 알기 시작했다. 그것은 우리 인간 등이 알 수 없는 그 진리들을 여기 자연에서 찾아야 한다고 보았다. 이민족들이 황량한 사막에서 별빛을 찾아 길을 따라가는 것. 새벽이 있기에 가능한 나무와 이슬방울 그리고 일렁이는 새벽안개는 곧 자연의 조화를 보는 것 같았다. 그 새벽 움트는 물기에서 기화되어 나무속에 미세한 방울 등이 운해처럼 너울거리기 시작했던 것이다.

그는 그 길을 따라 걸어 나왔다.

인간은 자연에서 태어났다. 그 누구의 부름도 받지 않고 자연 도태하면서 자라났다. 인간에게 영혼처럼 뒤집어쓴 족쇄는 위정자들이 생각하는 것만큼은 위대하지 못했다. 그냥 단순했다. 그것은 주님이 말하는 "너희에게 진리를 자유롭게 하리라."라고 하신 말로써 모든 것이 종지부를 찍다. 인간 자신의 마음 영혼 속에 속박이 차츰 덮어지면서 점차로 더욱더 강하게 저항했던 것이다. 그것은 인간이 자연에서 태어났기 때문이다.

인간의 자연적인 발호인 것이었다.

어젯밤, 예루살렘에 작은 소동이 있었다.

물론, 여기 거리와 궁전 안으로 납품하는 시장 상점 등이 강탈당하는 테러가 발생했다. 야고보의 짓은 아니라고 해도 성모 마리아와 그 어머니는 새벽 일찍이 일어나 걱정을 하고 있었다. 그래서 새벽에는 베드로 형제가 다녀오고 아침에는 나도 그 거리를 다녀왔다. 아직도 핏자국이 선명하게 드러나 있었다. 그리고 군인들이 여러 명이 경계가 강화되었다.

이 예루살렘 거리를 지나 시장 뒷골목으로 나가는 로마광장 안은 아직도 주 예수님의 허무한 그림자가 보이는 듯! 여기 이곳에서 피비린내 나는 격투가 있었고, 우리는 그런 근심 걱정과 아직도 미궁 속에 떠도는 감정과 이성이 마주치는 이곳. 이 거리는 음침한 골고다 언덕 밑에서 내 감정을 통제하고 이 음산한 구렁텅이 위를 지나면서 이곳 그리고 시장 터 안에 가시 돋친 나무 한 가지 꺾듯 우리 인간 등등은 남의 것을 탐하고 있었다.

그 누구도 주 하나님과 자연의 숭고한 정신인 믿음, 사랑, 용서, 화해는 영원할 것이다. 우리들이나 누구에게도 그 어느 것에 저항하고 자유를 구가할 수 있는 것이다.

그러나 그것도 타당성 있는 저항 말이다. 그 어느 것도 정당한 진리가 담겨 있지 않는다면 허상의 그림자에 불과한 것이다. 그래서 주님은 무저항적인 사랑을 보였던 것이다. 우리를 위하여, 사람들의 정의와 사랑을 위하여!

인간의 정의는 우리의 영혼 속에 있는 것이다.

사랑 또한 우리 마음에 속해 있는 것!

그래서 더욱 자연적인 '자유'를 갈구했던 것이다.

저항의 자유!

자연적인 인간의 저항?

나는 이런 생각을 하면서 나 자신 속에 썩고 있는 마음의 영혼과 육신의 몸짓이 갈기갈기 찢겨 나가는 고뇌의 고통에서 벗어날 수 있는지— 나 자신도 알 수 없었다. 이런 공허와 그날 밤 보이지 않았던 그 죽음의 망자들의 영혼 등등이 이제는 조금씩 보이기 시작하면서 – 나는 그 구주 예수님의 저항에 십자가와 영혼의 말씀을 향해 두 팔을 벌렸다. 나는 그 최후의 심판을 결정한 로마광장 앞에 당당히 서 있었다.

지금까지 우리는 헛된 욕망과 나 자신의 억제할 수 없는 오만에서 조금은 비켜나 볼 수 있을까? 나는 로마광장 앞에 당당히 서 있는 오만의 상징인 황제의 청동상 앞에서 웃고 있었다. 옆으로 지나간 로마인은 나를 미친놈으로 여길 것이다. 아무렴 어떤가?

그 누구도 그것을 확신할 수 없을 것이다. 그 어떤 확신이나 어느 곳에도 그건 참으로 알 수 없는 미지의 세계로 나가는 마음의 문, 그건 주 예수님의 말씀과 몸짓이었다.

나는 아직까지 그 오묘한 뜻을 다 알지 못한다. 해석할 수도 없었다. 아직은 그럴 능력이 갖춰져 있지 않다.

오로지 그 구주 예수님의 골고다 언덕 위에서 죽임으로 항거한 그 영혼의 원천에 힘만이 영원할 것이라던 그 어머님의 말씀이. 내 영혼이 나의 육체를 떠나 방황하고 빈 메마른 허공에서 거짓말을 짓거리면서 가슴을 때리고 팔과 다리 정강이를 물어뜯는 그 참담한 모습에서 진정 나는 그 구주 예수님의 진정한 모습을 지금까지 볼 수 없었다. 검둥이 상인과 여급 종들이 나에게 '선지자의 친구들'이라고 비아냥거려도 난 속수무책으로 당하고 마는 것이 어느 면에서 편했다.

"이것이 구주 그리스도가 우리에게 말하는 인간의 정의입니까?"

그런 질문에도 베드로 형제는 수없이 펼쳐진 아름답고 놀라운 무지개색인 별빛 사이를 지나는 달빛을 쳐다보았다.

그날 밤의 추억들!

그런 역겨운 생각을 하면서 우리는 동병상련의 아픔에 추억들!

지금은 지워진 기억들이지만 너무도 아련하고 오랫동안 간직하고 싶었던 그 어릴 때의 기억들이 조각조각 찢어진 헌 종이처럼 찢어진 채로 내 추상 속에 남아 있었던 그 청년의 기억들이, 즉 너무도 가난과 기쁨으로만 새록새록 기억되는 추상이 내가 오늘 그 진지하고 오묘한 뜻을 지금에서야 조금은 알 수 있을 것 같았다.

그 당시도 역병으로 많은 사람이 죽어갔다.

청년, 주 그리스도는 한 달간 기도하기 위해 태양이 잔혹하고 비정하게 내리쬐는 사막을 가기 전에 울창한 숲 속에 역병으로 버려진 시체들을 보며 눈물짓던 그 주 그리스도의 그림자 속에 난, 그 당시를 떠올리며 어린 마음으로도 더욱더 가혹하고 더러운 인간의 굴레가 무엇인지 알게 된 거다. 주님은 여기 시체들이 뒤엉켜 있는 것을 보시고 밤새도록 하늘을 우러러보며 기도를 하였다. 야자수 나무들이 빽빽하고 촘촘히 늘어져 있는 요단강 가에서 어부들과 사막으로 막 여행과 멀리 무역을 위해 낙타와 짐꾼들이 모여 천막촌을 형성하고 있는 상인들이 있었다.

청년, 주 그리스도도 그 자리에 앉았다.

지나가는 나그네에게 따스한 차 한 잔으로 서로 대화를 나누듯 서로에게 소통의 장이 마련되었다. 머나먼 여행객의 낙타의 꿈과 선지자들도 같은 꿈을 꾸며 소통의 장으로 사막의 길은 열려 있었다. 이집트에서 온 철학자는 하늘의 별들을 보며 삼라만상이 별빛과 달빛으로 이루어졌다는 오래전에 그리스 학자들의 견해를 이야기하며 달빛의 중요성도 이야기했다. 주님은 일주일 전부터 물만 마시며 여기까지 온 것이었다. 그러나 절대로 마음이나 몸의 자세는 좀처럼 흐트러짐이 없었다. 조금은 엉성한 걸음걸이와 약간은 비틀거리는 자세를 보였지만, 마음가짐과 얼굴빛은 평상시와 같았다. 그들은 그 청년이 선지자임을 간파했다.

서로에게 이야기하며 신을 찬양했다.

그리고 청년에게 신에 대해서 설교를 듣고자 했다. 한 아랍인 족장은 주님에게 이렇게 말했다.

"오, 선지자여, 어젯밤 나는 꿈을 꾸었는데 그 꿈속에서 한 선지자가 별안간에 나타나 우리에게 길을 인도하신 사람이 있었다. 난, 그것을 신의 약속으로 받아들였다. 선지자시여, 우리에게 무슨 말씀하시렵니까?"

하고 족장은 주님에게 따듯한 차와 포도주를 권했다.

그 잔을 받으신 주 그리스도는 이렇게 말했다.

"우리는 주 하나님이 세우신 이 땅에서 죄를 짓고 있다. 처음 조물주 하나님이 모든 사람에게는 자유와 평등하게 살아갈 수 있는 힘과 믿음을 주셨다. 그러나 어느 틈엔가 인간들을 시기하고 서로 이해하지 못하고 짐승처럼 다투고 이간질하며 욕망으로 더럽혀진 몸으로 욕망에만 취해 서로가 서로를 원망하며 질시하니 주 하나님이 우리 사람들에게 죄악을 벌을 내리시는 것이다. 우리는 지금 그 죄업을 받고 있는 것이다. 우리이거나 다른 사람이거나 아니며 우리 모든 사람이 서로를 사랑해야 한다. 내가 너희를 사랑하는 것 같이 너희도 서로 사랑하라. 너희가 서로 사랑하며 이로써 모든 사람이 너희가 내 제자인 줄 알 것이다."

하고 주님은 일어나 밤하늘에서 쏟아지는 별빛을 향해 외쳤다. 그러자 모든 사람이 일어나서 손을 들어 하늘을 향했다. 그리고 춤을 추며 하늘을 향해 찬미했다. 이집트 철학자만이 그 청년을 눈여겨보고 있었다.

다시 앉아서 서로에게 이야기를 주고받곤 했다.

다시 아랍인 학자는 이렇게 물었다.

"유대 땅에는 한 선지자가 물로 세례를 준다고 하는데 그 뜻은 무엇입니까?"

"나도 그 선지자에게 물로 세례를 받았습니다. 그러자 나에게 성령이 충만해 지고 하늘에서 하나님의 목소리를 들었습니다. 난, 그 사막 한가운데서 쓰러져 일주일 동안 아무것도 먹지 않고 기도를 드렸습니다. 이것이 그 하나님의 나에게 준 계명입니다. '서로를 사랑하라, 만약에 너희를 박해하는 자가 있다고 해도 서로를 사랑해라.' 하고 하신 주 하나님이 내게 준 계명입니다. 나는 그 계명을 따를 뿐입니다."

그 말을 남기시고 주 그리스도는 그 자리에서 일어나 인사를 하고 길을 떠났다. 그들은 멀리 떠난 주님의 모습을 쳐다보았다. 멀리 지평선이 맞단 곳까지 쳐다보았다. 그들은 입을 닫지 못했다. 그러고 나서 그들은 밤을 향해 춤을 추기 시작했다. 주 하나님을 찬양하기 위함이었다.

난, 그 모습을 지금까지 잊지 못하고 있었다.

베드로는 혀끝을 차면서 일어나 세면대에서 손을 씻고 얼굴을 닦았다.

흰 수건으로 머리를 닦으며 밖으로 걸어 나왔다. 날씨는 어제와 별반 다르지 않았다. 그러나 우리 인간들은 그 근원이 원죄를 그 누군가가 또한 내가 그 사실 진실 그리고 이 모든 것의 가시 돋친 혼돈에 세상 속에서 알아 갈 수 있을까? 이런 분투와 여기 예루살렘 거리에서의 살생 등이 언제 가는 끝나리라는 것을. 그가 믿을 수 있느냐이다. 항상 사람들은 무슨 짓을 저질러야 직성이 풀리는 것이다. 그리고 야고보는 주님이 살아 있을 때나 지금 돌아가신 다음에도 별반 차이가 없다고 생각했다. 베드로는 마지막으로 병치레를 하는 병상으로 올라갔다.

성모 마리아가 그 입구에서 그를 기다리고 있었다. 그는 그 앞으로 뛰어갔다. 어머니의 얼굴에 근심이 들어 있었다. 그러나 내색을 하지 않고서 이렇게 말했다.

"지금 약제가 조금 부족하니 어디서든 준비를 해 주어야겠네?"

베드로는 어머니에게 지금 그 약제를 구하려고 동생과 사도 요한이 나가 있다고 말했다. 아 짐과 그 의사가 그를 멀리서 쳐다보고 있었다. 그 어머니는 그들을 돌아보면서 이렇게 말했다.

"내가 지금까지 자네를 기다린 것은 저들이 의논할 것이 있다는 것이네?"

어디선가 사체를 태우는 연기가 나고 냄새가 여기까지 흘러나왔다. 그들은 몹시 심각한 표정으로 그를 대했다. 그러나 별로 문제가 될만한 것은 없었다. 아짐의 주장은 지금 우리를 괴롭히는 병균은 역병이 아니고 여기 사막에서 옮겨 다니는 기침 증상의 병이라고 결론을 지었다. 다른 의사들은 그것은 아직 그렇게 단정해서 말하는 것은 이르다고 이야기했다. 그리고 그중에 눈에 띄는 것은 모두가 의견이 일치했다. 여기서 기침 증상이 확산되는 이유는 여기 골고다 계곡의 있는 정상부근에서 시체를 버리고 있어 그것의 원인으로 병균이 확산된다고 모두 말했다. 그것은 이 모든 병균의 근원을 차단하고 박멸하기 위해 극단적인 조치를 취해야 한다고 로마 의사들이 강조했다.

그러나 아짐은 그것에 대해 침묵 하자 베드로는 그를 쳐다보며 입가에 미소를 지었다. 곧바로 사도 요한이 들어왔다. 베드로는 모두에게 그 문제는 다시 만나 의논하자고 했다. 다른 곳에서 나는 베드로에게 이렇게 말했다. 아직은 멀리 일어난 일이므로 내일이나 대야 정확한 정보를 알 수 있다고 했다. 그는 혀끝을 차며 이렇게 말했다.

"여기 이 역병이 다 끝이 나고 그러면 이제부터는 더한 고통이 따를 것이다. 로마 군인들이 찾느냐고 혈안이 되었는데 그는 진정 주님의 제자가 맞느냐?"

베드로는 나에게 단단히 다짐하고 밖으로 나왔다.

너무 오랫동안 이야기를 하면 그 어머니가 걱정을 하기 때문이다. 해는 중천에 떠 있고, 우리의 마음은 어디론가 쏠려 가는 느낌이 들었다. 야고보의 소란을 넘어서 이제는 공회까지 침탈하는 것에 마음이 무거웠다. 소란을 넘어 그들에게 대항하는 것이 칼이었다. 주님이 말하는 "칼로 하는 것은 칼로 망하니라."라고 하신 말을 아직도 생생한데, 그는 아직도 맹목적으로 칼로 자신을 대하고 있었다.

그는 무거운 짐이 진 사람처럼 그 언덕 위를 걸어 내려왔다. 많은 걸인이 그를 보자 달려와서 손목에다 입을 맞추며 노래를 했다. 멀지 감치 서 있던 로마 군인들이 그것도 일상의 하루처럼 여겼다. 그 뒤바뀐 일상은 그런대로 흘러가고 있었다.

베드로는 네루 호민관과 약속을 했다.

며칠 전부터 만나자고 연락을 취했지만, 시간이 나지 않았다.

그가 베드로에게 중대한 제안을 할 수 있다는 것을 걱정했다. 여기 예루살렘 거리이나 시장에서 빵을 굽던 아낙네들도 일상으로 돌아가기 위해 노래를 부르고 있었다. 청동상인 우상 아래서 아직도 그 광인은 무엇인가를 떠들면서 자신의 소리를 듣고 있었다. 그 광인과 아이들이 숨바꼭질 놀이를 하면서. 그 광인이 미치지 않았다는 것을 인식하기 시작한 것도 이 무렵부터이었다. 그것은 그 아이들의 노랫소리에 숨겨져 있었다. 베드로는 그 노랫소리를 들으면서 흐뭇한 미소를 지었다. 그 노래는 아이들에게 그가 가르쳐 준 노래이었다. 그는 따라 내려가면서 그 노래를 따라 불렀다.

높이 솟아 있는 여기 관청은 그가 처음으로 찾는 곳이었다. 관청이나 거리 곳곳에는 요새처럼 군인들의 눈빛이 빛났다. 베드로는 그런 감시가 야고보의 기행 때문에 생긴 것이 아닌지 걱정을 했다. 군인 등이 앞장서면 들어가는 문은 로마의 권력만큼이나 육중했다. 그는 앉아 있다가 그를 보자 일어났다. 벽에는 각종 창과 칼이 보이고 앞에는 서류들이 흩어져 있었다.

"선지자님, 여기까지 오시느냐고 수고가 많았습니다."

"무슨 일이기에 여기까지 오라고 하셨습니까?"

그 호민관은 오늘따라 부드러운 미소를 보냈다. 그는 일어나 자신의 금고에 있는 돈다발을 꺼내서 베드로 앞에 놓았다.

"이 돈은 내가 우리 로마 군인들과 내가 주는 사례입니다. 많은 돈은 아니지만, 역병 치료에 보탬이 되었으면 좋겠습니다."

하고 네루 호민관이 말했다.

"꼭 이렇게까지 할 필요가 없지만은 감사하게 받겠습니다."

베드로가 허리 굽혀 감사의 말을 했다. 베드로가 일어나려 하자 그는 "역병은 어느 정도는 잡혀가는 것은 아닌지요?" 하고 물었다. 그러자 베드로는 한참 생각한 다음 "꼭 그런 것은 아닙니다. 거기 골고다 계곡에는 어느 정도는 환자가 감소했지만, 다른 지역은 더 병자들이 확산되는 추세입니다." 하고 덧붙였다.

그는 뜻밖에 이런 말을 했다.

"공회의 한 장로가 살해되어 갈릴리 호수에서 건져 냈습니다."

"선지자께서도 아시겠지만, 공회에서 장로 한 분이 목이 졸린 채로 죽임을 당하고 갈릴리 호수에서 발견되었습니다."

베드로는 등골이 서늘했지만, 내색은 하지 않고 이렇게 답했다.

"나도 그 이야기는 듣고 있었습니다. 참으로 애석한 일입니다."

베드로가 말했다.

"지금 여러 방향으로 수사를 하고 있습니다. 그리고 애석하게도 그분은 선지자의 재판 전날에 말없이 공회에서 나간 다음 오랫동안 행방불명 상태에서 주검으로 발견되었다."

네루 호민관이 베드로를 쳐다보면서 말했다.

베드로는 그 일은 모르는 일이라고 답했다. 그 말을 하면서 그는 등골이 서늘한 느낌을 다시 받았다. 그러나 베드로는 더욱더 확실하게 선을 그으면서 이렇게 대답했다.

"혹시, 그 백성의 장로를 죽인 사람을 찾았나요?"

하고 묻자 그 호민관은 그를 오랫동안 쳐다보았다.

"아직은….”

네루 호민관은 더 걱정스러운 표정으로 말했다.

"요즘 더 심해지는 불순한 자들의 테러 공격이 있습니다. 그것은 우리 로마제국에게 대항하는 자들의 소행입니다. 지금 빌라도 총독의 고민은 여기서 벌어지는 종교와 세금 징수의 문제 그리고 불순한 자들의 테러 공격 등이 골치 아픈 문제들입니다.” 하고 말했다.

8장

베드로의 여정

나는 변명 아닌 변명을 했지만, 매일 악몽의 꿈을 꾸는 것이 다 원인이 있다고 본다.

나는 밤새도록 지옥 속으로 들어가면서 내 모습인지 아니면 다른 죽음 망자인지는 확신할 수는 없었지만, 사람들의 꼴이란 몸통이 분리된 채로 웅크리고 엎드려 있으며 저승사자 앞에 사정하고 빌며 용서를 구하니, 그들이 무슨 잘못을 했는지 짐작할 수도 없었다. 이 것이 인간의 운명이고 참모습이면 이 얼마나 엄청난 불행인가? 우 리는 지금까지 주 하나님의 말씀을 복종하고 설득되어 오니 그것이 이제는 진리인지 아니면 거짓인지 간섭할 수 없게 되면서부터 인간 등은 환란 속에 빠지고 결국은 지옥 속으로 떨어졌지만, 우리는 지 금도 여기서 갈 길을 잃고 몸부림치며 몸통과 팔다리가 분리된 채 로 더 날뛰고 있는 것이다.

"나는 진정 우리 제자들의 허드렛일만 도맡아 하곤 했지만 그 백성의 장로는 시도 때도 없이 나를 불러냈다. 어떤 때는 나를 주구처럼 여겼다. 이것이 주 예수 님의 원죄입니까?"

"그런 말은 아무 데서나 하지 말라. 사도 요한아! 주님은 진정으로 우리와 만인의 죄를 위해 골고다 언덕 위에 서 있었던 것이다. 너도 알겠지만, 다시 한 번 '좁은 문'의 진정한 의미들을 되새겨 보아라."

하고 말하면서.

"예수께서 우리 제자들의 발을 씻겨 주며 '내가 하는 것을 네가 지금 알지 못하나 이후에 알리라.' 하고 말씀하셨다. 그때부터 시작해서 내 삶이 아닌 구주 예수님의 성령의 삶으로 변해버린 지금이야말로 그것이 진정 좁은 문의 뜻일 것이다."

하고 베드로는 기도하듯 말했다.

'이것이 진정 내가 알게 하기 위함이군요?'

하고 나는 스스로가 혼자 중얼거렸다. 나는 이제 짐을 싸기 시작했다. 그는 벽에 기대어 서 있었다.

"그것은 나도 잘 알고 있네. 그러나 지금은 그 책임 문제가 아니네. 만일 야고보 형제가 잡히고 그들이 당신을 의심해서 잡아간다면 그 뒤에 올 것을 어떻게 감당할 것인가?"

하고 베드로는 긴 한숨을 내쉬며 말했다.

그 이후 조금은 여유를 찾을 수 있었다. 야고보 형제가 나의 충고로 멀리 떠났다는 말에 잠시 긴 휴식을 취할 수 있었다. 내가 아직도 끝내지 못한 이야기 부분을 다 말하지 않고 침묵은 길게 이어졌다. 그 어머니의 잔기침 소리에 모두 잠에서 일어나 잠을 설친다.

주 예수님이 십자가형을 당하고 나서 모든 가족 등등이 모여 군락을 이루며 갈릴리 호수 근처에 모여 살기 시작했다. 모든 가족은 모여 기도와 회개로 살며, 어느 때는 군중들 앞에 나가 베드로와 요한이 주님의 말씀을 강론하고 아픈 자들을 치료하면서 역병을 이겨낸 것이다.

그 어머니도 이제 여기 갈릴리 호수로 돌아와 제자리를 찾아가면서 훨씬 더 표정이 환하게 변해갔다. 모든 제자도 그 부활에 모습을 보고 나서 주님의 말씀과 믿음이 더 충만하면서 그들의 저항도 더 심해지기 시작했다. 하루는 많은 성도와 앉아 주 예수님의 생애에 이야기들을 들려주는 자리에 한 장로와 서기관이 와서 염탐을 했다.

거기에 루가와 마가가 나서서 그들에게 저항하니 베드로는 루가와 그들의 행동을 만류하였다.

그러나 사도들이 표적을 일으키고 하니 그들이 와서 다시 우리를 괴롭히고 있었다. 그러나 우리는 이제 한 형제처럼 뭉치며 서로 돕고 의지하며 저 세상 속으로 나아갈 것이다.

결국은 우리는 같은 성모 마리아의 아들들이고 주 예수님의 자식들이었다. 결국은 헐뜯고 서로들을 비난했지만, 나중에 모여 주님을 기억하며 성모 마리아를 받들고 있고. 그것은 우리도 같은 사람이고 인간일 뿐이었다. 우리는 사람이고 그 일부로써 살아가며 그 백성들의 궁한 처지가 무엇인지 살펴보고 회개할 것이라던 그 믿음? 그 믿음 속에 그 당시를 회상하기 시작했다.

베드로 형제가 사막 여행을 떠나기 전, 백성의 장로를 만나기를 원했다.

내가 당시 공회에 가서 백성의 장로를 찾았다. 그는 공회에 없었다. 그래서 나는 잘 아는 서기관에게 그런 이야기를 전했다.

'시간을 내서 베드로 형제가 만나자고 했다.'

그런 일이 있고 나서 베드로 형제는 여행을 떠나고 나서 유다가 와서 나에게 '협상'이라는 말을 했다. 이후 시간이 지나고 유다가 다시 와서 백성의 장로가 만나자고 해서 같이 갔다. 유다를 따라서 바위산을 지나 좁은 협곡까지 따라갔다. 유다는 그곳에서 멈춰 섰고 난, 짙푸른 갈색빛을 띤 태양빛을 향해 서 있었다. 그가 앞에 버티고 서 있었다.

"우리는 베드로 형제와 여러 가지 약속을 했는데 그는 보이지 않고 당신이 대신 왔느냐? 베드로 형제는 어딜 가느냐?"

백성의 장로는 나를 힐난하기 시작했다. 나는 다른 이유로 둘러댔다. 그는 고개를 좌우로 흔들면서 이상한 몸짓을 대신했다. 나는 입술을 깨물고 그를 노려보았다. 그러나 백성의 장로는 그 모습을 볼 수 없었다. 난, 태양을 향해 서 있었기 때문이다. 그 이후 밤이 되면서 비가 오기 시작하자 난, 밤새도록 그곳을 걸어 나왔다.

나는 그것을 묵묵히 지켜보았다.

"저 너머 세계는 진정 무엇이 있나요? 그 모든 것에 옳고 그름을 지나 우리는 빈 공허처럼 지금 여기를 떠남으로 모든 것이 정리되지 않은 채로 남아 있다. 다시 어머니에게 또 다른 수고를 들여야 하는 못난 우리 제자들에게 진리와 용기를 주세요. '내가 지금까지 본 세상과 사회가 다 아니다.'라고 했던 주 예수님의 말씀을 이제 조금은 알 것 같고, 지금까지 주신 은혜가 우리에게 기쁨과 슬픔의 희로애락이 무엇인지 알 수 있다는 것."

사도 요한은 베드로 형제의 말에서 내 야고보 형님을 기억해 냈다.

그것이 우리 모두의 걱정거리임을 알고 있었다. 사색과 산책으로 나의 손목을 어루만지며 걷던 그 기억이 아직도 그때처럼 생생하게 남아 있는데, 이제는 그 기억조차 불분명했다. 베드로 형제가 자고 있을 때, 나는 석양을 등지고 걸어 나왔다. 그는 자고 있었다. 또다시 붉은 호랑나비의 꿈을 꾸고 있는지 모른다. 그날 밤, 그와 예루살렘 성벽 그늘 밑에서 반딧불이 춤추고 노래할 때 같은 꿈을 꾸고 있었지만. 그러나 지금도 주님의 죽음의 뜻을 무엇인지 아직 알아내지 못하고 헤매는 나 자신을 발견하게 된다.

이제 주 예수님을 따라 나도 죽음을 생각하면서.

'그것이 우리가 인간임을 주 예수님에게 보여주려 했던 것은 아닌가?'

여러 가지 죽임의 정의에 대해 혼란을 겪고 있었다.

죽임의 부활에서 그는 주 예수님의 영혼을 보았다. 이제는 그가 지나온 '그날 밤 어둠의 절벽처럼 느낀 그 순간부터를' 잃지 않기 위해 그가 무엇을 해야 하고, 우리 제자들의 길이 무엇인지 알기 시작했다.

아무에게도 말하지 않고 나와 우리 제자들은 말없이 예루살렘 거리를 방황했다. 그러면서 그 당시는 회고했다.

비스듬히 누운 에브라임 마을에서 베다니로 가는 중, 베드로가 주 예수를 붙들고 다시 예루살렘으로 가는 것을 항변하며 막아섰다. "주여, 그리 마옵소서. 이 일이 결코 주께 미치지 아니 하리이다." 하고 말했다. 예수께서 돌아서서 베드로에게 이르시되 "사탄아, 내 뒤로 물러가라 너는 나를 넘어지게 하는 자로다. 네가 하나님의 일은 생각하지 아니하고 도리어 사람의 일만 생각하고 있다."라고 하며 꾸짖었다. 주님이 우리에게 "나를 따라오려거든 자기를 부인하고 자기 십자가를 지고 나를 따르라."라고 하신 말씀을 귀에 못이 박히도록 들었다.

그간 그들에게 당한 서러움과 앞으로 닥칠 그의 숙명 때문에 결코 주님은 죽음을 피하지 않을 것이다. 그것은 주님이 지금 실천하고자 했던 이 세상과 사회의 악형을 종식시키고 우리가 우리에게 한 거처럼 사랑, 용서, 박애에서 죽음과 부활의 정의를 알게 하기 위함이었다. 부활로써 자신의 진리의 말씀 증명하고 그런 정의를 우리와 모든 사람에게 보여줄 것이다.

"난, 이것이 우리에게 불운이라고 했지만, 백성의 장로는 '이건 너희들의 숙명'이다. 언제든 이런 것이 우리에게 뒤따르는 운명 같은 것이지 안 그런가? 사도 요한아!" 백성의 장로는 나를 따라오면서 이렇게 외쳤다. 난, 그를 위로 쳐다보면서 그런 소리를 들어야 했다. 베다니에서도 계속 나를 압박했다.

"날, 주구처럼 취급을 하면서 이런 말까지 했다. 1년 전 이맘때쯤 해서 오아시스 천막촌에서 어느 로마 부인이 화적 떼들에게 큰 부상을 당한 것을 알고 있었다. 그 당시에도 내 종이 그곳에 있었고, 그 부인을 치료한 의사도 우리가 알고 있다. 그 당시, 그 로마 부인과 같이 있던 사람이 너냐 아니면 베드로 형제냐?"

　백성의 장로는 다 아는 거처럼 나에게 물었다.

　"그 당시에 간통이니, 불륜이니 하는 이야기가 오아시스 천막촌이나 사막에 파다하게 소문이 나 있었다."

　그는 나를 압박하면서 그 당시를 떠올리게 했다. 그러면서 베드로 형제에 대해 없는 이야기까지 하나하나 다 끄집어내서 나를 다시 압박했다.

　"베드로 형제가 처음부터 주 예수의 죄를 인정했다. 당신의 입장은 무엇이냐? 우리는 그것을 당신에게 묻는 것이다."

　이 모든 것을 뒷받침하면서 죽음이란 것을 가지고 해괴한 이론과 억지 주장을 펴면서 나를 옥죄기 시작했다.

　"주님이 말하는 것은 우리 사회를 불확실성으로 몰아가는 행위이다. 그리고 그것은 착한 백성들을 선동하는 것이다."

하고 백성의 장로도 말했다.

　"나는 술에 취하고 여인들의 품속에서도 그들의 말에는 동의하지 않았다. 그리고 베드로가 절대 그런 말을 동의하지 않았다는 것을 알 수 있다. 그러나 나는 그들의 시험에 빠지고 만다. 유월절이 다 되기 전까지 그곳에 누워서 술을 마셨다. 그 이후로도 무책임하게 술에 취해 있었다. 아마, 그의 위협에 취했는지도 모르지만."

하고 나는 술에 취한 거처럼 중얼거렸다.

　그래서 그 사막 죽음의 여행에서도 베드로의 고뇌와 사고는 자유롭지 않았다.

　우리가 기도할 때와 그리고 사막의 밤에 세계, 그리고 음침한 예루살렘 거리에서 나는 외로운 외침, 굶주림과 고통으로 매일 외치던 그들의 아우성, 그가 매일 그들과 만나던 지하 감옥 망루에서 나는 통곡 소리 등이 우리 유대인들의 고통이라고는 것이 확연하게 드러내 보이면서. 주님의 진리인 사랑과 용서, 화해, 평등과 박애의 말씀을 폄하하고 그것으로 인해 오래전부터 흉계를 꾸며 죄를 되짚어 씌우고 백성의 장로는 그것을 결국 우리들의 형벌이라는 하나의 결론을 내린다.

베드로의 심적인 고통에서 스스로가 그것을 제어하지 못하고 그들과 대화를 시작한다. 그 대화에서 결국은 그들에게 이성과 진리만이 이용당하고 만다.

베드로는 그런 형벌에 대해 우려하며 기도했다.

"원수를 사랑해라. 이웃을 내 몸같이 사랑하라."라고 한 말은 괴변이다.

백성의 장로가 손을 쳐들고 말했다.

"이것이 여러 사람에게 지속적인 외설이고 선동한다는 말이냐? 이런 것을 선동으로 몰아가는 것과 그 이유로 주님을 구속하는 것은 지나친 월권이다."

베드로는 대제사장에게 강하게 저항했다.

"만인에게 내 말을 전하라. 하는 것은 우리 내부 사회 질서를 깨뜨리는 행위이다. 만인이란 말은 신분사회에서는 온당치 않은 말이다. 지금은 우리가 로마제국의 속국이다. 엄연히 존재하는 신분사회를 정면으로 깨트리는 말이다. 우리는 그런 말 때문에 그를 가두는 것이다!"

가야바 대제사장이 말했다.

지금 여기서 대제사장도 같은 말을 하고 있었다. 그리고 그 문제를 가지고 백성의 장로와 서로 논의를 한 적이 있어 지금 기억하고 있는 것이다. 우리는 공회에서 주 예수의 말 가운데 여러 가지를 가지고 토론을 한 적이 있었다.

"맨 처음 그런 이유 때문에."

하고 백성이 거침없이 말했다.

"나는 처음부터 그 선지자에게 여러 가지 우려와 신호를 보냈지만 그 선지자뿐만 아니고 대부분 당신들도 내 말을 들으려 하지 않았다. 내가 당신에게 토론을 제안한 것도 그런 이유이었다. 서기관이나 나는 누누이 그 선지자의 언행에 대해 지적했다. 나는 오래전부터 당신과 친구처럼 지내길 바랐다. 그래서 그런 토론의 장도 마련하지 않았나?"

하고 백성의 장로가 말했다.

"그 이후, 지금 위에 말하는 것보다 더 많은 말들이 문제가 되어 있다." 하고 백성의 장로는 나에게도 협박을 했다.

"그런 말 때문에 주님을 지하에 가둔 것."

백성의 장로가 다시 한 번 강조해서 말했다.

나는 심적인 압박 때문에 계속 술을 마셨다. 낮에는 천막촌에서 백성의 장로에 종뿐만 아니라 검둥이 상인도 그곳에 같이 우리들을 염탐하고 있었다. 난, 그들을 두려운 눈빛으로 하루 종일 바라보며 같이 있었다. 같이 있었던 것이 아니고 감금되었던 것이다. 지금 생각해 보면 베드로 형제가 사막 여행을 떠난 지 20일이 지나서 난,

백성의 장로에게 감금된 채로 2일 동안 같이 있으며 베드로 형제가 술탄 형제와 즐기는 장면을 봐야 했다. 오아시스 천막촌에서 술탄 형제는 황제처럼 황금빛 옷과 금장 칼을 혁대에 차고 있었으며, 옆에는 누렇고 파란색 무늬에 옷을 입은 여인들도 옆에 있었다.

그리고 베드로 형제의 옆에도 로마 부인보다 더 예쁜 여인들이 옆에서 시중을 들고 있었다. 나는 더 이상 볼 수 없었고 현기증 때문에 백성의 장로가 따라 준 술을 하루 종일 마셨다. 우리는 그들 형제와 조금 떨어진 다른 천막촌에서 여급이 따라주는 술을 마시기 시작했다. 그 천막촌은 길게 실내와 야외로 구분된 술집으로 매우 부유한 상인들이나 아랍인들과 로마인들도 이용하는 유흥가였다. 그곳 야외에는 큰 오아시스 사이에 냇가가 흐르고 옆으로는 수영도 할 수 있는 시설이 되어 있었다. 오후에는 백성의 장로와 같이 물속에서 술을 마셨고 또한 여급들도 따라서 수영을 같이했다.

난, 그들에게 순응하면서 술을 마시고 백성의 종과 여급들과 시시덕거린 것이 오히려 우리 제자들에게 안 좋게 작용할 수 있겠다는 역설적인 상상을 하게 되는데, 그러면서 자연스럽게 나는 주님의 제자라는 것을 잊어버리기 시작했는지 모른다.

'네 원수를 사랑하고 너희들을 박해하는 자를 위하여 기도하라.'

당시 백성의 장로와 한 서기관은 위의 말에 대한 근원적인 문제를 가지고 거론했다. 나는 신중하게 주님의 말씀에 대해 이해를 구했다. 그런 토론 중심에는 나사로의 사흘 안에 살아나심이 포함되어 있었다. 나사로 때문에 유대인들이 가서 주 예수를 믿기 시작했다. 대제사장이 나서서 나사로까지 죽이려 모의한 흔적들이 드러났다.

그것은 백성의 장로가 없는 지금도 그 종이 우리들을 호시탐탐 염탐하고 있었다.

우리가 한번은 공회 안에서 토론을 하는데 그 종이 있었다.

우리는 일주일간에 열띤 토론을 하고 나서 그것을 직접 확인하고 처음 선동한 자도 백성의 장로였다. 그것을 뒷받침하는 증거는 그 백성의 장로 부인이 살로메의 측근으로 항상 예루살렘 안에서 같이 살고 있었다. 그러면서 백성의 장로를 앞세워 그들을 부정한 세력을 제거하는데, 그를 이용한 것으로 결론을 지었다. 공회 안에서도 여러 가지 공론을 한 곳으로 모으는데, 백성의 장로는 큰 공헌을 한다. 그는 예루살렘 궁전 안에 귀족들의 측근으로 부상하고 있었다.

결국은 나의 제안으로 공회에서 주 예수님의 말씀을 가지고 토론을 한 것이 화근이 된 것이다. 나중에 알게 된 것이지만 나는 그것으로 인해 그에게 몹시 화가 나 있었다. 그것의 단적인 예는 지금 역병이 창궐하고 예루살렘 궁중 안에서도 그 질병으로 죽은 사람이 많았다. 그래도 지금 백성의 장로가 없다 해도 그 부인은 예루살렘 궁중 안에서 실세로 건재하다는 것. 나는 절대 이해하지 못했다. 그러나 인간이 사람을 이해하지 못하는 것이 한두 가지가 아니기 때문에 나는 이런 여러 가지를 가지고 대화와 토론으로 시간을 보냈다.

백성의 장로는 믿는 척했지만 이해하려고 하지는 않았다. 그런 일이 있고 나서 그는 우리에게 여러 가지 제안을 했다. '금화'에 대한 불가피성을 우리에게 이야기하고, 특히 베드로가 '주님의 죄를 시인했다'고 한 말에 대해서 유달리 강조해서 말했다. 그래서 나는 땅에 엎드려 울기 시작하며 기도했다. 그 이후, 주 예수님에게 그런 문제들을 질문했지만 아무 말도 없었다. 난, 서서 눈물을 흘리기 시작했다. 결국은 그런 시간 속에서 우리를 조종하고 우리 제자들의 틈새를 벌려 놓은 것이다.

이것이야말로 비극이고 우리에게 운명이었다.

난, 어쩔 수 없이 내가 가지고 있던 우유부단함으로 그들에게 2일 동안 납치되어 협박을 받았다. 베드로 형제와 빌라도 총독부인 사이에 대한 '간통이니 불륜이니' 하며 나를 윽박지르기 시작했다. 내가 장난삼아 시작한 일이 엉뚱하게 다른 결과를 초래했던 것이다. 이런 것 때문에 불가피하게 백성의 장로를 납치했다. 나는 베드로에게 앞으로 주님이 죽임을 당한다 해도 백성의 장로에게 얻을 것은 얻어야 한다. 하고 했다. 그러나 그는 아무 대답도 하지 않았다.

내가 이제 여기 모든 이야기를 끝내려 한다.

우리가 태어나 삶을 사는 동안 처음 이 글을 쓰면서 내가 과연 자격이 있는지 고민과 번민으로 힘들어할 때. 성모 마리아는 이렇게 말했다.

"아들아, 너는 주님에게 가장 사랑받던 제자이다. 그 무엇이 두려워서 망설이느냐, 무엇이든 두려워 말고 떨치고 일어나라. 너는 주님의 제자이고, 내 아들이다."

하고 말씀하셨다.

우리 제자들은 처음 오순절을 맞이해서 모두 모였다.

"그날 우리는 갈릴리에서 주 예수님의 부활을 보았습니다. 나는 이제 저 넓은 세상으로 나가 주님의 가난한 백성을 만나 하나님의 정의와 그의 말씀을 전하려고 합니다. 지금은 어느 정도 역병은 극복했으니 우리는 모두 각자 할 일이 따로 있고 하니 이제 떠나도록 합시다."

베드로가 말했다. 모든 제자는 일어나 인사를 하였다. 사도 요한은 자신의 분신인 야고보를 안았다. 루가도 앞으로 나오고 마태도, 마가도, 시몬도 앞으로 나와 같이 포옹했다. 빌립, 안드레, 나다나엘, 도마는 계속 여기 우리 제자들의 정착촌에 남아 성모 마리아를 돌보고 아이들을 키우겠다고 했다. 역병이 지나가면서 우리는 자연스럽게 갈릴리 호수가 부근 정착촌으로 다시 모였다. 그곳엔 성모 마리아와 다른 야고보도 있었다. 그리고는 서로를 의지했던 것이다.

베드로 형제를 비판하면서부터 나 자신의 거짓을 숨기고 이상하게 해명하면서부터 허탈해하는 마음이 한두 번이 아니었다. 그에게 모든 것을 핑계를 대면서 나를 조금이라도 위로할 수 있는 일들을 글로 쓰기 시작했다. 이 밤의 어둠을 두려워하고 그 주님의 십자가형에서 '목이 마르다'고 하신 말씀과 철학을 여기다 적어 놓고 사색하면서 그 부활의 뜻이 무엇인지를 정확하고 명료하게 적어 놓았다.

어느 날 새벽 내가 그 근거와 증거를 보이고 기도하면서 '간음'이라는 죄를 회개할 때 주 예수님이 하늘 위에서 내려와 나에게

"아들아, 그 무엇이든 두려워하지 말라, 항상 내가 옆에 있고 저 하늘나라에는 주 하나님이 너를 보호하시니. 그 무엇을 두려워하느냐. 늘 유대인 땅에 있는 백성들을 위하여 기도하라. 저 골고다 계

곡에서 시름하는 병자들에게도 세례를 주고, 저 어둡고 음침한 사막 이민족들에게도 부활, 내 말이 뼛속까지 파고드는 그 믿음, 그리고 저편에 있는 동방의 나라의 사람들까지 내 말을 전하라. 이것이 너희에게 전하는 마지막 명령이다."

나는 그 새벽 여명이 일고 세상이 잠에서 깰 때, 너희들의 비정한 기도 소리가 들렸다.

여기 어둠 속에서 주 하나님이 이 세상을 천지창조 하시고 모세의 율법을 세우고 너희들이 이제 나의 좁은 문의 뜻을 이해했을 것이다. 구주 하나님의 피와 나무 십자가형으로 우리는 구원을 받았으니 이제 예루살렘 거리와 시장 그리고 궁정 안까지 주님의 말씀을 전할 것이다.

내 어머님 나의 눈동자를 보십시오!

너희들의 입으로는 거짓을 말하고 행동으로는 죽음을 부르지만,

눈동자로는 자유와 진리를 볼 것이니라.

이제 온 백성들이 자각하고 내 하늘나라가 멀지 않아 여기 올 것이니 그들에게 내 말을 전하라.

"여기 유대 땅에서 시름하고 골고다 언덕에서 고통으로 쓰러져 가는 죄인들이 한순간에 참됨 같은 영혼의 소리를 들었을 것이다. 그 죄인들도 내 사람이긴 마찬가지이고 우리의 백성이므로 내 말을 전하여라. 그들이 자각하고 기도하며 회개하면서부터 내 믿음에서 다시 태어나 사회를 딛고 일어나며. 다시 그들이 한 죄악을 깨닫고 회개하며 어젯밤 그 간음으로 인해, 그들이 사채놀이와 세리가 가혹하게 세금을 징수하면서 벌어지는 다툼, 우리가 나 자신을 속이

고 그 부인까지 속이면서 생기는 이질감들. - 그리고 내가 내 백성을 구하지 못하고 앞서 죽임을 당하는 죄악은 이제 이 땅에서는 다시 일어나지 않는다는 것 - 지금 온 세상은 로마의 말굽에 박혀 온 백성이 시름하고 통곡하는 그것을 보았다. 너의 제자들이 내 뜻을 따라 할 것으로 의심하지 않는다는 것을 나는 믿는다."

하고 주 예수님이 외쳤다.

"골고다 언덕을 오르고 빛바랜 나무 십자가에 못 박혀 죽임을 당했다 해도 사흘 만에 부활하니 그 영생을 얻었고 하늘나라 하나님에게 성령을 받아 하늘나라로 오르니 이제 너희들도 보았을 것이다. 이것은 내가 온 백성에게 사랑밖에 줄 것이 없음이라. 내가 이 혼돈의 세상에서 본 것은 인간들의 탐욕과 오만으로 온갖 것을 갖기 위함이고, 그것으로도 모자라서 남의 것을 빼앗고 간음하니 이것은 모세의 율법을 어긴 것으로 돌로 쳐 죽임을 당하는 법을 받을 것이다. 내가 이제껏, 너희들에게 사랑의 갈증을 느꼈으니 지금부터 시작해서 그 말을 전해라. 그러면 그 백성들도 알 것이다."

다시 주님은 골고다 언덕까지 내려와 나에게 꾸짖었다.

베드로는 그들과 대화를 시작하면서 모든 대화가 엉키고 만 것이다. 특히 죽음의 그림자가 우리를 덮자 모든 사람이 동요하고 그런 동정심만이 나를 괴롭히고 마음의 변심까지 뒤섞이면서 더더욱 그런 혼란을 겪게 된 것이다.

이 세상, 여기 예루살렘 거리에는 흉한 귀신들이 사는 곳이라도. 이곳은 어릴 적에 주님이 걷고 방황했던 그 길이므로 '내가 어찌 버릴 것이냐?' 하고 외쳤던 그 말씀을 기억하며 뒤돌아 온 길 위에는 헐벗은 거지와 굶주림으로 발버둥 치는 백성들과 지하 감옥의 억울하게 죽임을 당한 죽음의 사자가 보인다. 그러므로 이 모든 것이 부질없는 것이고, 우리는 늘 주님의 말씀을 기억하고 추상하며 매일 백성들에게 외쳤던 '하나님의 정의'에 대해서 생각해 보고 백성들에게 그것을 설교할 것이다.

이 모든 것은 주관하시고 온 나라에 은총을 내리신 주 하나님께 감사의 기도를 드리면서 나는 그 어떤 확신이 있었지. 내가 가장 주 예수님에게 사랑받던 내가 제자들을 시기하고 의심하며 그들과 앉아 악마의 거래를 했다. 그 이후 제자들은 그 거래가 의도적인 상거래라고 나를 힐난하기 시작했다.

나는 아니, 그 미지의 세계에서 불어오는 바람이든, 진리이든, 그림자이든 나에게 불어오는 실체도 없는 보이지 않는 손에 의해 좌우되는 그림자처럼 너무도 그 무엇인지 알 수 없는 현실과 미지의 세계에 집착했는지 모른다. 우리가 진정으로 그 하나님의 말씀과 진리에 심오한 뜻을 알기 전까지, 나는 지하 옥 천장 위에 붙어 창문 틈새로 새어 들어오는 별빛들의 색깔을 쳐다볼 것이다. 그것이 구주 예수께서 새벽 일찍이 일어나 기도하고 일렁이는 바람 사이를 지나 묵도하며 거친 바람이 휘몰아치는 사막을 걸으면서 우리 인간들의 원죄를 생각했던 것은 아닌지?

나는 베드로 형제가 지하 옥 안에서 주 예수님을 면회하기 위해 들어간 다음, 그 모든 것에 대해 의심했는지 모른다. 인간들이 찾으려는 이상은 현실보다 가혹하다고 하지만 이 세상에서 벌어지는 것은 아무도 모른다는 것이다.

그렇다!

"사지가 찢기고 손과 발목에는 못으로 주님이 십자가형을 당하는 그 참혹한 표정을 겪었다. 너는 유일하게 주님의 죽음을 목격했다. 그것이 너의 정의이다." 하고 베드로 형제는 격려해 주었다.

멀리 나온 거리는 한산하고 다시 주님의 집 앞에서 서성거리고 그 오래된 바람만이 나의 기억을 지워 버릴 수 있는지 알지 못했다. 절개지로 돌담처럼 둘러싸인 옛집 앞에 서면 위에는 경계선으로 큰 나무들이 경계 등을 나타내고, 그 밑으로는 잡목 숲으로 덮인 곳에서 나는 주 예수님과 우두커니 앉은 그 날 밤에 별빛들이 한 묶음으로 쏟아지는 그 빛에 수를 세어 보고 있었다. 나는 베드로 형제가 그 언제가 나에게 "너는 의도적으로 백성의 장로를 만난 것은 아닌가?" 하고 물었다.

그 생각을 하니 눈물이 앞서고 앞길은 캄캄하고 천 길 낭떠러지 계곡이며, 그 주님이 했던 죽음을 추상하게 된다. 나는 이제 그 구주 예수께서 왜, 죽임을 당하면서도 "주 하나님, 그들은 그들이 한 짓을 알지 못합니다."라고 하신 말씀을 조금이나마 알 것 같아 마음이 착잡했다. 며칠이 지났다. 차츰 시간이 지나면서 봄이 성큼 앞 뜰에 온 것을 느낄 수 있었고, 무화과나무와 종려나뭇가지 잎새에도 새싹을 움트기 위해 제 살을 깎아내고 있었다.

베드로 형제는 다가와 이렇게 말했다.

내가 아침의 충고를 듣고 너의 고민을 어느 정도는 해소하였다. 그것은 그 부인에게 이야기하는 것보다 그들 형제에게 부탁을 해서 그 로마 귀족들에게 손을 써 놓았다. "나는 그런 일에는 형편없지만은 그가 있어 다행이다." 하고 베드로는 내 어깨를 두드려 주며 말했다.

"이제는 너의 경계도 심하지 않을 것이고 여기 일들은 나에게 맡기고 여행을 준비해라."라고 했다.

나는 눈물을 훔치면서 그를 꼭 껴안았다. 그러나 막상 이 앞에서 서면 그런 외침 소리가 나오지 않았다. 목이 막히고 이 길 위에 서 성거리는 외로운 그림자는 어디론가 가고 싶지만 내가 갈 곳은 아무 데도 없었다. 단지 '길은 죽음뿐이다.' 하고 생각했다. 내가 어떻게 사지에서 벗어나 여기까지 오게 된 경우는 알고 싶지 않았다. 여기 오다가 마태와 루가를 만났다. 그는 세리로서 가장 많이 주님에게 사랑을 받고 주님이 잡혀가자 도망친 이후 처음으로 주 예수님의 집 앞에 서 있었다.

나는 "멀리 떠나 주님의 말씀을 연구하고 성경을 다시 만들 것이다."라고 했다. 마태는 떠났다. 다른 제자들도 여기 갈릴리 호숫가에서 모두 만났다. 우리는 쉽게 떠나지 못했다. 동네 어귀에서 손을 흔들고 있었다. 나는 루가와 앉아 그 주님의 말씀에 관해 이야기를 시작했다. 밤새도록 우리는 그 말씀을 가지고 대화를 했다. 그러나 헤어져야 하는 것을 우리 모두가 알고 있었다. 루가는 지금부터 우리 제자들의 행적을 적고 있다고 했다. 모든 사람이 볼 수 있도록 필서하여 보관한 것이라고 말했다.

그를 품 안에 안고 기도했다.

우리 다시 만날 때는 주님의 말씀을 완성해서 다시 여기에서 만나자고 했다. 루가는 그 말에 답이 없었다. 멀리 가는 그는 이제 보이지 않았다. 달빛 아래 덩그러니 그 그림자만이 떠돌고 있었다. 멀리서 달빛이 우리 그림자를 비추고 있을 뿐이었다. 우리 모두는 어차피 죽음이 결정되어 있다. 다만, 조금 늦어진 것뿐이다. 마태도 그것을 알고 있었다. 루가도 골고다 언덕 위로 올라가는 주님을 멀리서 보고 자신도 죽음을 결정했다고 했다.

안드레는 옆에서 눈물을 흘리고 있었다.

백성의 장로는 그 말을 오래전 그리고 지금도, 우리에게 여러 번 강조했지만, 그는 그것을 염두에 둘 여력이 없었다. 백성의 장로는 그것을 베드로에게 다시 강조하고 유다에게도 말했지만, 그는 금화 때문에 정신이 없었다. 나는 백성의 장로가 마지막 만나고 있는 그곳에서 숨어 있었다. 그것은 일견 나에게도 있는 추상 때문이었다. 그러니까 바로 베드로가 사막 여행 중, 나는 유다의 꼬임에 빠져 베드로가 그들 형제와 유희를 벌이는 장면을 보자 형언할 수 없는 충격을 받았다. 처음 유다가 나를 잡은 이유도 있지만 나 스스로가 어찌해야 할 줄을 몰랐다.

그리고 그 이후엔 명절인 유월절 전날, 베드로가 다시 사막으로 가서 그들 형제를 만나러 갔다. 유다는 나에게 베드로 형제를 따라가서 빨리 그들 형제에게 금화를 부탁하라고 했다. 그러나 나는 그곳에 갔지만, 베드로를 만나지는 않았다. 그곳에 가다가 백성의 장로를 만나 무엇인가 확인하기 위해 그를 만났다. 그는 분명하게 나에게 금화에 대해서 말했다. 그러나 나는 백성의 장로와 이야기를 하면서 술에 취해 있었다. 그래서 베드로가 있는 그곳에는 가지 못했다. 술에 취해 아침에 일어나니 옆에는 여인이 같이 자고 있었다.

막상 집으로 돌아온 시간은 거의 저녁 무렵이었다.

예루살렘 거리는 명절로 들떠 있었다. 붉고 적갈색으로 물든 거리에는 벌써 술에 취한 걸인들과 아낙네들이 바쁜 걸음을 집으로 옮기고 있었다. 어스름한 땅거미가 대지를 덮고 밤의 안개인 운무가 자욱하게 피어올랐다. 내가 마을 어귀를 느릿느릿 들어갈 때쯤 유다가 달려왔다. 그는 나의 멱살을 잡고 흔들었다.

"어디 갔다 오는데 지금 오냐? 우리는 큰일이 났다. 왜 내 말을 베드로에게 전달하지 않았느냐?"

나는 아무 말도 할 수 없었다. 베드로는 내가 그 금화에 관해 이야기해도 듣지 않을 것이다. 나는 그것을 알고 있었지만. 그래서 더 답답한 것이다. 그러나 그에게 곧이곧대로 말할 수는 없었고, 이미 어둠 빛이 나의 눈으로 들어와 있었다. 그 생각만 하면 소름이 돋았다. 유다의 방종과 나의 무책임으로 인한 결과는 엄청났다. 그것을 백성의 장로가 우리 뒤에서 다 듣고 있었다. 내가 긴장하거나 불안할 때는 약간의 몸짓이 흔들렸다. 그래서 나는 백성의 장로를 이해할 수가 없었다. '그는 사탄의 탈을 쓴 악마이었나? 왜, 그는 우리 제자들을 미워하는지 그 근거가 없다.' 하고 생각했다.

"우리가 너희들의 자유로운 사랑과 생각을 못 하게 하는 것이다." 하고 백성의 장로가 다시 말했다.

"그가 자유롭게 떠들고 다니는 말 중에는 백성들을 현혹하는 자유와 같은 이질적인 사고를 퍼트리는 방종 등이 있다는 것이다. 그 선지자 사랑에 뜻은 무엇인가? 누가 누구를 사랑하는 것인가? 여기 유대 땅에 사는 종들이나 여급들과 백성들의 모두를 말함인가? 그 선지자의 진정으로 원하는 바가 무엇이냐? 종이나 여급까지도 같은 신분으로 살아가야 하느냐? 그것이 그 선지자의 생각이냐?"

백성의 장로가 나에게 물었다. 백성의 장로가 오래전, 베드로에게도 강조한 말이다.

"우리는 그것을 주목하고 있다."

하고 백성의 장로가 덧붙였다.

이것은 우리 제자까지 얽매여 놓으려는 수작이었다. 우리를 속박해서 우리 제자들 모두를 구속함이었다. 나는 그 어떤 말에도 흔들리지 않았다. 백성의 장로가 "베드로가 주님이 죄를 시인했다."라고 나에게 말했을 때도 그들의 농간으로 여겼다. 백성의 장로는 나를 계단 밑에 서 있게 했다. 그리고 난, 하늘을 향해 서 있었다.

그래서 나는 백성의 장로와 술에 취했을 때도 가부간 시인도, 부인도 하지 않았다. 그러자 그는 나에게 화를 냈다. 그가 나에게 처음 한 것은 설득이고, 어느 면에서는 종용의 말에 가까웠다. 그래서 여기 여급이 있는 술집에서 만났다. 그래도 나는 백성의 장로에게 순순히 그의 말을 듣지 않았다. 하지만 우리 제자들은 서로 딴생각을 하고 있었다. 서로 간의 소통이 없고, 백성의 장로가 서로 이간질할 때도 베드로와 우리는 다른 쪽을 향해 서 있었다.

"우리가 너희에게 자유로운 사랑과 생각 등을 못하게 하는 것. 바로 그런 말 때문에 그가 죽어야 하는 이유이다."

지금 대제사장도 베드로에게 이렇게 말했다.

그 선지자가 말하는 믿음, 사랑, 소망, 용서, 자유, 화해 등등은 다중의 인간들에게 다른 신호를 보낼 수 있다. 또한, 그 말 때문에 백성들이 사고와 사상의 자유로 오염될 수 있다는 생각이. 그것은 주님이나 우리 제자들이 로마 제국주의자들에게 속박되어 있는 상태에서 자유를 말하고 인간의 평등이라는 것을 거론하는 것이, 결국은 로마법을 어기고 자신들의 영역을 침범한 주 예수와 우리를 단죄하겠다는 것. 이것은 그들의 흉측한 음모인 것이었다. 바로 그것이었다. 주님의 말씀 중, 여러 가지 등등이 그들에게는 거슬리는 언어이다.

"너희는 만인에게 내 말을 전하라."

이 말도 자치 잘못하면 군중들이 다른 생각을 하게 되는 것이다.

주님이 말씀은 여러 가지 의미를 내포하고 고귀한 뜻이 있다는 것을 그들도 알고 있다.

"그런 고귀한 말을 다른 백성들과 차별 없이 같이 듣고 같이 이해한다면 그 백성들과 종이나 여급과도 다를 바가 없다! 이 얼마나 어처구니없는 인간들인가!"

하고 다시 백성의 장로가 나에게 외쳤다.

'네 이웃을 사랑하고 나는 너희에게 이르오니 네 원수를 사랑하며 너희를 박해한 자를 위하여 기도하라.'

이 말은 백성의 장로가 나를 질타하면서 술집에서 이런 이야기를 했다. 또한, 어이가 없고 이 모든 것이 주님의 말씀에서 기인했다는 것에, 나는 긴 침묵과 실의에 빠진다. 이것은 인간들이 살아가는 삶의 본질에 대해 경고하는 것. 사람에게 차별이 있다. 계급이 있고 우리 유대인 중에도 여러 가지 차별이 지금 이 땅에서 존재하고 있는데, 주님의 말씀에는 다 그것을 거부하라는 것이다.

"원수를 사랑하고 너희를 박해하는 자들을 위하여 기도하라. 이 말은 우리들을 능멸하는 말이 아닌가?"

하고 강력하게 백성의 장로는 나에게 경고했다.

결국에는 협박으로 우리를 압박했다. 그 생각을 하니 베드로 형제의 얼굴이 떠올랐다. 그들에게 당했던 생각을 하니 어처구니가 없었다.

그래서 그들이 먼저 돈이라는 것을 가지고 처음부터 우리의 시선을 다른 곳으로 돌린 다음에 주님을 죽음으로 몰아간 것이 그들의 음모일 가능성이 농후하다. 왜냐하면, 그들이 처음에는 제안을 했다. 주님의 말씀과 행동에 대한 그들의 불신 때문에 나는 여러 가지를 시도했다. 공회에서 만나 말씀에 대해 해명하고 오해들을 불식시키려 노력을 했다.

나는 안드레에게 이렇게 말했다.

"그래서 살아 있을 때 신에게 다가가야 한다." 옆에서 듣고 있던 마가와 루가가 중얼거리며 말했다.

우리는 그저 주님의 제자에 불과하다. 그 무엇을 위하여 제자가 된 것도 아니다. 그 어떤 것도 아니다. 우리가 나서 갈릴리 마을에서 가난한 백성들과 노래하고 춤을 추고 밥을 먹으면서 주님의 말씀을 전하고 기도를 들릴 것이다. 그 이후로 주 예수님 영혼의 기도 소리에 새벽잠을 설치기 시작한다. 새벽을 깨우는 인광이 나의 길을 비춰 주었다. 차마, 떨어지지 않는 발길을 옮기며 뒤돌아보자 성모 마리아와 이모 그리고 마리아가 눈에 밟힌다. 그러나 어차피 헤어질 몸이라면 조금 더 빨리 주 예수님의 뜻을 다르겠다. 결심한다.

그것은 베드로가 처음 제자로 있을 때, 다시 갈릴리 호수를 방문하고 난 다음 사막 근처에서 모래 폭풍 속에서 그는 주님에게 이런 질문을 했다.

"주님, 우리는 언제부터 여기 있었나요?"

"우리 인간은 신의 뜻에 따라 언제부터인가 여기 유대 땅이나 사막에서 살아온 것이다. 아들아, 생물들은 우리 인간이 태어나기 전부터 여기에 있었던 것이다. 우리 인간은 이 땅에서 잠시 살아가고 지나면서 우리 아이들에게 돌려주어야 하는 것이다. 그래서 더 소중하고 아름다운 것이다."

하고 주 예수께서 말씀하셨다.

나는 고독과 동행하며 그 길 위에 서 있었다. 그 위대한 대지의 주인은 누구이며, 삶 또한 무엇인가? 걷고 걸었다. 이 주인 없는 땅 위에서 고민과 고독을 즐기며 요르단 강가를 거닐고 있다. 주 예수님이 걷던 그 길조차 걷는 것이 나에게 부끄러움이다. 바위 곳에 은둔하며 몇 달 밤을 보냈다. 그 주님이 광야에서 외쳤던 말씀을 우리는 곡해했고, 베드로의 대화를 왜곡해서 협상이라는 것?

이 모든 것이 우리의 거짓이었다.

우리는 그래도 아직 그 거짓을 알지 못했다. 왜 내가 여기에 있는지조차 알지 못했다. 나 자신을 뒤돌아보며 어릴 때 주님을 만난 기억과 청년이 되면서 느낀 마음의 공허와 욕정 사이에서 멋모르고 하던 행동들과 건넛마을 청년들과 모여 다니면서 못된 행동들은 아직도 기억 속에 남아 있었다.

그 어릴 적에 그 청년을 기억하면서 나는 그분이 주님임을 깨달

앉다. 그분은 별로 할 일도 없이 산책을 즐겼다. 나는 어느 하루를 뒤쫓았다. 그는 가면서 산마루와 멀리 보이는 저편 사막을 건너 보이지 않는 먼 지평선까지 쳐다보았다. 가끔 가다가는 앉아서 돌을 집어 던지고 하늘을 가르는 새들과 같이 대화를 하고 있었다. 나는 참 영문을 몰랐다. 그분을 따라갔지만 나서서 그분을 아는 척은 하지 못했다. 그 옛집 앞에서 바로 지금 내가 서성거리며 옛일을 추상하며 어릴 때 느낀 주 예수의 청년 시절을 반추해 본다.

나는 그 청년과 가까이 살아왔지만, 결국은 그 청년의 어린 시절은 가난과 기쁨이 기억의 전부이었다.

어린아이의 눈에는 그것이 전부이었다. 스스로를 알아가고 조용히 이면을 사색하면서 결국은 죽음을 택하는 그 주님의 용기와 정의가 무엇인지? 그러나 나는 지금도 알지 못한다는 것. 그래서 저기 갈릴리 호수에서 불어오는 바람이 나를 견디게 했다.

같이 시장에 나가서 어느 할머니가 그 청년에게 "나는 가난이 수치스럽지 않다."라고 말했다.

그 주님은 그 할머니에게 "당신은 나의 주인이다." 하고 말하셨다. 그 할머니는 시장 입구에서 채소를 팔았다. 그 할머니가 텃밭에서 키운 채소 등을 내다팔아서 생활비를 쓰고 있다고 했다. 그 주님은 많은 채소를 샀다. 그리고 다시 걸음을 재촉했다. 보이는 그림과 시장의 삶은 차이가 없었다. 그 청년을 보자 모든 시장 사람들이 손을 흔들었다. 그 날도 한여름처럼 더위가 맹위를 떨치고 이제 한 꺼풀 벗겨낸 거처럼 날씨는 주춤하면서 한결 시장은 겨울을 맞는 것처럼 부드러웠다.

이제는 분명 이른 봄볕이 앞 틀에 앉는다.

앞 틀에는 채소와 꽃송이가 초롱초롱 물기를 먹으며 제법 잘 자란 잎들이 제 모습을 뽐낸다. 주 예수님은 한 움큼 잡초를 뽑아 버리면서 '필요 없는 것은 뽑아야 하고 필요 있는 씨앗은 빨리 심어야' 한다고 말씀하신다.

우리는 그래서 시간의 제약을 받는 것인가? 이것 또한, 신의 뜻이라고 그 청년은 말했다.

동네를 한 바퀴 돌아 나오면서 나에게 사탕 하나를 사 주었다.

지나가는 아이들에게도 사 주었다. 하늘 높이 대지를 가르는 새들을 멀리 그리스 지역으로 날면서 이 무심한 세상을 탓하는 듯했다. 그 청년은 절대로 허튼 말이 없었다. 조용히 서로 이야기하고 웃으며 소통했다. 시장은 그의 놀이터이고, 세상을 여는 창이다. 그는 그 세상 속에서 자신에게 묻고 있었다. 그 인간의 근원이 무엇인지? 초록빛과 붉은 적갈색으로 칠해진 집을 지나 다시 바위 곳을 끼고 광야로 나갔다.

그 주님은 하늘 끝이 겹쳐지는 곳까지 바라보았다.

그리고 지금처럼 역병에 대해서 말한다. 그 청년은 그런 역병의 죽음에도 많은 관심을 가졌다. 그는 인간의 질병은 자연적인 순환에 일한이라고 역설했다. 그러나 언젠가는 그것을 이기고 일어서는 것도 인간이라는 것!

그것은 인간에 순수한 고뇌를 병들게 하고 욕정에 사로잡히게 했다. 그것이 천지창조를 하신 주 하나님의 원죄라고 하면서 외친 그 예루살렘 광인이 진정으로 우리에게는 스승과 같았다. 저 우주 끝에서 불어오는 주 하나님의 섭리와 우리를 주관하시는 주님의 은총을 받은 여기 예루살렘 시장과 로마광장으로 통해서 들어가는 예루살렘 궁정 – 그곳에서는 단 한 그릇의 무화과나무 그리고 백성들의 고혈, 이끼들, 나무 십자가의 언약에 피, 더럽혀진 죽임의 영혼, 상처받고 비정하게 죽임을 당한 주 예수의 말씀과 죽음의 냄새가 아직도 지워지지 않은 거리 가로등 빛 그리고 모든 별빛이 흘러내리면서.

그날 밤, 우리는 환희와 분노의 심정으로 뒤섞이면서 서로를 헐뜯고 시기하며 의심했던 것이다.

우리가 그것을 찾아가는 그 시간이. 그것은 변화라는 것이었다. 내 아들은 그 변화를 받아들인 것이다. 시간이 변해가면서 우리 모든 사람도 변해갈 것이고, 결국은 구주 하나님의 정의와 그의 말씀을 따를 것이라 것을 그는 알고 있었다. 그것은 구주 하나님의 정의는 영원히 변화지 아니할 것. 우리의 자신이 변해야 한다는 것을 알게 된 거다.

그날 밤, 저녁때쯤 해서 베드로와 식사와 차를 마시며 주 예수님과 서로를 맞이하고 있었다. 나는 무릎을 꿇고 기도하듯 앉아 있었다. 우리 모든 제자는 주 예수님에게 그 무엇을 묻고 있었다. 그 주 예수님의 대답은 의외였다.

저녁을 잡수시던 자리에서 일어나 겉옷을 벗고 수건을 가져다가 허리에 두르시고 이에 대야에 물을 떠서 제자들의 발을 씻으시고 그 두르신 수건으로 닦기를 시작하였다.

"주여, 주께서 내 발을 씻으시나이까?"

베드로는 그리고 이후에 "그 어떤 일이 하나님의 일인지 우리는 알지 못합니다." 하고 물었다.

"그것은 너희들이 스스로가 깨우쳐야 하는 일이다."

베드로는 사실은 실질적인 일보다 세상일에 더 관심이 있고, 그것에 치중하고 있다. 나도 그런 생각을 하고 있었다. "나는 그가 주 예수님의 죽음에 대해 그들과 대화를 하고 있을 때, 그 일보다 더 가난한 이웃을 돌보는 데에 신경을 쓰라 하고 충고했다. 그러나 당시는 그 뜻을 잘 알지 못했다."

하고 그 어머니는 회상했다.

최후의 만찬 자리에서 그는 지나가면서 어머니의 손을 마지막 잡았다. 주 예수님은 영으로 신음하면서 끙끙거리기 시작했다. 성모 마리아 앞에서 무릎을 꿇어앉아 기도를 했다.

"따뜻한 피가 내 영혼 안으로 전해 왔다. 그것이 마지막 이별이었나? 절대로 지울 수 없는 영혼의 고백과 그 죽음과 부활에서. 나는 인간들의 처절함을 보았다. 이 얼마나 기막힌 숙명인가? 내 아들은 군중들에게 말씀을 전한 죄밖에 없다. 말하는 것도 죄가 된다면 그 어느 누군가 죄를 탓하랴? 나에게 심히 몰려오는 번민은 그 누구도 어미의 심정을 알 수 없을 것이고 그 어머니의 증오와 애증을 그 누가 감당할 수 있을까? 오르지 부활만이 전부일 것이다."

하고 그 어머니가 말씀하셨다.

사도 요한은 눈물로 사죄를 드렸다. 더 이상은 무슨 말들이 필요한가.

이제는 그 모든 것이 새벽에 일어나 그 어머니의 바스락거리는 숨소리조차 우리는 온 신경이 가 있었고, 나는 역병이 어느 정도 진정이 되자 한 달 동안 기도여행을 떠났다. 제자들은 서로 손을 잡고 화해하는 장면에서 나는 눈시울을 적셨다. 어느 면에서는 그들도 인간이기에 치러야 할 대가인 것인가 했다. 우리 제자들은 서로 믿지 못하고 틈새가 벌어지면서 느릿하게 추상했던 그 날 밤 이후, 주 예수께서 부활하신 다음 나는 모든 사람을 향해 외쳤다.

"나는 누구인가? 왜 여기서 서성거리나?"

별빛과 달빛이 빛나던 밤, 나는 두 어머니와 막달라 마리아와 같이 역병 환자들을 돌보며 손수 빨래를 했다. 베드로와 나의 그때에 영혼도 그러했으리라는 것. 아무도 알 수 없는 그 그림자를 찾았던 우리 제자들과 그날 밤 성벽 그늘 속에 초라하게 웅크리고 서 있었던 베드로의 모습에서. 나는 인간의 원죄를 생각하기 시작했던 것이다.

우리는 그것을 찾아 멀리 지구 끝까지 찾아 떠나면서 새벽 기운에 놀란 사람들을 위로하고 기도할 것이다. '그 그림자는 우리들의 이면에 모습들이 아닐까?' 나는 생각하기 시작한다.

"어찌 보면 사람들은 태어날 때부터 미완성의 인간으로 태어난다." 하고 베드로가 말했다.

그래서 우리는 끊임없이 배우고 회개하며 기도해야 한다고 말했다. "이렇게 우리 인간들의 마음에 영혼이 질병처럼 병들어 있는지 지금 조금은 알 것 같다. 겉으로 보기에는 틀림없이 거짓과 탐욕이 판을 치고 득세하면서 주 하나님의 경고 또한 듣지 않았다. 그것은 사람이 너무 오만하기 때문이다." 하고 어린 청년 예수는 단정해서 말했다.

그래서 나는 오랫동안 여기 떠나 나 자신을 찾으려 애썼다. 그러나 나는 결국은 아무것도 찾지 못했다. 오르지 공허와 자괴감만이 전부이었다. 그 당시 세례 요한을 만났고, 그 전에는 주님의 청년 시절을 목격했다.

그 청년 시절은 늘 사색하고 기도하면서 결국 이 대지의 주인은 인간이 아니라고 했다.

결코, 인간이 저기 서 있는 나무나 이끼 그리고 동물들보다 더 늦게 여기 이 땅에 온 것이었다. 그러나 다만, 인간의 탐욕과 오만으로 여기 대지는 병들고 오염되면서 악취가 나고 끊임없는 사람들의 수탈로 이제는 헐벗고 초라한 누런 보랏빛 그리고 빛바랜 채색된 푸른빛으로 변해가기 시작했다. 다만, 우리만은 그것을 모르고 있었던 것이다.

온 하늘을 향해 소리쳐 외칠 때, 그 하루가 쇠락하고 뭇별들이 빛나는 길에 그 청년에게 물었다.

"왜, 모두 하는 결혼을 하지 않나요?" 하고 물었다.

한동안 그는 나를 쳐다보았다. 그 눈빛이 아름다웠다.

"너의 말의 의미가 있구나. '모두 하는 결혼을 하지 않죠?' 왜 그런 말을 하게 되었지?" 하고 그 청년이 물었다. 나는 이렇게 답했다.

"며칠 전, 우리 옆집 청년도 결혼을 했죠? 내가 보기에는 같은 또래인데." 하고 말했다. 그 청년은 빙그레 웃으면서 이렇게 말했다.

"너는 누구를 닮아서 이렇게 똑똑하지?"하고 말했다. 나는 이렇게 대답했다.

"어머니가 그러는데, 그 선지자의 집에 그 아들을 닮아서 너도 똑똑한 것이다."

그러자 그 청년은 나를 한 없이 높이 들어 껴안아 주었다. 이네 하늘에서는 별빛이 쏟아져 내렸다. 이제는 마땅히 떠날 때가 되고 후회 없는 생애를 살아가기 위해서 내가 뭣을 할 것인가? 내가 나 자신을 뒤돌아보고 주님의 죽음과 부활을 간직하면서 외쳤던 그 말들을 마음속 깊이 되새기고 있었다.

우리는 거친 광야로 나왔다. 그 청년 시절을 되새기며 주님을 모습을 반추하고 있었다. 스스로를 알아가고 조용히 이면을 사색하며 결국은 죽음을 택하는 그 주님의 고뇌와 고독 속에서.

마지막 청년 시절 내 주님이 목수 일을 기억하면서 그곳을 보았다. 아직 내 기억은 그 방에 붙박여 있었고, 그 주 예수님의 그곳 대패도 아직 그 자리에 남아 있었다. 그 방에 붙박여 있던 그 추상과 기억들은 끄집어내어 내일을 반추하며 나는 베드로의 그 일들에 대해 후회하고 있는 것이다.

어느 하나도 나에게 씻을 수 없는 고독과 후회뿐이었다.

그 당시 나도 베드로 형제처럼 죽음의 고뇌를 느꼈다. 예루살렘 뒤안길에서 나는 긴 낙조 위를 걷고 있었다. 그 당시 그 모든 것을 추상하기 시작했다. 나는 지하 옥문에서 나온 다음부터 지금까지 그런 생각을 하기 시작했다.

긴긴 여름날 밤의 추억 속에서 더러운 대제사장의 음모들, 그 뒤에 부조처럼 두드러진 백성의 장로에 몸짓, 붉은 황혼의 속에 펼쳐진 바리새인들의 음모, 예루살렘 거리에서 끝도 없이 마음을 보낸 세월 위에 그 모든 것을 기억했던 것이다.

유월절이 다가오자 우리는 예루살렘으로 돌아왔다. 모든 성도뿐만 아니고 많은 유대인도 찾아와 환호를 외치며 주 그리스도를 맞이했다. 그러나 나는 흥분하기보다 마음 한가운데는 그 누구보다 차분했다. 그 검둥이 상인이 나를 뚫어지게 지켜보고 있었다. 밤이 되자 유다가 와서 나를 백성의 장로가 찾는다는 이야기를 했다.

'난, 마치 악마의 숨소리를 듣는 거처럼 두려웠다. 그다음 멀리 골고다 언덕을 쳐다보며 로마광장으로 들어가는 입구 이층집 담벼락에 웅크리며 붙어 서 있었다. 맞은 편, 예루살렘 성벽을 바라보았다. 그가 나를 그곳에서 기다리고 있을 것이다. 나는 이 모든 것을 어떻게 해야 하나?'

난, 홀로 희미한 불빛 아래에서 중얼거리고 있었다. 그러면서 어릴 때를 떠올리고 있었다.

그런 여러 가지의 약점을 잡고 그들은 옷깃을 세우고 순진한 사람들처럼 나를 몰아세우고 윽박지르며 여기까지 몰고 온 것이다. 야고보 형님은 다급하게 묻고 있지만 나는 입까지 얼어붙었다. 난, 골고다 언덕을 바라보며 온몸에 경련이 난 것처럼 부들부들 떨고 있었다. 야고보 형님도 동시에 내 손을 잡고 하늘 향해 바라보았다. 검은 먹구름이 온 천지를 뒤덮었다. 거친 바람이 몰아치고 천지는 외마디 소리가 들리면서 그도 사시나무가 흔들리듯 떨고 있었다.

그 미구의 불러오는 바람 때문에 나는 당시 극도로 혼란스러웠다.

두려움과 분노가 동시에 일어나고 그 이후 백성의 장로에게 꼬임에 빠진 것이다. 증오와 분노로 들끓는 마음의 영혼 속으로 몰아갔다. 차라리 주님을 따라 죽임을 당하는 것이 훨씬 더 편하고 쉬운 선택이라는 것을 알면서도 오랫동안 멍청하게 앉아 있었다. 달빛을 쳐다보면서 벌겋게 치솟는 나의 열정과 오만 속에서도 구토증으로 나는 그날 밤부터 몸살을 앓기 시작했다.

"여기가 내 고향이고, 나의 죽임을 위한 곳이니 나 여기서 노래를 부를 것이고, 주 예수님의 십자가를 붙들고 어깨를 들썩이며 울던 야고보 형님과 우리는 누구인가? 그날 밤, 그곳에서 베드로가 성벽 그늘 속에서 자신에게 물었던 그때를 영원히 기억해 낼 것이다. 백성의 장로와 유다 그리고 등 뒤에 서 있었던 자는 그 누구인가?"

야고보 형님은 굳게 내 손을 잡았다.

속수무책으로 당하고 나서야 생각이 났다. 증오와 분노를 떠올리면서 나는 혼란스럽고 화가 났다. 그런 상처 때문에 밑에서부터 치밀어 오르는 마음의 갈등과 분노를 주체할 수 없었다. 그 이후로도 가끔 나를 불러 예루살렘 성벽 그늘 속에 세워놓았다. 나는 낭하에 그냥 서 있었고 별빛은 유독 빛났다.

달빛 그림자는 그날따라 확연하게 두드러져 보였다.

그때, 베드로의 심정도 이러했을 것이라는 것. 아무도 알 수 없는 우리에 그림자를 찾아가는 우리는 무엇인가? 결국은 우리는 우리 자신들의 모습을 찾기 위해 지금까지 골고다 언덕 위에 서 있었던 것이다.

여기서는 곧 죽음뿐이다.

끝없이 추락하는 우리 제자들이 과연 이런 증오와 고통에서 주 예수님이 없는 세상 속에서 딛고 일어설 수 있을까?

여기 지하 감옥의 맨 지하 아래층 계단 밑에 붙어 있던 주님의 고뇌?

베드로가 생각했던 것이 그것이었다.

지금 그 고뇌 빛과 어둠 속의 고독한 밤에 영원할 것처럼 느껴졌던 그 날 밤?

그 예루살렘 성벽 그늘 속에 갇혀 있던 그 그림자가 그 어떤 것인지 나 '사도 요한'은 의문을 품었다.

그날 밤, 바람이 몰아치고 그 누군가가 음모를 꾸미며 다가오는 그 검은 그림자의 정체는 무엇인가?

'좁은 문'에 대한 토론이나 금화에서 본 것 같이 우리가 지금 생각해 보면 오래전부터 공회에서 그들의 험담을 들어야 했다.

그것은 어쩌면 미리 계획하고 예고했던 그들의 음모였다.

지금 이 고뇌 빛이 어둠을 뚫고 저 지하 감옥의 깊은 곳까지 비출 수는 없겠지만, 결국은 주님의 말씀과 인간의 정의는 절대 변하지 않는 다는 것!

그날 밤늦게 베드로는 그 예루살렘 망루 성벽 그늘 속에서 그들을 보았다. 나도 몰래 그 장면을 꿈속에서 보았다.

그것이 지금 생각해 보면 그들이 주 예수를 덫에 옭아매기 위해 거기에 서 있었던 것이다.

나도 멀리서 어둠의 인간들을 목격하지 않았던가?

"주께서 그날 밤 우리 제자들의 발을 씻기시며 시몬의 아들 유다를 지적하면서 우리는 우리 자신이든, 아니 나 자신에게도 그 어떤 모든 사람에게 정직하지 못했지. 그 무엇이든 숨기려 하면 더 답답하고 힘들어지는 것이 우리의 마음이고, 영혼이었다. 그래서 우리 인간들은 그 모든 것, 아니 저 우주 깊은 별빛과 달빛에도 경건한 마음으로 기도하고 정직해야 한다는 것. 그래야 우리는 만인에게 두 팔을 벌릴 수 있다는 것! 안 그런가?"

하고 베드로가 나에게 말했다.

"해가 어두워지며 달이 빛을 내지 아니하며 별들이 하늘에서 떨어지며 하늘의 권능들이 흔들리리라. 그때에 인자의 징조가 보이겠고 그때에 땅의 모든 족속이 통곡하며 그들이 인자가 구름을 타고 능력과 큰 영광으로 오는 것을 보리라." 하고 말씀하신다.

'해가 어두워지며 달이 빛을 내지 아니하며.'

그 또한 무슨 말인가? 베드로는 주 예수님의 말씀을 상기하면서 그날 밤, 악마의 속사임을 듣기 시작했다.

주 예수께서 '천지가 없어질지언정 내 말은 없어지지 아니하리라.' 하고 했다.

그 말씀을 생각하면서 우리 제자들은 하늘을 우러러보았다.

굴욕!

굴종!

연민? 우리가 가난하고 어진 백성을 위해 회생할 준비가 되어 있나? 나는 그 무엇을 찾는 것인가? 그 어머님의 말씀을 세게 들은 것인가? 내가 떠나기 전, 그런 방안을 마지막으로 둘러보았다. 두 어머니는 그래서 더 걱정을 했는지 모른다. 그 어머니들은 아직도 내가 어린아이임을 보여주었다. 어느새 훌쩍 커 버린 자신들의 분신인 아들들을 보면서 그런 생각을 했을까?

내가 다시 주 예수님을 생각나게 한 것인가?

내가 여기를 나오기 전, 그 어머니의 눈빛에서 눈물을 보았다. 그 어머니는 자기 아들인 주님이 십자가에서 그렇게 목이 말라 애를 태울 때도 표정 하나 변하지 않았던 것을 기억한다.

봄볕 화사함 속의 아직 그 어머니는 할 일이 남은 듯했다. 성모 마리아는 멀리서 손을 흔들고 그 이모님은 끝끝내 보이지 않았지만, 그 마지막을 막달라 마리아가 그 미소를 내 눈길 위에 그려 주었다. 우리는 그녀에게 부탁을 했다. 이제 남아 있을 사람은 당신뿐이고, 그 누구를 믿어 그 어머니와 이모님을 맡길 수 있겠습니까? 야고보 형님도 믿을 수 없었고, 이제 베드로도 그곳을 떠날 것이다.

그녀는 어린아이를 안고 있었다.

그 두 어머니의 희망을 주는 그 아이의 눈빛에서 그런 그림을 그리고 있었다. 어스레한 황혼 위에 그려진 막달라 마리아 얼굴빛이 오늘따라 아름답게 빛났다. 그 예루살렘 거리를 걸어 내려오면서 베드로 형제는 친근하게 내 손목을 잡았다. 나는 안드레를 내 형제처럼 여겼다. 그리고 베드로에게는 형님이라는 소리를 하지 못했지만, 베드로는 "편하게 생각하고 모든 것을 합리적인 바탕 위에서 하게." 하고 나에게 말했다.

이제 우리는 모두 떠날 때를 알고 있었다.

이 모든 기록이 성경으로 우리 사람들에게 연결되면서, 우리 인간들에게 널리 인식되고 배우면서 기도할 것이다. 단지 그는 가난한 백성들과 같이 앉아 저 하늘에 별빛들을 노래하고 강론을 듣기 위해 모인 군중들에게 주 예수님의 말씀을 전달하는 다리에 불구하고 그 무슨 역할을 해야 한다.

수많은 일이 우리 앞에 놓여 있다. 왜, 너희들의 눈에는 한 점만 보려고 하느냐? 세상은 넓고 사람은 여기 모래알보다 더 많다. 너희들의 살아가는 세상은 더 악하고 수없이 많은 사람 때문에 전쟁이 끊이지 않는다. 그래서 우리는 주 하나님에게 믿음을 갖고 기도해야 한다. 우리가 살아 있는 동안 주 하나님을 공경하고 찬양하면서 매일 노래해야 한다. 그래야 또 하루가 지나는 것을 잊는다.

밤의 소중함을 우리는 가끔 잊고 있다. 밤이 있어야 낮이 있기 마련이지만, 사람은 항상 그 짙은 어두운 밤을 두려워했다. 짙은 어둠 때문이기도 하지만 자신 속에 숨어 있는 마음의 상처 때문이기도 하다. 현실은 자신을 드러낼 수 없다는 것이다. 자신을 드러낼 수 없다는 것은, 우리 눈에는 보이지 않기 때문인가?

베드로는 주 예수님의 말씀을 생각하기 시작했다.

베드로는 그날 밤, 예루살렘 어둠의 그림자 속에서 자신을 시험했던 것이다.

우리들 시험에 들게 하지 마시옵고 다만 악에서 구원하옵소서.

내가 무슨 짓을 하고 여기 서 있는가?

배신의 오명을 뒤집어쓴 주님의 반석인 베드로이다.

유다는 예루살렘 궁전을 바라보며 자살을 했고, 베드로는 골고다 언덕을 쳐다보며 주 예수의 제자가 아니라고 부인했다. 지옥으로 들어가는 어둡고 습한 입구는 지옥 광풍이 몰아치는 사탄의 집에 죽음의 망자가 자신의 자린 목을 들고 서 있었고, 다른 죽음의 영혼은 베드로에게 "십자가형을 당한 선지자를 보러 오신 것." 하고 외쳤다.

그날 밤 베드로와 안드레는 그곳을 나와 골고다 계곡에 서 있었다. 아짐은 베드로 형제를 쳐다보고 있었다. 안드레는 참지 못하고 앞으로 다가갔다. 앞장서려 하자 그는 안드레 가는 길을 막았다. 하지만 여기서도 베드로는 허기와 모질고 힘든 시간 속에 거의 착각이 들 정도로 정신이 혼미했다.

"거울 속에서 매일 뒤따르고 보았던 주 예수님을 환상처럼 보였다면 너는 믿을 수 있겠느냐?"
하고 베드로는 나에게 물었다.

멀리 골고다 언덕에서 망자들의 원혼이 들리는 듯. 아우성 소리가 들리면서 우리들은 아비귀환처럼 심연 속에 둘러싸이고 만다. 멀리 골고다 언덕이 보이고 그곳에 죽음의 망자가 갈 길을 잃고 헤매는 이때. 베드로 자신도 그들 속에 한 사람일 뿐이었다. 그는 귀신에 홀린 죽임의 사자(死者)처럼 가슴을 치며 손가락으로는 피가 나도록 땅으로 긁기 시작했다.

그때, 인광의 침목이 빛나고 어둠 속에 섬광이 일면서 주 예수님의 빛이 발했다.

진리가 우리의 삶이나 죽음, 또한 부활이라는 천지창조의 이론들을 증거로 보이고 그 증거 위에서 시간이라는 것.

그 시간이, 우리 인간에게 조물주처럼 간섭하고 조정하며 우리에게 굴종까지 강요했던 것은 우주 철학의 중심에서 강력한 힘이 인간들을 옥쇄처럼 짐이나 형벌을 주었던 것.

사람이, 육체적인 욕구는 이성적이지 않고 충동적이며, 적극적인 관계로 인해 이성이나 감성보다 항상 앞서 생기는 습성으로 인해, 그것이 큰 장애인 약점으로 작용했다고 나는 말했다. 베드로는 묵묵히 지켜보면서 그 당시를 기억하기 시작했다. 그런 생각을 하면서 베드로는 주 예수님의 생각을 알게 되었다. 이것은 우리 제자들 모두에게 한 말씀이었다. 우리는 제자일 뿐이다! 이제 모든 것을 떨치고 일어나 세상 속으로 떠날 것이다.

우리 제자들은 마지막으로 떠나기 전, 이런 생각들을 추상했다.

이 죽음이!

그가 살았던 삶이나 주님이 죽음이라고 외쳤던 죽음도 결국은 그 어둠의 시간을 거슬러 오는 광대하고 거대한 바람을 막지는 못했다. 그것은 주님도 오늘 느낀 어둠의 세력들과 그가 본 지옥은 또 다른 세상으로 달려가는 영혼의 시간에서. 이 터질 것은 비정한 분노와 영혼의 고통이 곧 그 시간을 거슬러 오는 시공간의 일그러지는 마지막 시간이 착각하기를 바라는 우리의 이 더럽고 두터운 죽음에서 지키려 했던 모든 사람의 광기는─ 환상 속의 죽음으로 윤회되는 것. 인간의 더러운 원죄나 사악한 욕정에 시달린 우리는 ─ 베드로가 그때 인식한 것은 바로 그것이었다.

그 바람은 2천 년 동안 고뇌와 고독 속에서 자유와 진리를 외치고 있었던 것이다.

글을 마치며

　나는 이제 이 글의 대단원에 막을 내릴 때가 되었다고 생각했다.
어쩌면 다 하지 못한 이야기 속에서 나의 인생이 살아 움직일 수 있
고, 우리는 이 유대 땅에서 모세가 일으킨 기적을 실천하지는 못하
겠지만, 영원히 그런 기억들을 추상하고 싶었다. 사막과 다른 선지
자들이 우리 뒤를 따를 것이고, 나는 그냥 주님의 어린 시절 같이
거느린 그 거리를 홀로 걷고 있는 것이다.

　나는 필자로서 사실 처음 이 소설을 쓴다는 것에 두려움을 갖고
있었다.

　내가 감히 주 예수님의 말씀을 쓴다는 것이 부끄러웠다. '베드로
와 사도 요한이 느낌 그 공허와 같은 느낌일까?' 하는 생각을 하면
서 쓰기 시작했다.

　실상 내가 이 『베드로의 변명』을 탈고한다고 해도 내가 쓴 것은 아
닐 것이다. 저 하늘의 별빛들과 달빛이 있어 가능했을 것이다. 그곳
에는 주 예수께서 살아 계시고 우리 모두를 주관하시기 때문이다.

　오래전부터 내 마음속에는 그리스도가 있었다고 장담할 수 없
었다. 나는 종교와 과학 사이에서 헤맨 적이 한두 번이 아니었다.
하여튼 내가 이 소설을 구상해서 느낀 것은 어릴 때의 기억들뿐이

었다. 사도 요한이 어릴 때 주님을 보고 배우고 자라났던 것과 비슷한 역경이었다. 나는 어린 여름 성경학교 때, 교회에서 모든 것을 배웠다 해도 틀린 말이 아니다. 여름 성경학교에서— 그 당시는 너무도 어리고 그 뭣도 알지 못하는 상태에서 필자는 하나님의 이야기를 추상하기 시작하면서 생긴 진리의 샘, 지식, 성경책, 기도, 부활이니 등등을 사고하며 그 가난한 동네에서 바보 같은 삶을 시작하고 기도했던 것이다. 그 글을 쓰면서 나 자신을 시험하기 시작했는지 모르지.

이 모든 것이 영감이 되어 어릴 때, 사도 요한이 그 청년에게 물음을 한 거처럼 나도 '베드로의 세 번 부인'에 대해서 기억하기 시작했다. 그 모든 별빛이 빛나는 저 우주의 낀 공허와 추상을 사고했던, 그때를 생각하면서. 저 하늘 위에 달빛과 나의 꿈 그리고 이 모든 별빛이 빛나는 밤에 나는 그 모든 것을 추상하기 시작했던 것이다.

그 영원할 것 같던 주 예수님의 영혼에 기도 소리가.

영원히!